江苏省高职院校毕业生质量的比较研究

肖加平　张建梅　著

苏 州 大 学 出 版 社

图书在版编目(CIP)数据

江苏省高职院校毕业生质量的比较研究/肖加平，张建梅著. —苏州：苏州大学出版社，2015.10
ISBN 978-7-5672-1179-7

Ⅰ.①江… Ⅱ.①肖…②张… Ⅲ.①高等职业教育—毕业生—对比研究—江苏省 Ⅳ.①G717.38

中国版本图书馆 CIP 数据核字(2014)第 310832 号

书　　名：江苏省高职院校毕业生质量的比较研究
著　　者：肖加平　张建梅
责任编辑：刘诗能

出版发行：苏州大学出版社
社　　址：苏州市十梓街 1 号　邮编：215006
网　　址：http://www.sudapress.com
印　　刷：宜兴市盛世文化印刷有限公司
开　　本：700 mm×1 000 mm　1/16
印　　张：12.25
字　　数：227 千
版　　次：2015 年 10 月第 1 版
印　　次：2015 年 10 月第 1 次印刷
书　　号：ISBN 978-7-5672-1179-7
定　　价：38.00 元

苏州大学出版社营销部　电话：0512-65225020

目录

第一章

导　论

第一节　问题提出的背景及意义

2010年底，江苏以省为单位整体上达到省定小康指标。随后江苏省第十二次党代会提出了下一个10年江苏省要达到的宏伟目标，即到2020年全省基本实现现代化，总体达到中等发达国家水平。但是，在江苏这样一个自然资源少、人口密度大、环境容量小、经济发展的结构性矛盾仍然比较突出的省份，怎样才能实现基本现代化的宏伟目标呢？特殊的省情决定了江苏省必须坚定不移地加快转变经济发展方式、调整产业结构，构建以高新技术产业为主导、服务经济为主体、先进制造业为支撑、现代农业为基础的现代产业体系。发达国家和地区已有的经验告诉我们，不管是转变生产方式、调整产业结构，还是构建现代产业体系，都离不开高素质的劳动者和高技能型人才作为支撑。各类高等职业院校的目标就是培养高素质的劳动者和高技能型人才。为了了解江苏省不同学制的各类高职院校办学现状以及存在的问题，提高江苏省高等职业教育服务经济社会发展的能力，为江苏省产业的转型升级提供人力资源支持，作者于2011年8月—10月组织开展了对全省三年制职业技术学院、初中后五年一贯制高等职业技术学校（包括高级技工学校高技班）教育教学质量的调查研究，认为江苏省不同学制的高等职业教育质量由高职院校学生培养质量（也称内部质量）和其毕业生的就业质量（也称外部质量）构成。本书是江苏省不同学制高等职业教育毕业生培养质量与就业质量比较研究的最终成果。

一、问题提出的背景

江苏是我国经济大省，也是高教大省，更是高职大省。江苏省高等职业教育一直走在全国前列。从历史看，江苏职业教育发端于民族工业的兴起。20世纪初,黄炎培先生即在南京创办了中华职教社,80年代初,江苏率先创办了全国第一所地方性职业大学——金陵职业大学。当今,在中国高等职业教育版图上,江苏省高等职业教育已经历史性地站在一个不容被忽略的位置上,高职院校数量、在校生人数均居全国之首,已形成了全国规模最大的高等职业教育体系。全省现有独立设置的高职院校80所左右,占全省普通高校总数的65%,高职在校生近80万人,占全省全日制普通高校本专科在校生总数的47%,是名副其实的"半壁江山"。

江苏省委省政府也一直高度重视高等职业教育发展,将提高教育质量作为全省职业教育改革与发展的主要目标任务之一。当前,江苏省正在全面落实科学发展观,以实现"两个率先"、建设教育强省为目标,贯彻落实江苏省中长期教育改革和发展规划纲要,这给江苏省高职教育提供了前所未有的发展契机,也为2020年基本形成世界水准、江苏特点的现代高职教育体系指明了方向。

目前,江苏高职形成了高中后三年制高职、中职对口单招三年制高职、初中后五年一贯制高职、高级技工学校高技班等几种不同类型的办学模式。进入"十二五"以来,随着产业结构调整升级力度的加大和经济发展方式的转变,以及高等教育普及化的发展,江苏各类高职教育如何以科学发展观为指导,实现从规模扩张到注重质量的转型,成为人们关注的焦点。

（一）江苏省产业结构的调整和经济发展方式的转变迫切需要高技能型人才

目前,江苏正处在经济转型升级的关键阶段,调整产业结构是江苏实现科学发展的关键和必然抉择。江苏坚持走新型工业化道路,大力推进产业结构战略性调整,按照"外向推动、市场主导、科技支撑、特色引领、增量带动"的原则,以"调高、调轻、调优"为方向,以"创造产业竞争新优势,提升产业国际竞争力"为目标,着力构建以高新技术产业为主导、服务经济为主体、先进制造业为支撑、现代农业为基础,结构优化、技术先进、清洁安全、附加值高、吸纳就业能力强的现代产业体系。加快江苏新能源、新材料、节能环保等战略性新兴产业、高效农业、物联网、沿海开发、文化产业和民生科技等重点领域紧缺人才的培养。

调整优化产业结构,提升产业层次,增强企业的国际竞争力,关键在人才。不仅要有一批能开发核心技术的拔尖创新人才,一大批经营管理和技术专门人才,还要有数以百万计的高素质技能型人才。而当前,高素质技能型人才紧缺,已成为制约江苏产业结构升级、发展方式转变的主要"瓶颈"。据统计,目前我省人才资源总量为760万人,其中具有高级专业技术职称或研究生学历的高层次人才36万人,两院院士89人,均居全国前列。2009年,全省人才贡献率

26.2%，科技进步贡献率52.3%，实现高新技术产业产值2.2万亿元，占规模以上工业总产值比重达30.1%。但是，全省人才发展与新形势新任务的要求还存在不相适应的地方：高层次人才特别是领军型人才紧缺，人才结构性矛盾较为突出，特别是满足经济社会发展需求的高级技能型人才相当短缺。江苏技能人才持证总量虽然以每年15%递增，到2009年，总数达到504.9万人，但与我国部分省市及发达国家技能人才还存在差距。从数量上看，技师、高级技师所占比例低于上海、广东、浙江，仅为0.52%（见表1.1），高级工所占比例也低于浙江和上海，高级工、技师、高级技师所占比例远低于发达国家35%水平。从结构上，江苏技能人才结构不尽合理，2009年初级工、中级工、高级工和技师比例为286：457：90：8，与专家认为的合理比例32：46：14：8有很大差距。由此可见，江苏高技能人才相当短缺，江苏职业教育应加大培养中高级技能型人才的力度，充分发挥高职院校的优势，为江苏产业转型升级提供高端技能型应用人才的支撑。

（二）建设江苏特色现代职教体系需要高职教育多元化发展

1. 江苏中职教育的快速发展迫切需要构建具有江苏特色的高职教育体系

改革开放以来，为适应科教兴省、推进江苏经济结构战略性调整、实现跨越式发展的迫切要求，江苏加强对职业教育工作的整体部署，采取切实有效措施，高标准、高质量实施职业教育，推动了职业教育的快速健康发展。2011年，全省有中等职业学校521所，全省中等职业学校完成招生47万人，继续保持职普比例大体相当，在校生总数达130多万人。江苏中职教育的快速发展迫切需要形成与中职教育相衔接的具有江苏特色的高等职业教育体系。

表1.1 江苏省与我国部分省市及发达国家技能人才结构比较(%)

	合计	初级	中级	高级工	技师、高级技师
江苏	100	38	54	7.48	0.52
广东	100	52.04	43.7	3.62	0.64
上海	100	48.4	42.2	7.5	1.9
浙江	100	46.7	31.31	21.4	0.62
山东	100	43.4	50	5.2	1.4
全国平均	100	60	36	3.5	0.5
发达国家	100	15	50	35	

注：① 发达国家和我国数据见《中国教育与人力资源报告：从人口大国迈向资源强国》。② 专家认为，在技术工人中，初级工、中级工、高级工和技师合理比例为32：46：14：8。③ 其他数据来源于中国劳动力市场网站。

2. 江苏高等教育大众化和普及化迫切需要高职教育的多元化发展

2010 年,江苏高等教育毛入学率已达到 42%,按照《国家中长期教育改革和发展规划纲要》提出的要求,到 2015 年,江苏等沿海发达地区高等教育毛入学率就将达到 50%,实现高等教育普及化。

按照发达国家的经验,在高等教育大众化和普及化阶段,必将出现职业教育高移化的趋势。如日本,1980 年中等职业教育学生占高中段学生的比例为 31. 7%,到 1999 年则下降至 25. 15%;而同期,日本专修学校、高等专科学校、短期大学高职教育的就学人数由 1980 年的 43. 29 万人、46. 35 万人和 37. 11 万人分别上升到 1999 年的 75. 37 万人、56. 44 万人和 37. 79 万人。在美国,中等职业教育学生占高中段学生的比例 1982 年为 34%,到 1994 年下降为 25%,此后基本稳定在这个比例。类似的还有德国、法国等,高职教育院校的在校生规模在过去 20 多年中也都处于上升趋势。

3. 高职教育自身可持续发展迫切需要实现高职教育的多元化

(1) 技能的多样性要求高职教育培养模式的多样化。偏重知识的技能型人才和偏重动手操作的技能型人才的培养模式不一,实现分类培养和分型培养不仅是人才培养最有效的途径,而且也有利于促进各高职院校形成鲜明的办学特色。

(2) 多样性的人才具有多元化的发展需求。人与人是有差别的,每个人的个性、特点、禀赋、背景各自不同。不同的个体需要不同的学习目标、学习方式和发展途径。传统教育往往向不同的个体提供统一的教育目标、教育标准和学习途径,导致了许多人的个人才能得不到正常发挥。让不同类型的人才通过不同的人才培养模式迈向卓越、走向成功既是实现人们多元发展理想的需要,也是整个社会和谐发展的需要。而不同人的多元化发展需求必须有多元适性发展的教育机制设计来配套。

总之,当前江苏高等教育发展已经站在了新的历史起点上。江苏高等职业教育有理由、有条件、有能力、有责任不断率先发展,用更加开阔的视野,充分发挥比较优势和先导作用,在制度上寻求个案的重大突破,促使地方层面的经验和做法上升为国家层面的政策和制度。江苏高等职业教育将以实施国家和省中长期教育改革和发展规划纲要为契机,推进综合改革,创新体制机制,探索形成具有中国特色、江苏特点的区域高等职业教育发展模式,为江苏经济社会发展提供强有力的人才和技术支撑,为建设高水平的江苏特色的高等职业教育体系做出应有的贡献。

二、研究意义

"江苏省不同学制高等职业教育毕业生质量的比较研究"的研究意义主要

分为两层：一是理论意义，即对于高职教育理论建构与发展的贡献；二是现实意义，即对于指导与深化实践的贡献。

（一）理论意义

1. 有助于探寻和把握高等职业教育办学的基本规律

当前江苏省教育事业发展正处于贯彻落实教育规划纲要、加快改革发展的关键时期，教育改革发展中的一系列重大问题的研究，涉及经济、政治、科技、文化和社会发展的诸多方面，需要教育科学与经济学、哲学、法学、社会学、管理学与其他人文社会科学的深度融合和综合创新。而对于不同学制高等职业教育毕业生质量的提升来讲，从某种意义上说，它既是一种实践创新，又是一种理论升华，本研究将从多角度探索江苏省不同学制高等职业教育毕业生质量的基本问题，对办学实践中存在的问题进行更深入、更全面的解读与分析，力图探寻高等职业教育办学的基本规律。

2. 有助于丰富和完善高等职业教育的理论成果

高等职业教育作为我国教育体系中的一个重要类型，由于其形成、发展的特殊时空背景条件和自身特性，与其他教育类型相比，其理论研究还比较薄弱，在实践中普遍缺乏理论的指导。在高等职业教育毕业生质量的研究上，多数成果还只是泛泛而论，趋向经验式的分析，缺乏理论上的升华。因此，许多对高等职业教育质量的研究仍停留在对传统培养质量的思考上，缺少对于质量内涵的深入探讨。本书努力探求影响高等职业教育毕业生质量的最本质因素，对高等职业教育的深层次理论研究具有一定的贡献。

（二）现实意义

1. 有助于提升江苏高等职业教育质量

质量永远是高等职业教育的永恒主题，对于江苏不同学制高职毕业生质量的研究，目的是提升江苏高等职业教育整体质量水平。通过对江苏省不同学制高职院校办学实践的调查发现，江苏省当前高等职业教育内外部环境都存在一些制约因素，影响了高职毕业生的质量水平。因此，深入分析这些影响因素，侧重于研究对各类高职院校具有更普遍指导意义的高等职业教育毕业生质量提升模式的构建，并提出对策，对于江苏省高等职业教育质量的提升，具有重要的现实意义。

2. 有助于为政府制定相关政策提供决策依据

大力发展高等职业教育，培养深受社会欢迎的高等技术应用型人才是江苏省高等职业教育的既定方针，江苏省委省政府的有关高等职业教育发展的政策，又直接影响着高等职业教育的发展，影响着高等职业教育质量的形成。在许多情况下，恰恰是政府部门的政策不当或者缺乏政策，阻碍了高等职业教育毕业生质量的提升,影响了高等职业教育的发展。鉴于此,本书无论是对提升江苏不同类型高等职业教育毕业生质量,还是对江苏不同类型高职院校内部办学模式的构建,都进行政策的分析与研究。该研究成果有助于江苏省政府及相关部门在高等职业教育质量提升方面,正确分析形势,及时有效地制定相关的政策。

第二节 核心概念及研究述评

一、核心概念

"质量"一词在《辞海》中有两层含义:1)指产品或工作的优劣程度,如教学质量、服务质量、提高质量等;2)指量度物体惯性大小和引力作用强弱的物理量。高等职业教育毕业生质量中的"质量"当属前者。本书将就业质量具体化为就业单位性质、薪酬水平、专业对口率、就业满意度、职业发展前景等五个变量。1)就业单位性质。由于不同地区级别与性质的不同,其所蕴含的机会收益也就不同。因此,就业地区的不同,能从一个侧面说明就业质量的高低。我们通过毕业生在省会城市、地级市、县级市、城镇或乡村等四种不同地区的就业情况来衡量这一变量。由于不同性质单位的工作环境和待遇截然不同,因此高等职业院校学生就业单位性质的不同也能反映出他们就业质量的高低差异。对此通过党政机关或事业单位,国有大型企业或外资企业,知名私营、民营企业或国有中小型企业,中小型私营、民营企业等四种不同性质单位的高职院校毕业生就业来衡量这一变量。2)薪酬水平。薪金是社会基本生活水平的保障,是社会公平和社会安全感的实现,是高质量就业的前提和基础。本书将该变量具体化为高职院校毕业生就业起薪以及第一年的月平均薪金水平。3)专业对口率。专业对口率是指高职院校毕业生在学校所学专业与职业岗位的匹配程度,是一项反映就业主体意愿的尊重性指标。通过毕业生对专业对口率的自我评价进行衡量。4)就业满意度。就业满意度是指毕业生对现有工作的心理感受或心理满足度,是反映就业主体内在感受的主体性指标,也是反映毕业生就业质量水平的一个重要标志。通过毕业生对工作的自我评价进行衡量,知识和技能是个人拥有的、用以获取报酬的宝贵资源。5)职业发展。能够在工作中不断学习新的知识和技术、具有良好的职业发展前景是高质量就业的重要方面。本书将通过高职院校毕业生对职业发展前景的自我评价来进行衡量。根据上述毕业生质量的含义,课题组设计了问卷,用来观察高职院校毕业生的就业质量。

二、研究述评

有关高等职业教育的文献非常多,课题组通过搜索电子期刊库以及图书馆书籍,大致归纳整理出与本课题密切相关的文献。

（一）有关高职教育发展的研究

浙江金融职业学院院长周建松所著的《高等职业教育的逻辑》,结合示范性高职院校建设的实践探索,对中国特色高等职业教育改革与建设的重要问题进行思考和分析。该书开展了一系列研究,例如,性质定位:高等职业教育改革与发展的逻辑前提;就业立校:高等职业教育改革与发展的逻辑起点;开放办学:高等职业教育改革与发展的逻辑基础;工学结合:高等职业教育改革与发展的逻辑主线;专业建设:高等职业教育改革与发展的逻辑重心;文化建设:高等职业教育改革与发展的逻辑导向;体制、领导与人才:高等职业教育改革与发展的动力之源;生态、品牌与责任:高等职业教育改革与发展的可持续之道;示范建设:高等职业教育改革与发展的风向标;政策引领:高等职业教育改革与发展的指南针;浙江建设高职教育强省:高等职业教育改革与发展的区域实践。①

黄尧所著的《职业教育可持续发展战略研究》,是在国家哲学社会科学基金教育学"十一五"规划重点课题"职业教育可持续发展战略研究"的研究成果基础上编写的。课题研究以科学发展观为指导,回顾我国职业教育改革发展的历史进程,借鉴国际有益经验,对职业教育可持续发展的目标任务、战略重点和策略进行了理论研究和探索,为推进中国特色的职业教育可持续发展提供了重要的理论依据和现实依据。该书的观点和政策建议对当前职业教育的理论研究和实践探索具有重要的参考价值。②

吴全全的专著《职业教育"双师型"教师基本问题研究:基于跨界视域的诠释》,基于跨界的视角,首先着重于"双师型"教师的内涵研究,指出了职业教育"双师型"教师所必须具备的教育教学的能力结构,提出了"双师型"教师内涵构成的四个要素,并从国别比较和经验借鉴的角度,对几个国家的职业教育教师培养培训成功经验进行了归纳。然后,聚焦于"双师型"教师专业化研究,建构了一个由静态的结构与动态的运行四对要素组成的职业教育"双师型"教师专业化所需要的能力结构模型,并提出了"链式"结构的教师专业化培养培训路径。通过相关案例研究,还对我国"双师型"教师专业化进程中的部分成果进行了分析和归纳。最后,剖析了职业教育"双师型"教师亟待解决的管理问题并提出了相应的措施选择。③

饶水林、申菊生所著的《高等职业院校特色办学的研究与实践》从一个侧面

---

① 周建松:《高等职业教育的逻辑》,杭州:浙江大学出版社,2011 年。

② 黄尧:《职业教育可持续发展战略研究》,北京:高等教育出版社,2011 年。

③ 吴全全:《职业教育"双师型"教师基本问题研究:基于跨界视域的诠释》,北京:清华大学出版社,2011 年。

反映了当代中国高等职业教育的发展，凸显了社会发展转型过程中高等职业教育的热点问题，是中国当代高职院校校长们的理论思考和实践探究结晶。主要内容包括高等职业教育综述，高等职业教育人才培养模式与办学模式，高等职业教育专业与课程建设，高等职业教育人才队伍建设，高等职业教育实习、实训基地建设，高等职业教育教学管理。①

祝士明的学位论文《高职教育专业质量保障体系的研究》综合运用哲学、系统科学、职业教育学、管理科学等理论和方法，研究了我国高职教育专业质量保障问题，提出了具有现实意义的观点。主要研究内容如下：1）探讨了我国高职教育专业质量的概念、特点及其功能；阐述了高职教育在整个教育系统和社会经济发展中的地位与作用；分析了高职教育与其他教育的协调发展以及与区域经济协调发展的辩证关系；探究了高职教育专业设置的内部和外部影响因素，得出了专业设置的计算公式；设计了高职专业质量标准的内容框架；分析了职业教育学历层次与国家职业资格证书级别的对应关系；提出了高职教育"双证"沟通与衔接的途径。2）构建了高职课程体系的组成元素并探讨了相互关系；提出了高职课程规划的概念，分析了高职课程规划的内容、要素、任务；确定了高职课程的起点；提出并分析了高职课程的知识、能力和情感的三个维度；将高职课程分成专业层、模块层和科目层的三层结构，并研究了其逻辑关系。3）对高职教育实习实训基地建设的概念和资源共享内容进行了界定与阐述；对产学结合的可行性、形式等进行了探讨；对校企合作进行了系统分析，得出了校企合作的策略；阐述了"订单"教育的概念、必要性、意义和途径。4）提出了高职教师的"双师度"概念，将高职课程按理论深度和技能深度分成四个等级，承担不同类型课程的教师分别对应不同的理论深度和技能深度；将高职教师分成两类，并对两类高职教师任职条件及建设途经进行了分析。5）运用教育评估的理论和方法建立了高职教育专业质量评估的指标体系，运用 AHP 方法确定了权重，建立了质量评估模型；运用 DEA 方法对高职教育专业办学效率评估进行了理论探讨，并进行了模拟分析。②

胡德虎在其学位论文中指出，高等职业教育是我国高等教育体系不可或缺的重要组成部分，而高职院校的学生则是一个十分庞大的接受高等教育的群体。以我国公办高职院校的在校学生为研究对象，对就读高职院校的学生类型作探索性分析。研究目的在于了解到底是哪些学生在读高职院校，他们有哪些共同的特征，希望研究结果能为高职院校的学生管理和培养工作提供一些参考。研究运用定量研究的方法，主要采用频次分布与描述性统计分析。研究结果分别从高职院校学生的家庭背景、兴趣爱好及能力、个性和心理特点三个方面进行探

---

① 饶水林、申菊生：《高等职业院校特色办学的研究与实践》，北京：高等教育出版社，2012 年。

② 祝士明：《高职教育专业质量保障体系的研究》，天津大学学位论文，2006 年。

讨,发现了高职院校学生在这几方面的某些共同特性:在家庭背景方面,高职院校的生源大多来自中等经济收入和社会地位的家庭,高职院校学生的父母文化程度偏低;从个人兴趣与能力方面来看,高职院校学生对动手操作方面的学习都表现得比较感兴趣,有较大的发展潜力;从个性及心理特征方面来看,当前不少高职院校学生中还存在着一些较大心理和学习等诸多方面的问题。并指出对高职院校学生进行有针对性的管理和培养的必要性和紧迫性,然后就研究结论做出了相关的理论解释。①

耿金岭所著的《中等职业教育与高等职业教育衔接研究》,以安徽省职业教育为例,分析了中职与高职教育衔接问题,探讨和论证中等职业教育与高等职业教育相互衔接的途径与方法,研究构建中、高等职业教育协调发展的立交桥与网络体系,为进行职业教育培养体系与模式的改革和培养高质量的专业技术人才提供参考依据。②

(二)有关职业教育课程的研究

毕结礼编写的《技师培养课程开发探索与实践》,是我国系统的研究技师学院课程的著作,包括课题主报告《技师学院预备技师培养课程开发研究》和23个分报告,共有20多所技师学院参与。该著作提出以能力本位课程观为指导,以综合素质能力提升为主线来构建和优化课程体系,建立政府主导、行业企业为主体、院校为基础、校企合作、多方参与的工作体制,以及个性化和动态化的技师课程开发机制。③

戴士弘所著的《职业教育课程教学改革》,讨论了当前我国职业教育界非常关心的微观教学改革的重大问题。该书分为两个部分,第一部分重点讨论课程教改的观念和方法。按照新的职教理念,给出了职教课程优劣的评价标准,详细介绍了职教课程教学应当如何进行单元设计和整体设计。这涉及职业教育的培养目标、课程教学的单元设计和整体设计等重要的观念、方法和能力等问题。第二部分重点介绍一个经过实践检验、行之有效的方法:教师职教能力的培训与测评。以此为突破口,职业院校可以对自己的专业课程体系进行改造,完成学院的整体教学改革,在尽可能短的时间内,全面、深入地改变学院教学的整体面貌。④

李雄杰所著的《职业教育理实一体化课程研究》共分为三个部分,即相关理论、课程开发方法及示例。相关理论部分主要分析了课程开发中的三大矛盾,回顾了理论与实践关系的课程改革历程,提出了理论实践一体化课程的内涵及特

---

① 胡德虎:《是哪些学生在读高职院校》,华中科技大学学位论文,2007年。

② 耿金岭:《中等职业教育与高等职业教育衔接研究》,合肥:中国科学技术大学出版社,2008年。

③ 毕结礼:《技师培养课程开发探索与实践》,北京:中国劳动社会保障出版社,2007年。

④ 戴士弘:《职业教育课程教学改革》,北京:清华大学出版社,2007年。

征;课程开发部分主要给出了理实一体化课程(项目课程、学习领域课程)的宏观开发步骤及微观设计方法,并介绍了理实一体化教学方法;课程示例部分介绍了"应用电子技术专业"课程体系的开发示例及"电子产品故障检修"课程的开发示例。①

徐国庆所著《实践导向职业教育课程研究:技术学范式》,对我国的职业教育课程现状进行了大量调查,力图对之有一个较为准确的把握,同时努力在上海市医药学校、宁波兴港职业高中等职业院校实验并完善观点。该书以工作实践或者说技术实践为逻辑核心,从技术哲学、知识论、心理学等角度,采用文献法、调查法、人类学法和实验法等方法对职业教育课程问题进行了广泛研究,以求获得一个具有内在逻辑的职业教育课程理论框架。该书认为,职业教育课程学问化是在技术理论化、终身学习、知识社会等背景下产生的。随着知识增长速度的越来越快,人们有点感到无所适从,这就使得在教育中追求一种稳定的结构成了许多学者终生奋斗的目标。为了在职业教育课程中追求这一稳定、普遍的结构,加强科学知识、理论知识的学习,即所谓的加强"基础",自然而然地成了许多职业教育研究者和实践者的选择。支持这一选择的理论范式是"技术是科学的应用"和"实践是理论的应用",对这两个范式理解的偏差,导致了技术独立性的丧失,从而支持了理论知识在职业教育课程中的核心地位;普通教育的学校观上升为整个教育体系的学校观,则进一步巩固了这一选择。在此基础上,该书深入分析了技术知识的本质。把实践导向职业教育课程开发程序划分为七个步骤,即实践导向职业教育课程目标、门类、结构、内容、组织、实施、评价的开发,并从"实践性"的角度,详细地探讨了这七个步骤的具体内容,从而把实践性深深地渗透到了职业教育课程体系中。②

赵志群所著的《职业教育工学结合一体化课程开发指南》为一本职业教育课程开发的指导性手册,其主要内容是开发职业教育"工学结合的、基于工作过程的、理论与实践一体化"课程的方法。该书在对国内外职业教育课程理论与课程开发实践最新进展进行系统梳理和总结的基础上,为广大读者提供了一套系统、简便、科学而且操作性较强的课程开发指南。它指导职业院校教师开发具有以下特征的现代职业教育课程:以综合职业能力发展为目标,将完成有教育价值的典型工作任务作为基本教学内容,强调理论实践一体化和工作过程系统化的教学。③

由高等教育出版社出版发行的《工作过程导向的高职课程开发探索与实

---

① 李雄杰:《职业教育理实一体化课程研究》,北京:北京师范大学出版社,2011 年。
② 徐国庆:《实践导向职业教育课程研究:技术学范式》,上海:上海教育出版社,2005 年。
③ 赵志群:《职业教育工学结合一体化课程开发指南》,北京:清华大学出版社,2009 年。

践:国家示范性高等职业院校建设课程开发案例汇编》为国家示范性高职院校建设教改项目成果,是关于当前高等职业教育课程开发的案例汇编。该书共四个部分,主要内容包括:学习篇——中德高职师资进修项目培训课程开发案例;借鉴篇——赴港高职骨干教师培训课程开发案例;创新篇——国家示范性高职院校课程开发与教学资源建设协作组课程开发案例;实践篇——课程教学设计、实施、评价与资源建设案例。①

(三)有关国外职业教育的研究

吕红编著的《澳大利亚职业教育课程质量保障研究》,从梳理澳大利亚职业教育改革的经典框架与经验之路入手,对澳大利亚职业教育的"需求导向型"课程模式、课程质量保障体系的价值取向,以及标准建设和投入体系、管理和评价体系进行了深入剖析。作者最后在借鉴澳大利亚先进经验的基础上,结合我国职业教育现状,对我国职业教育课程质量保障体系的建构方式进行了探索,提出了基本思路和框架设想。②

邓泽民、张扬群所著的《现代四大职教模式》(第2版)全面介绍了当今世界上比较典型的四大职教模式,包括北美的CBE、德国的双元制、澳大利亚的TAFE和英国的BTEC,并对四大职教模式进行了比较研究与评价。每一种职教模式都通过模式的平台、实施和创新三方面介绍其运行的环境、实施过程和创新之处。为了获得可供借鉴的经验,该书还对加拿大、德国、澳大利亚、英国的职业教育制度和四大职教模式进行了比较与评价。③

(四)有关高职就业的研究

孟凡成等所著的《高职高专学生职业发展与就业创业指导》,以高职生的职业生涯规划为起点,在此基础上对学生们的就业进行指引,激发学生的创业意识,用职业生涯规划篇、就业篇等三个篇章详细阐述了就业和创业的策略及方法。同时,重点突出高职院校的特点,结合具体事例对高职生的择业提供方法和指导,实用性、针对性和可操作性强。④

张宇的博士论文《基于利益主体选择的高等职业教育就业导向研究》,从现实世界中最为根本的"利益"着眼,以学校、学生和企业等利益主体的目标与选择为出发点,构建了"基于利益主体选择"的就业导向的分析框架,以此与目前流行的"基于社会发展需要"的就业导向研究模式区分开来。论文认为,所谓

---

① 国家示范性高等职业院校建设课程开发案例汇编编写组:《工作过程导向的高职课程开发探索与实践:国家示范性高等职业院校建设课程开发案例汇编》,北京:高等教育出版社,2008年。

② 吕红:《澳大利亚职业教育课程质量保障研究》,北京:外语教学与研究出版社,2011年。

③ 邓泽民、张扬群:《现代四大职教模式》(第2版),北京:中国铁道出版社,2011年。

④ 孟凡成、李忠旭、周勇:《高职高专学生职业发展与就业创业指导》,北京:北京理工大学出版社,2012年。

“就业导向”就是由各方主体的行为选择达到的某种“共赢”状态，在实践中，或者表现为高职院校与企业之间形成密切的合作关系，满足特定职业岗位的人力资本专用性要求，使毕业生免于劳动力市场上的完全竞争；或者是在企业不参与职业教育的前提下，某一学校努力使自身培养的专业人才具有优于各校同等条件竞争时就业前景。文中将社会分层与个体选择的分析方法、博弈论以及交易成本的理论与方法综合应用到高职就业导向问题的研究，客观揭示出学校、学生和企业等利益主体的理性偏好，并致力于考察彼此之间策略的相互影响。特别是为不完全信息条件下技能型人才培养过程中学校与企业双方的行为选择提供了规范化解释。文中从不同利益主体的角度探讨了高等职业教育“特色”与“一流”的内涵，论证了“预期职业地位”的概念，进而提出赞成或反对现在以至将来可能出现的有关“以就业为导向”发展高职的种种设想与做法的判别标准——“单一规则”，亦即能否尽可能地提升受教育者的预期职业地位。①

罗三桂的博士论文《广东高职院校毕业生就业问题研究》，以广东高职院校毕业生就业问题为研究对象，旨在解决高职院校毕业生就业的一些现实问题，为政府部门、用人单位、高职院校提供决策依据。一是通过对广东高等职业教育的发展需求与发展状况分析得出，广东高等职业教育发展状况满足不了广东经济社会发展的需要，广东还须要大力发展高等职业教育。二是通过对广东高职院校毕业生就业状况的大量调查和分析得出，总体上广东高职院校毕业生不存在就业困难。但不同区域、不同学校性质、不同学校背景、不同学科、不同生源、不同性别的毕业生在毕业去向、薪酬、专业对口度、满意度、工作落实时间等就业质量方面存在差异。三是通过对影响广东高职院校毕业生就业因素分析得出，其影响因素既有就业体制障碍的原因，也有办学定位不准与办学条件不足的原因，还有就业观偏差的因素。论文提出了实现广东高职院校毕业生充分就业的四条对策建议，即通过促进各区域之间的协调发展，大力发展私营经济、第三产业、中小企业与对外贸易，来增加就业岗位；通过完善就业制度，推行职业资格证书制度，加强就业市场建设，建立通向农村的就业机制，来改善就业环境；通过端正办学定位，加大经费投入，深化教学改革，来培养就业能力；通过加强就业指导，来转变就业观念。②

（五）有关高职校企合作的研究

林润惠所著《高职院校校企合作：方法、策略与实践》，通过较为深入的企业调研、社会调研和长期的校企合作实践，分析了目前校企合作中出现的某些现象，根据教育部对职业教育的指导意见，结合我国职业教育的发展现状，对校企

① 张宇：《基于利益主体选择的高等职业教育就业导向研究》，天津大学学位论文，2007 年。
② 罗三桂：《广东高职院校毕业生就业问题研究》，厦门大学学位论文，2007 年。

合作发展进行了系统深入的探讨。全书高度概括了校企合作的重要性,对于校企合作过程中的程序、内容、要求等进行了详细的解释说明;参考国内外职业院校的做法,分析了校企合作中可能遇到的问题,归纳各方专家的观点、建议,总结成功的经验和失败的教训;提出了解决问题的相关途径和方法以及较为完善的管理制度。①

耿洁的博士论文《职业教育校企合作体制机制研究》从我国职业教育校企合作体制机制的实际出发,借鉴国外职业教育校企合作的有益做法,以校企关系为主线,对职业教育校企合作体制机制进行研究。研究通过大量的文献阅读,归纳并分析了国内外校企合作体制机制的特点,采用教育学、经济学、管理学等多学科视角,运用文献研究、历史研究、比较研究、调查研究等方法,将定性与定量研究相结合、归纳比较与演绎分析相结合、理论研究与实践探索相结合,构建适应技能型人力资本专用化的职业教育校企合作体制机制。研究的成果主要有以下三个方面:首先,通过对我国职业教育校企合作体制机制历史发展和现状的梳理,归纳分析职业教育校企合作中存在的问题,提出校企关系发展的趋势。其次,借鉴利益相关者理论,阐明技能型人力资本是职业学校与企业关系的联结点,构建利益相关者评价模型,论证职业学校是企业潜在的重要利益相关者。运用人力资本理论,提出"技能型人力资本专用化"这一概念,表明职业学校与企业是技能型人力资本专用化中的两个主体,两者是不可或缺、不可替代的关系,技能型人力资本专用化具有整体性、关系性、特定性和收益性,并在此基础上,建立校企关系的理论框架。再次,运用公共治理理论和系统论,从职业教育校企合作组织结构、决策体系和运行机制三个方面,构建适应技能型人力资本专用化的新型职业教育校企合作体制机制,最后提出要树立职业教育校企关系的新理念,加强职业教育校企合作顶层设计,完善职业教育校企合作国家制度,建立职业教育与产业行业的协作协商机制,进一步完善以政府投入为主的多渠道经费保障机制,健全职业教育校企合作科研服务机制等政策建议。②

金辉指出,校企合作之路是高等职业教育发展的必然要求,要随着实践进程而不断深化。从作为高等职业教育组织主体的学校与作为需求主体的企业之间的关系来看,互惠多赢是融通校企合作的前提,组织文化的契合是夯实校企合作的基础,学习型组织的共建是重构校企合作的载体。③

(六)有关高职教育人才培养的研究

刘福军等所著的《高等职业教育人才培养模式》,从对高等职业教育、高等

---

① 林润惠:《高职院校校企合作:方法、策略与实践》,北京:清华大学出版社,2012 年。

② 耿洁:《职业教育校企合作体制机制研究》,天津大学学位论文,2011 年。

③ 金辉:《高等职业教育深化校企合作的应然路径》,《教育研究》,2010 年第 4 期。

职业教育人才培养模式的全面了解、分析入手，对高等职业教育人才培养模式进行了深入的研究：一是在把握高等职业教育发展的整体内涵及新时期高等职业教育改革的基础上，探讨了新时期高等职业教育应把握的思想观念；二是对我国高等职业教育人才培养模式的历史沿革、现状，高等职业教育人才培养模式类型及典型案例进行了研究，在此基础之上探讨了我国高等职业教育人才培养模式存在的主要问题；三是在进行以上研究的同时，对国际上几种典型的职业教育人才培养模式进行了比较研究，归纳分析了它们的相同点、不同点，提出国外高等职业教育人才培养模式的发展趋势；四是进一步分析了新时期我国经济社会、科技发展的趋势，探讨了新时期我国经济社会发展对高等职业教育人才及人才素质的需求；五是在研究高等职业教育人才培养模式建构的理论基础、基本原则、改革取向的基础上，提出了高等职业教育人才培养模式的主要建构类型；六是进一步提出了加速新时期高等职业教育人才培养模式改革和构建的对策措施。①

崔仁泉、黄远飞所著的《广州模式：现代技工教育体系探索》，介绍广州市技工教育改革创新的思路、方法和实例，是对广州技工教育改革经验的一次总结。书中分析了技工教育广州模式；政府推动校企和合："政校企"一体的办学模式；就业导向，工学结合："工学评"一体的培养模式；学生本位，质素融合："技艺道"一体的成才模式；百花齐放，共创辉煌：院校典型实践；广州模式：未来展望，等一系列内容。②

（七）有关高职教育教学模式的研究

张维津认为按人才培养目标"分层教学"是职业教育教学改革的新方向。按需定位，按智分层，使人才培养目标更加具体，更加明确，更加有针对性，有利于科学利用教育资源，适应国家改变经济发展方式的需要。按人才培养目标分层教学，要坚持直接服务性等原则，获得国家教育主管部门的政策支撑。③

阮先会所著的《职业教育教学质量监控与评价》，列举了一部分基于职业院校教学质量监控与评价工作实际而研制或借鉴的评价表，基本涵盖了教学质量监控与评价工作各个方面，阐述了对职业院校、系（院、部）、教学研究室、教师、学生以及各类课堂教学、实践教学、专业和课程建设等方面的监控与评价。④

壮国桢的博士论文《高职教育"行动导向"教学体系研究》，旨在研究如何构建高职教育行动导向教学体系，为当前高职教育教学体系中存在的问题提供解决策略。第一章为导论，主要阐述高等职业教育教学中存在的问题及原因，分析

---

① 刘福军：《高等职业教育人才培养模式》，北京：科学出版社，2007 年。

② 崔仁泉、黄远飞：《广州模式：现代技工教育体系探索》，北京：中国劳动社会保障出版社，2011 年。

③ 张维津：《高职院校"分层教学"培养技能型人才探析》，《教育与职业》，2011 年第 32 期。

④ 阮先会：《职业教育教学质量监控与评价》，北京：光明日报出版社，2010 年。

构建行动导向教学体系的宏观背景和现实需求,以及开展这一研究所运用的方法。第二章为行动导向教学体系的基本内涵,提出行动导向教学体系的目标、特征,对行动导向教学体系的要素、结构和功能进行分析。第三章为行动导向教学体系的理论基础,主要从当代知识论、学习论和教学论的角度阐述构建行动导向教学体系的理论依据。第四章为行动导向教学体系的历史演进,归纳了行动导向教学体系在演进过程中所形成的三种类型,并分析它们各自的特点及其关系。第五章为行动导向教学体系的构建,着重论述行动导向教学体系的最高层次——系统整合型教学体系的构建。第六章为行动导向教学体系的实施及效果分析。该论文将上述六个部分分成三个层次展开研究,第一层次是理论层次,提出基本内涵和理论基础;第二层次是建构层次,论述范式演进和体系构建;第三层次是实践层次,论述行动导向教学体系的实施及其效果。这三个层次构成了较为完整的研究框架,形成了较为严密的逻辑关系。①

(八)有关不同高职的对比研究

蒋留生对比研究了五年制高职和三年制高职质量与效益状况。指出三年制高职由于上下重视,发展迅猛,而五年制高职由于生源质量、学校条件等多方面原因,开办以来争议颇多。通过调研发现,五年制高职起步科学,模式先进;关注贫民;学生心理预期务实,对学校认可度高;就业指导实,求职无后忧;切合实际,有利于学生健康成长;贯通中高职,教育投入低而效益高。三年制高职办学条件优越,学生素质高,管理难度小,高等教育特色明显,企业对毕业生评价高。两种高职是通向同一目标的两种不同路径,互为补充,能够形成相得益彰的效果,因而不应存一而废一。②

姚延芹指出,五年制高职与三年制高职是目前我国高职教育最主要的两种学制,两者间既有联系又有不同,比较研究意义重大但成果不多。作者从宏观政策、中观建设、微观管理三个维度进行比较研究,概括出九方面的异同点,并据此提出了知己知彼、和谐发展的两点建议。③

(九)有关江苏高职教育的研究

马晓阳、朱琪指出,建设高职强省是实现江苏省经济强省、教育强省、人才强省的基石和保障,是“十二五”时期江苏省高职教育改革和创新的核心任务,也是更好地为江苏省“两个率先”服务的必然选择。江苏省建设高职强省有雄厚

---

① 壮国桢:《高职教育“行动导向”教学体系研究》,华东师范大学学位论文,2007 年。

② 蒋留生:《五年制高职和三年制高职质量与效益状况的对比研究》,《徐州师范大学学报(哲学社会科学版)》,2012 年第 6 期。

③ 姚延芹:《五年制高职与三年制高职教育的比较研究》,《太原城市职业技术学院学报》,2010 年第 1 期。

的经济优势和人文优势。为探索具有江苏特色的高职教育发展之路，江苏省高职教育应率先发展，改革创新；提升高职教育层次，完善高职教育体系；创新办学机制，增强办学活力；优化布局结构，提倡区域联动。①

马能和所著的《五年制高职教育发展及实证研究》，以江苏联合技术学院为例，全面分析了江苏省五年制高职发展的情况。该书从七个方面进行了分析；五年制高职教育发展概述，五年制高职教育的体制与机制，五年制高职教育的人才培养模式，五年制高职教育的专业与课程建设，五年制高职教育的师资队伍建设，五年制高职教育的实训基地建设，五年制高职教育的招生就业和学生管理。②

徐海峰对江苏省普高后生源三年制高职人才培养质量进行了分析，指出江苏省三年制高职教育主要培养“员”这一层级的高技能型人才，其人才培养质量具有专业理论水平适度、实践动手能力强、职业素质高、发展潜能高等特点；其就业质量具有专业对口率较高、岗位胜任情况良好、用人单位满意度高等特点。毕业生质量存在的主要问题是创新能力弱、知识面窄以及质量分化程度大。因此，要完善高职人才培养质量标准体系结构，并引入新的质量分析框架，构建程序性质量标准。③

通过分析上述文献发现，尽管当前高等职业教育的相关研究比较丰富，但仍存在下列问题：首先，对于高职院校毕业生质量研究不多，对于究竟什么是毕业生质量，包含的维度有哪些，缺少细致分析，这导致相关问题研究不够深入；其次，对于江苏省不同学制高职院校毕业生质量缺少相关研究，现有的文献绝大部分都是对于全国高职情况的分析，而专门针对江苏省高职院校毕业生质量的研究很少；再次是相关研究基本都是理论分析，实证分析严重不足，尤其缺少大规模的问卷与访谈等调查手段，这导致相关结论的可信度较低。

随着江苏省高等职业教育发展的内外环境不断发生变化，出现了许多前所未有的新机遇、新挑战、新问题。因此，系统深入地研究江苏省不同学制高职院校毕业生质量，科学地总结经验教训，重构具有江苏特色的高等职业教育体系，培养更多适应经济建设和社会发展需要的技术应用性人才，对推动江苏省现代化建设进程，具有十分重要的现实意义和深远的历史意义。

---

① 马晓阳、朱琪：《关于江苏建设高职强省的探讨》，《教育理论与实践》，2013 年第 9 期。

② 马能和：《五年制高职教育发展及实证研究》，南京：江苏教育出版社，2011 年。

③ 徐海峰：《江苏省普高后生源三年制高职人才培养质量的现状、问题与解决途径——兼述对高职人才培养质量标准的思考》，《职业技术教育》，2013 年第 1 期。

第三节 研究思路与方法

一、研究思路

本书的研究是依据概念界定、实证分析、原因分析、案例分析以及对策分析等5个部分进行的。在概念界定部分,分析了高职院校毕业生质量的概念,划分了高职院校毕业生质量的维度。在实证分析部分,通过问卷调查与访谈,比较了江苏不同学制高职院校毕业生的培养质量与就业质量。在原因分析部分,从办学定位、办学条件、课程设置、教学模式、师资队伍与校企合作等6个方面,对影响江苏不同学制高职院校毕业生质量的因素进行了归纳总结。在案例分析部分,结合江苏不同学制高职院校实际,归纳出三年制与五年制高职院校发展经验,收集了优秀高职毕业生的事例。在对策分析部分,针对毕业生培养质量,从明确培养目标、调整课程设置、改革教学模式等方面提出对策;针对毕业生就业质量,从强化实习实训、增加就业岗位、改善就业环境、培养就业能力、转变就业观念等方面提出对策。从而从总体上设计出提升江苏省不同学制高职院校毕业生质量的政策建议。

二、研究方法

(一)文献研究法

本书的文献主要来自两个途径:一是从CNKI等电子学术数据库中收集有关高等职业教育的文献资料;二是从江苏省内各大高校图书馆借阅相关图书文本,查阅相关资料,力图对相关问题进行全面理解。

(二)问卷研究法

本书的实证调查以问卷调查为主,调查对象是普通高中生源三年制高职毕业生、对口单招生源三年制高职毕业生、五年一贯制高职毕业生、技工学校高技班(技师班)毕业生等四类高职毕业生;调查重点为四类高职毕业生的就业状况和能力素质,这两项因素是反应高等职业院校办学质量的核心指标。此次问卷发放范围为江苏省内40所职业院校的2008届、2011届高职毕业生,以及300多家用人单位。毕业生问卷共发放12 000份,回收9 449份,回收率为90.07%,其中有效问卷8 945份。用人单位(企业为主)问卷共发放500份,回收353份,回收率70.6%,其中有效问卷352份。在有效样本中,2008届毕业生3 405人,占38.1%;2011届毕业生5 114人,占57.2%;其他届别毕业生占4.7%。在有效样本中，普高后三年制高职毕业生 2 976 人，占 33.3%；中职对口单招三年制高职毕业生 1 233 人，占 13.8%；初中后五年一贯制高职毕业生 4 181 人，占 46.7%；技师学院高职毕业生 555 人，占 6.3%。调查样本共涉及 98 个专业。在被调查的用人单位中，大型企业 93 家，中型企业 154 家，小型企业 83 家，未注明类型的单位 22 家。

（三）访谈研究法

笔者等对 12 所高职院校的校长、教师和在校生等 80 余人次，5 家企业的人力主管、车间主任等 20 多人次进行了访谈。访谈内容包括办学目标和定位、课程和教学改革、校企合作和实习、不同生源学生在校学习的表现、毕业生适应岗位情况等。

（四）案例研究法

笔者等收集了 40 所高职院校近年来与教育教学过程有关的资料，这些资料包括办学思路、办学特色、专业建设、办学水平评估、各个专业的培养方案、教学计划以及课程改革、校企合作和师资队伍建设、实习实训等方面的大量材料。还收集到近 20 所高等职业院校 230 位优秀毕业生的材料，这些优秀毕业生分布在电子、机械设计与制造、物流、建筑工程、服装设计、实用美术、装潢、钻探、旅游管理、会计、化学制药、化工、畜牧兽医、酒店管理等专业。虽然优秀毕业生的材料专业不同、毕业后从事的职业不同，但都谈到职业院校的学习对他们以后在岗位上的发展或者自己创业打下了坚实的知识和能力基础，都认为职业院校的学习是他们人生道路上一个重要的节点。

第二章

高职院校毕业生质量的观点

第一节　高职院校毕业生质量的基本含义

一、质量的含义

不同学科对质量含义的解读各有侧重。从语义学的角度看,英语 quality 一词源于拉丁文,指某一给定实体的性质,只描述事实,不作价值判断或好坏区分。随着时间推移,质量概念中出现了价值判断的成分,质量已经含有评价的成分。例如,《汉语大辞典》对质量的解释是“事物、产品或工作的优劣程度”,《朗曼现代英语词典》解释为“grade,degree of excellence”,意思是“优秀的等级或程度”。从哲学的角度看,质量属于质和量之间矛盾的关系范畴。质和量包含着质和量的规定性,质是指事物区别于其他事物的内在规定性;量是指事物存在的规模、运动的速度、发展的程度等,表现为量的规定性。把握事物的质量,应采取辩证的观点,并在动态中进行分析、比较和判断。从管理学的角度看,“质量”是“一种满足或超过期望的产品、服务、人员、过程和环境相联系的动态的状态”。质量不只强调产品、服务本身,更强调与之相联系的动态过程和环境变化。由此看来,事物的内在特性、价值判断与评价、与过程和环境相联系的动态性成为理解和把握事物质量的关键要素。

目前,国际上最流行的质量定义来自于国际标准化组织(ISO)。国际标准化组织将质量描述为“实体满足明确或隐含需要的能力的总和”。这里所说的“实体”是指某种产品或服务,它表现为活动的结果(有型产品或无形产品)或活动的过程。“需要”指用户、社会或第三方的需要,这些需要一般可以转化为有指标的特性和特征。质量定义实际上包含着两方面的内容:一部分是本质质量,即产品或服务的特性或特征;另一部分是评价质量,即用户对实体满足其明确或隐含需求能力的评价。因而,质量也可以理解为“事物的一组固有特性满足要求的程度”。

近年来又有学者提出了“大质量”的概念。大质量概念包括五个方面的含义：1）范畴。任何事物都有质量，质量范畴非常宽广。大质量不仅指产品质量、工程质量、服务质量等微观质量，也包括经济的运行质量、经济增长质量、教育质量、环境质量等宏观活动领域的质量。2）过程和结果。结果和过程都要重视，既不能为了结果而忽略过程，也不能为了过程而过程。3）组织。质量渗透到组织的所有肌体，组织活动中的任何环节都有自己的工作质量和质量职责，组织功能的发挥有赖于组织内部各环节活动的质量。4）系统。大质量概念强调系统最优、接口可靠。5）特性。大质量概念包括事物固有的特性和人们赋予的特性。

概括而言，质量具有广义性、时效性和相对性。广义性是说质量不仅指产品质量，还涉及过程和体系的质量；时效性是指顾客对于质量的要求和期望是不断变化的，应不断调整对质量的要求；相对性是指不同的顾客可能对于同一产品有不同的需求，从而提出不同的质量要求。

二、高等职业教育质量的含义

在阐述高等职业教育质量之前，我们先来看一看国际、国内关于高等教育质量的相关表述。

高等教育质量概念具有复杂性，是中外学者一致公认的一个难以定义的概念。1982 年美国联合研究理事会在关于美国研究性博士学位点评估总报告第三卷《工程学篇》中的“方法论”开章引语中写道：质量是什么？你知道它，你又不知道它，它就是这样自相矛盾的。虽然，一些事物确比另一些事物好，就是说它们有更高的质量，但是，当你试图说明什么是质量时，除了具有质量的事物本身，却又没有什么可说的了。可是，如果你不能说明什么是质量，你又如何知道质量是什么，那么，它也完全不存在任何实际意义。但是，在人们的实际生活中，它又确实存在，不然，等级以什么为依据呢？人们又为什么愿意为某些事物付出代价，而把另一些事物扔进垃圾堆？显然，一些事物比另外一些事物更好……但是什么是“更好”呢……如此翻来覆去，伤透脑筋，但还是找不到思维的出路，质量究竟是什么？

对于高等教育质量的概念，站在不同的角度，或者为了不同的需要，会有不同的定义或理解。下面就中外高教界以及专家学者对高等教育质量概念的探讨加以简要介绍。

1966 年欧洲大学校长会议（KPE）公布的《制度评估：质量战略》中指出：第一，质量是一个政策性概念，其中反映出各国政府对影响高等教育的深刻的现代趋势的关注,并为此制定相关的政策和措施。第二,质量是一个多侧面和主观的概念。高等教育过程和结果的质量评估以分析不同的横断面和标准为前提。不同的当事人都有自己的质量标准,标准不同,结论也就不同,如果按照某个单一的标准作简单操作的名次排列,将无法获得令人信服的结论。评价质量既可以从实用的角度(外部视角)出发,也可以采用与智力、专业知识、创造潜力有关的尺度(内部视角)。两种视角有机结合,才能对高等教育做出由内而外的完整评估,偏向任何一方,均有可能失误。

西方学者毕比(Beeby,C,E)认为,可以从三个不同的水平去思考“教育质量”:第一水平,即最简单的水平,可叫作“课堂概念中的质量”,是对知识水平和基本技能的掌握。这种教育质量是可测量的,争议最少,是校长眼中的质量。第二水平,即较复杂的水平,可以叫作“市场概念中的质量”。在市场中,教育质量是根据“生产能力”来测量的,包含了质与量两个有机部分,这是经济学家眼中的教育质量。第三水平,可以叫作“社会和个人判断中的质量”,根据个人、子女、部落、国家设立的最终目标判断。

英国学者格林(Diana Green)在《什么是高等教育的质量》一书中提出,高等教育质量可以从五个方面界定:其一属于传统的解释,把质量与提供独特而特殊的产品与服务联系在一起,隐含排他性的特点,如牛津大学和剑桥大学的教育质量;其二则把质量与预订规格和标准的一致性作为依据,依次使不同类型的院校可能设定不同的质量标准;其三强调以高校达到目的的程度为标准,把判断质量的尺度定义为是否符合标准;其四把质量定义在实现高校办学目标的有效性上,具体标准是以高校是否具有明确的办学理念和使命的表述为特征;其五把质量定义为高校能否满足消费者规定的和潜在的需要。

美国高等教育鉴定委员会(COPA)在《教育质量与鉴定对多样性、连贯性和创造性的呼吁》报告中提出:“一个教育过程的质量涉及:1)目标的合适程度;2)在目标实现过程中资源利用的有效程度;3)已达目标的水平程度。”

国外还有学者提出:教育质量的一般性概念应包括三个内在相关的维度:为教学所提供的人与物的资源质量(投入),教学实践的质量(过程),成果的质量(产出和结果)。

在国内方面,李福华认为:高等教育质量是一个“三维”的概念,至少包含三个主要组成部分,即教学和人才培养质量、科学研究质量、社会服务质量。

余小波认为,高等教育质量的含义可以概括为“高等教育产品和服务所具有的高效性、人文性和调适性在满足社会和学生发展以及高等教育系统自身有序运转方面要求的程度”。

彭未明认为:“所谓高等教育质量,是指高等教育有机体在运转、发展过程中满足其自身特定的内在规定要求与社会的外在规定需要的一切特性的总和，它是内适性需要与外适性需要、内在的认识论质量与外部的政治论质量的有机融合与统一。”

综合上面的论述，高等教育质量内涵主要涉及三个层面及相应的观点：第一，在国家或政府层面，认为质量是一个政策性概念，表现为各国政府对影响高等教育深刻的现代趋势的关注，并为此制定相关的政策和措施。政策性质量概念的提出，强调了政府在引导高等教育质量体系重构中的作用，也凸显了政府对高等教育影响力扩大的现实。政策性质量概念中的关键点是高等教育与社会经济发展之间愈来愈紧密的互动联系和政策创新。第二，在体系效能层面，讲求高等教育质量发展的内在规律性和全面性。这主要表现为以高等教育的功能为起点，将大学的三大职能、高等教育体系建设以及办学效率等因素有机结合起来，从合规律和全面的角度审视和判断高等教育的总体质量。第三，在人才培养层面，以满足不同客户需求为出发点，追求内适性质量与外适性质量的统一。

高等职业教育作为高等教育的一种类型，其质量的基本含义应包括在我们对于高等教育质量三个层面的一般性认识中。

三、高职院校毕业生质量的含义

人才培养是高等职业教育存在的合法性依据，高等职业教育质量最终要体现在高等职业教育培养对象的质量上。选择高职院校毕业生而不是在校生，考察、分析其相关的质量指标，我们认为能更好地反映出高等职业教育培养对象的质量现状和水平。

高职院校毕业生质量是内适性质量和外适性质量的统一。所谓内适性质量是指高等职业教育的各种活动及其产品符合高等职业教育客观规律、专业发展的内在逻辑以及办学定位。其中，办学定位包括办学层次定位、学校类型定位、培养目标定位、服务面向定位等，涵盖了对培养目标的适切程度这一重要指标的观测。所谓外适性质量是指高等职业教育的各种活动及其产品切合国家、社会及用人单位等需要的程度。外适性质量是针对外部需要而言的，人们衡量和评价高等职业教育的质量主要以此为依据和标准。就高等职业教育毕业生质量而言，内适性质量和外适性质量是相辅相成的，二者不可偏废。内适性是外适性的前提和条件，没有内适性，国家、社会及用人单位等的需要就不可能得到有效满足；外适性是内适性的反映和表现，即内适性是通过外适性表现出来的，没有外适性，高等职业教育的各种活动及其产品就失去了意义和价值，就会变得盲目。内适性是以外适性为目标并为外适性服务的，外适性是以内适性为依据和依托的；内适性是外适性的源泉，外适性是内适性的动力，二者达到有机的结合和高度的统一。这是高等职业教育毕业生质量的实质所在,唯其如此,高等职业教育人才培养才具有高质量。如果片面强调前者而忽视后者,就会导致高等职业教育与现实需求的脱节,造成投入上的浪费;相反,如果仅强调后者而忽视前者,将使高等职业教育沦为现实需要的奴隶。

高职院校毕业生的含义提示我们,当研究分析高职毕业生质量的时候,目光不能只停留于毕业生身上,或者说停留于外适性质量与内适性质量的辨识上,还应当把注意力延伸到高等职业教育内部,去分析、改进和提高高等职业教育的办学能力和办学质量。

第二节　高职院校毕业生质量的构成要素

内适性质量和外适性质量是能被观测的,它可以用具体的考察指标来间接反映。在这里,内适性质量选择就业单位对高职毕业生的评价,包括知识、技能、素质的评价,具体的指标选择要体现高职院校毕业生作为高等职业教育的"产品"(而非商品)的内在基本属性;外适性质量选择与高职毕业生就业质量相关的指标,包括就业率、专业对口率、岗位分布、晋升、薪酬等,这些指标很大程度上反映了社会需求和"市场"的选择性。

一、高职院校毕业生培养的质量

(一) 知识

知识是指人们对某个事物的熟悉程度,它可能包括事实、信息、描述或在教育和实践中获得的技能。它可能是关于理论的,也可能是关于实践的。知识可以分为两类,即陈述性知识、程序性知识。陈述性知识是描述客观事物的特点及关系的知识,也称为描述性知识。陈述性知识主要包括三种不同水平:符号表征、概念、命题。程序性知识是一套关于办事的操作步骤和过程的知识,也称操作性知识。这类知识主要用来解决"做什么"和"如何做"的问题,可用来进行操作和实践。在高职教育中,专业是职业发展的高级阶段,是指需要专门知识和技能的职业。高职的专业不是以学科分类为基础,而是以社会职业分类为基础,是基于实践的教育。因此,高等职业教育具有知识性的特性。对于高职毕业生质量而言,这种知识性主要体现在职业岗位工作相关知识的广度和专业理论知识的扎实程度两个方面的要求。

(二) 技能

《辞海》将技能定义为:运用知识和经验执行一定活动的能力。通过反复练习达到迅速、精确、运用自如的技能叫熟练,也叫技巧。《教育词典》把技能定义为:通过学习重复和反省而习得的体能、心能和社会能力,个体对这种能力的提高也许是无止境的。《教育大辞典》的定义:主体在已有的知识经验基础上,经过练习形成的对待某种任务的活动方式。该观点突出了技能获得的方式是通过活动或动作习得的。技能与知识不同,例如生活常识、物理知识、化学知识、数学知识,可以通过语言文字等形式传授,而技能必须亲自学习,并坚持练习才能掌握其中的技巧。

技能是衡量高职专业教育水平的核心指标,也是体现高职毕业生实践能力的重要标志。技能水平可以用毕业生获得专业技能等级证书或职业资格证书来体现,也可以采用用人单位的评价来反映。用人单位评价能够综合反映毕业生的实践能力和工作绩效,但也存在评价尺度和评价标准不统一的问题。考虑到高职毕业生的就业需求和就业要求,我们认为采用用人单位的评价是合适的。

（三）素质

《辞海》对素质一词的定义有三个方面:第一,人的生理上生来具有的特点。第二,事物本来具有的性质。第三,完成某种活动所必需的基本条件。在本书中,素质是指职业素养,是指职业内在的规范和要求,是在职业过程中表现出来的综合品质,即毕业生从事实际工作活动所具备的基本知识基础和能力。考虑到毕业生工作实际,本书选取职业精神和工作态度、人际关系等作为主要考察指标。

二、高职院校毕业生就业的质量

（一）就业率

毕业生就业率的计算公式为:[(毕业生总人数－未就业毕业生人数)/毕业生总人数]×100%。高等职业教育毕业生就业主要有以下几种形式:

1. 毕业生通过学校与用人单位签订就业协议书,领取就业报到证,到用人单位就业。

2. 毕业生不通过学校办理手续,也不需要就业报到证,直接到用人单位应聘(毕业生应持有用人单位接收函或与用人单位签订的劳动合同)。

3. 毕业生自主创业。

4. 毕业生考取本科。

5. 毕业生出国学习及出国工作。

就业率是衡量高职毕业生就业质量的重要指标。考虑到由学校提供的就业率数据可能存在人为因素,我们仅将其作为一般性的参考。

（二）就业单位性质

就业单位性质能够反映高职毕业生就业去向的分布情况，对于具体专业的教育教学改革具有指导意义或参考价值。

（三）薪酬

薪酬是员工因向所在的组织提供劳务而获得的各种形式的酬劳。狭义的薪酬指货币和可以转化为货币的报酬，广义的薪酬除了包括狭义的薪酬以外，还包括获得的各种非货币形式的满足。本书采用狭义的薪酬概念。薪酬状况可以综合反映出高职毕业生的社会需求、社会认可度和社会地位，也能在一定程度上反映出高职人才培养目标的适切性和人才培养的质量状况。

（四）专业对口率

专业对口率是指某专业的毕业生毕业后从事专业对口工作的人数与总人数的百分比。专业对口率可以从一个侧面反映出高等职业教育与社会系统互动过程中的办学效率。在市场经济条件下，专业对口率讲求适度，不盲目追求高比例。比例过高，说明高职教育在满足社会经济发展对高技能人才的需求上，响应滞后；比例过低，则说明高技能人才供大于求的矛盾突出，以及高职人才培养可能面临着较严重的质量问题。

（五）岗位适应性

岗位适应性是指员工所从事的工作与其天资禀赋、职业兴趣、个人志向等方面的符合程度，是用人单位结合实际工作岗位并基于高职毕业生的工作能力、基本素质而做出的综合评价，是观测高职人才培养目标适切性的重要参考指标。

（六）职业发展

职业发展是某人投身职业生涯之后，在职业生涯阶段所涉及的权利、工资、晋升机会、发展前景、工作条件等社会地位资源情况的表现，可以用就业稳定性、晋升情况、升学情况、发展潜能等来反映。

第三章

江苏省不同学制高职院校毕业生质量比较

第一节 江苏省不同学制高职院校毕业生培养质量比较

调查问卷设计了“高职毕业生在工作中的主要优势”和“高职毕业生在工作中的主要劣势”两个问题，并将岗位适应性、专业知识水平、操作技能、工作态度、人际沟通能力、自主创新能力、学习能力等观测指标列为选择项（多选），通过学生自评和企业他评两种方式来考察毕业生的知识、能力和素质状况。调查问卷还就上述考察指标，由用人单位对江苏四类高职毕业生进行了横向的比较评价（采用等级制）。

一、江苏省高职院校毕业生的知识水平

笔者等对高职毕业生知识水平的评价主要落脚在专业理论知识的扎实程度和满足实际工作需要的程度两个方面。专业理论知识的扎实程度主要以毕业生自评为主，适当参考用人单位的评价；而满足实际工作需要的程度则以用人单位评价为主，适当参考毕业生的自评。通过调查，我们认为：江苏高职毕业生的专业理论知识水平在能够满足专业性学习和实际工作需要的同时又略显不足；同时，知识面窄的问题比较突出。另外，通过比较、分析，显示出有相当部分高职毕业生就业岗位偏低，其质量与高职培养目标有一定的落差。

（一）专业理论知识水平在能够满足专业性学习和实际工作需要的同时又略显不足

专业理论知识扎实程度。从表3.1可以看到在专业理论知识扎实程度的评价上，毕业生自评与用人单位评价的不一致。在毕业生自评中，认为专业理论知识扎实的比例达到44.4%，认为专业知识薄弱的比例为26.4%；而在用人单位评价中，认为专业理论知识扎实的比例略低于认为专业理论知识薄弱的比例。形成这种反差，主要是由于在看待和评价专业理论水平问题上，毕业生和用人单

位的角度不同。前者倾向于从实际工作的角度来看待专业理论水平问题，其视角相对"外显"；而后者更倾向于从专业性学习和具备专业能力的角度来理解专业理论水平问题，其视角较为"内隐"。因此，我们在认定专业理论知识的扎实程度时，主要采纳毕业生的评价意见，即初步认为专业理论知识扎实程度较高。不过，这种认定是基于毕业生就业的职业岗位要求与高职培养目标基本一致的假设做出的。如果毕业生就业岗位下移，就有可能导致认为专业理论知识扎实程度高的错误判断。实际情况如何，还有待下面做进一步的分析和判断。

满足实际工作需要的程度。用人单位对专业理论知识水平的评价存在"优"与"劣"并存的分化现象（"专业理论知识扎实"和"专业理论知识薄弱"的比例均较大）。考虑到调查问卷中多选项的设置可能给被调查者造成判断和选择上的干扰，同时相关问题也不能反映出被测项目的等级情况，为此，我们在对四类高职毕业生质量进行横向比较时采用了"等级制"（由用人单位评价，共分为"好"、"较好"、"一般"、"较差"和"差"五个等级）。在"等级制"评价中，用人单位对于四类高职毕业生专业理论知识水平的评价，"较好"以上的比例为62.5%，"一般"的比例为29.7%。这说明，从满足实际工作需要的程度看，用人单位对高职毕业生专业理论知识水平总体是认可的。

针对前面的用人单位认为毕业生专业理论知识薄弱的比例达到46.9%的现象，我们认为有相当部分高职毕业生存在就业岗位偏低的问题，或者说毕业生的总体质量与高职培养目标之间存在一定的落差。在这种情况下，上述现象主要反映出用人单位对高职毕业生在掌握专业理论知识方面的期望，如期望他们能够胜任更复杂的工作或技术含量更高的岗位。

综合毕业生自评、用人单位评价与期望，结合毕业生对工作岗位胜任情况的自评（"完全胜任"和"较能胜任"的比例达到72.3%，见图3.1）、用人单位对江苏高职毕业生岗位适应性的评价（"好"和"较好"的比例达到78.9%），我们做出以下判断：专业理论水平能够满足专业性学习和实际工作的需要，但略显不足。这一判断对于高职教育正确处理操作技能与专业理论知识水平之间的关系以及各自"度"的把握，具有重要的指导意义。

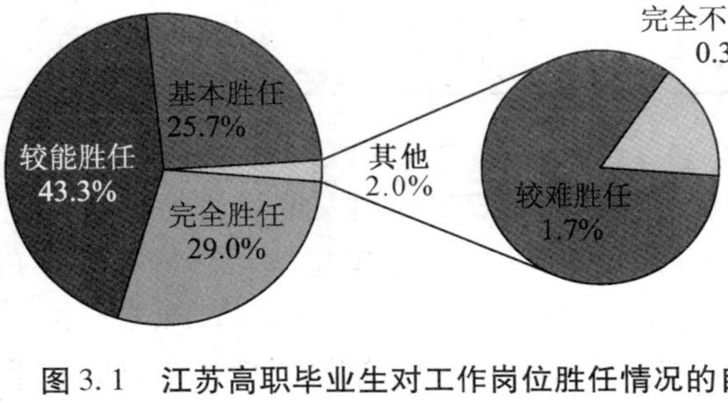

图3.1　江苏高职毕业生对工作岗位胜任情况的自评

为了进一步探究专业理论知识水平分化程度大的问题和根源，我们还调查了四类高职毕业生所在高职院校的课程设置。调查表明，尽管学制（五年制和三年制）和生源（普高生源和职中生源）不同，但四类高职毕业生在校期间的课程结构非常一致，见表3.1。这一方面表明高职院校课程设置缺乏弹性，与高职人才培养的多样化、特色化的目标要求不相适应。同时，也说明宏观层面的课程结构不是导致上述分化现象的根源。为此，高职院校应在更微观的层次做好质量控制，如在专业课程的具体设置、教学内容的调整，以及“出口”标准（学业标准）等方面采取对策措施。另外，学生个体学习能力的差异对上述专业理论知识水平分化的影响也应给予足够的重视，高职教育应倡导因材施教。从总体看高职院校的课程结构能够适应人才培养的目标要求，但在课外实践活动方面要增强实效，提高学生的参与度。

至此，我们更倾向于认为有相当部分的高职毕业生存在就业岗位偏低或岗位下移的问题。相应地，高职教育应适度加强专业性，确保高技能人才培养目标的实现。

表3.1　高职毕业生对就读职业院校课程设置的评价

课程类别	普高后三年制高职（%）	中职对口单招三年制高职（%）	初中后五年一贯制高职（%）	技师学院高职（%）
文化课	过多23.5 够用66.1 不足10.4	过多20.5 够用68.1 不足11.4	过多19.8 够用69.6 不足10.6	过多28.1 够用59.9 不足12.0
专业课	过多9.3 够用73.6 不足17.1	过多11.1 够用71.3 不足17.5	过多8.6 够用72.2 不足19.2	过多11.3 够用70.4 不足18.2
实训课	过多8.5 够用65.2 不足26.3	过多9.1 够用60.4 不足30.6	过多10.9 够用60.5 不足28.7	过多8.5 够用59.3 不足34.2
顶岗实习	过多10.0 够用64.0 不足26.0	过多6.4 够用61.8 不足31.8	过多8.2 够用74.8 不足17.0	过多8.0 够用66.2 不足25.8
课余活动	过多10.3 够用59.0 不足30.7	过多12.4 够用57.7 不足29.9	过多8.8 够用63.3 不足27.9	过多7.8 够用45.0 不足47.2

（二）毕业生知识面窄的问题比较突出

根据用人单位评价，有高达42.9%的用人单位认为高职毕业生工作中的主要劣势是“知识面窄”，只有13.7%的用人单位认可高职毕业生的“知识面广”，两者之间差异较大。同时，在高职毕业生自评中，有18.6%的人认为其知识面广，而37.7%的人认为其知识面窄。这两组数据表明高职毕业生知识面窄的问题比较突出，已经成为江苏高职院校毕业生的最大劣势。

结合访谈调查，我们认为毕业生知识面窄主要是缺乏与职业岗位工作相关联的知识，而这类知识往往被传统的专业知识范畴所排斥。鉴于此，我们认为高职的专业教育正面临着以“高级职业”（需要专门的知识和技能的职业）为核心的知识体系的重构。另外，毕业生知识面窄的问题，很大程度上反映出高职教育在复合性人才培养上还存在明显不足。高职院校必须花大气力改造传统专业，加强复合性人才培养。

二、江苏省高职院校毕业生的技能水平

考察高职毕业生的技能水平有两种方式，一是看毕业生是否达到一定的技能水平标准，主要用技能等级来衡量；二是看毕业生的技能水平满足实际工作需要的程度如何，主要由用人单位来评价。一般来说，江苏省高职院校普遍在学业标准中提出了技能水平的要求，一般规定毕业生要获得中、高级专业技能等级证书或职业资格证书。这种规定和要求能否满足毕业生的实际工作需要，需要从用人单位的角度来考察和检验。

（一）以操作技能为主要衡量指标的技能水平受到用人单位较高评价

表3.2列出了用人单位对江苏省高职院校毕业生认可度位居前三位的评价项目。从表中可见，“操作技能水平”是认可度最高的项目。从操作技能强的比例远大于操作技能不强的比例看，江苏高职院校毕业生的操作技能水平普遍为用人单位所认可。图3.2是用人单位对江苏高职毕业生操作技能水平的“等级制”评价，其中，评价为“好”和“较好”的比例达到73.4％，认为操作技能差和较差的比例仅为0.9％。

表3.2　高职毕业生在工作中有哪些优势和劣势（企业评价，多选）

评价项目	评价内容	选择比例（％）
操作技能	操作技能强（优势）	83.2
	操作技能不强（劣势）	10.8
工作态度	良好的职业精神和工作态度（优势）	66.1
	不够敬业，工作态度不认真（劣势）	12.5
人际沟通能力	有效的人际沟通能力（优势）	45.0
	人际沟通能力较弱（劣势）	21.6
学习能力	学习能力强（优势）	25.1
	学习能力不强（劣势）	24.8

注：表中是评价为“正面”的项目（正面评价的比例高于负面评价的比例）。

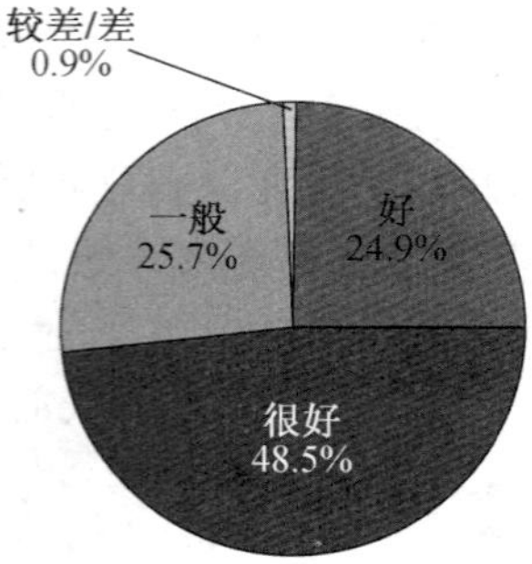

图 3.2　用人单位对江苏高职毕业生操作技能水平的评价

为了更好地了解江苏高职毕业生的技能水平状况，也考虑到用人单位更倾向于用“实效”的标准，即实践能力（包括操作技能）和工作绩效相结合的标准，来衡量和检验高职毕业生的技能水平，我们还调查了岗位分布、工作满意度、薪酬等项目。从高职毕业生以操作岗位和技术岗位为主、用人单位对高职毕业生的工作满意度高，以及操作技能水平与薪酬之间的相关性看，用人单位对江苏高职毕业生的技能水平不仅满意而且评价较高。

虽然用人单位对江苏高职毕业生的操作技能评价较高，但是我们对于高职毕业生的技能水平还是要有清醒和科学的认识。主要有两点：第一，“技能水平”的内涵在延伸。从高职人才培养的角度看，技能水平所指向的应该是实践能力，而不仅仅是操作技能；从用人单位的角度看，技能水平除了具有“能力”的象征意义外，更意味着实践活动与价值创造。我们对于技能水平的认识，既要强调实践能力的因素，也要重视能力的“物化”。第二，“技能水平”的要求和标准在变化。我国由制造业大国向制造业强国的转变，给高职毕业生的技能水平提出了新的要求和标准。从趋势看，这个新的要求和标准主要是围绕“高水平实践活动”的。因此，我们在评价高职毕业生技能水平的时候，应当看到这一趋势，不能因“操作技能好”而一叶障目、过于乐观。鉴于“技能水平”的内涵和标准的发展、变化，当前，我们尤其要重视存在于高职毕业生中的制约着“高水平实践活动”的瓶颈性因素。

（二）高职毕业生进行高水平的实践活动还受到创新能力不足的制约

在操作技能水平已经为社会所普遍认可的情况下，我们改进和提高“技能水平”的活动，需要新的思路。当前，我们应主要从推动实践能力“物化”的方向，在开展“高水平实践活动”的层面，来寻找突破的路径。从调查看，我们尤其要重视高职毕业生的创新能力问题，因为创新能力的不足制约着高水平的实践活动。

图 3.3 显示，创新能力不足是江苏高职毕业生最主要的劣势之一。在用人单位对江苏高职毕业生创新能力的“等级制”评价中，创新能力“较好”以上的比例为 39.7%，而创新能力“一般”的比例则高达 45.8%。显然，江苏高职毕业生

的创新能力还不能适应"高水平实践活动"的要求。

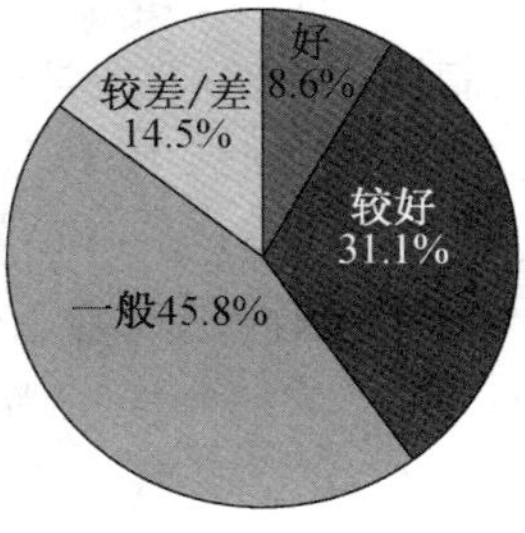

图 3.3　用人单位对江苏高职毕业生创新能力的评价

三、江苏省高职院校毕业生的素养水平

（一）江苏高职毕业生具有较高的职业素质

江苏高职毕业生具有较高的职业素质，主要体现在具有较好的岗位适应性、良好的职业精神和工作态度。

江苏高职毕业生的岗位适应性较好。在用人单位对"岗位适应性"所做的"等级制"评价中，"好"和"较好"的比例达到 82.2%，见图 3.4。

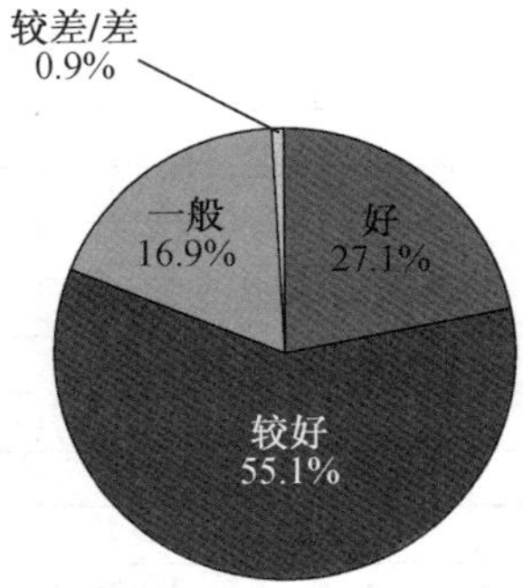

图 3.4　用人单位对江苏高职毕业生岗位适应性的评价

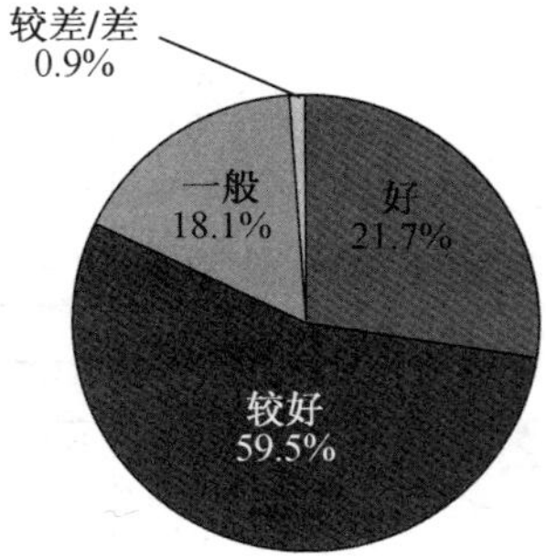

图 3.5　用人单位对江苏高职毕业生职业精神与工作态度的评价

用人单位对江苏高职毕业生的职业精神和工作态度评价高。在用人单位的评价中，认为"具有良好的职业精神和工作态度"的比例占到 66.1%，而认为"不够敬业，工作态度不认真"的比例仅占 12.5%。在用人单位对"职业精神和工作态度"所做的"等级制"评价中，"较好"以上的比例占 81.2%。见图 3.5。这表明，江苏高职毕业生的职业精神和工作态度得到了用人单位的普遍肯定。

综合上述两项评价，以及用人单位普遍反映江苏高职毕业生勤劳、能吃苦，可以认为江苏高职毕业生具有较高的职业素质。

（二）江苏高职毕业生具有与其职业生活相适应的素养水平

在中国的教育体制和选拔制度下，要客观、理性地看待高职毕业生的基本素质。我们的观点是：高职毕业生有自己的强项，如动手能力强、职业素质高等。对于诸如沟通能力等的要求，主要看能否满足职业生活和工作的需要。

从表3.1、表3.3和表3.4的数据看，尽管高职毕业生在人际沟通能力、学习能力、创新能力等方面离“全面发展”的教育要求尚有一定的差距，但是，结合用人单位对江苏高职毕业生职业岗位工作的满意度评价以及岗位适应性评价来看，江苏高职毕业生的基本素质是能够胜任职业岗位工作的。

另外，“发展潜能”的评价也能综合反映出高职毕业生的素养达到什么样的水平。由图表3.1可见，在用人单位对江苏高职毕业生发展潜能的评价中，“好”和“较好”的比例在49.3%以上，其中，普高后三年制高职毕业生和初中后五年一贯制高职毕业生被评价为“较好”以上的比例在60%以上。总体看，江苏高职毕业生具有与其职业生活相适应的素养水平。

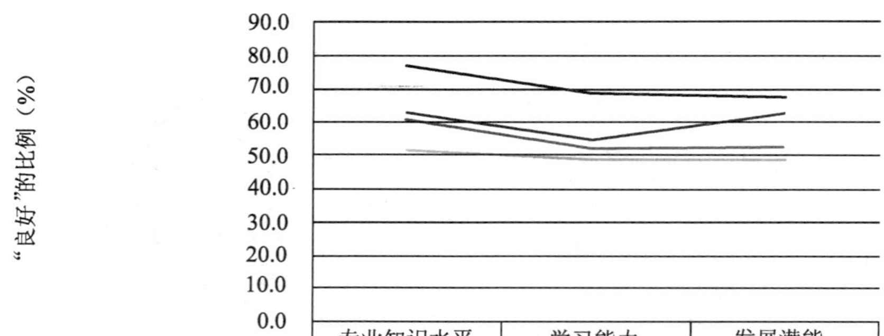

	专业知识水平	学习能力	发展潜能
普高后三年制高职	76.5	68.4	67.5
初中后五年一贯制高职	61.9	54.4	62.2
中职对口单招三年制高职	60.5	51.6	52.9
技师学院高职	51.1	49.2	49.3

图表3.1　用人单位对江苏高职毕业生专业知识水平、学习能力和发展潜能的比较评价

① “良好”是指相应三项指标中评价为“好”和“较好”的比例之和。

四、江苏省高职院校毕业生培养质量比较

对江苏省高职院校毕业生培养质量进行比较，目的是考察不同学制及不同生源高职毕业生培养的内适性质量状况；了解质量的差异性，归纳不同类别高职毕业生的质量特征。质量比较从知识、能力和素养三个维度，以及以下七个方面来进行。七个方面具体是：岗位适应性、专业知识水平、操作技能、职业精神与工作态度、人际沟通能力、学习能力和发展潜能等，见图 3.6—图 3.13。

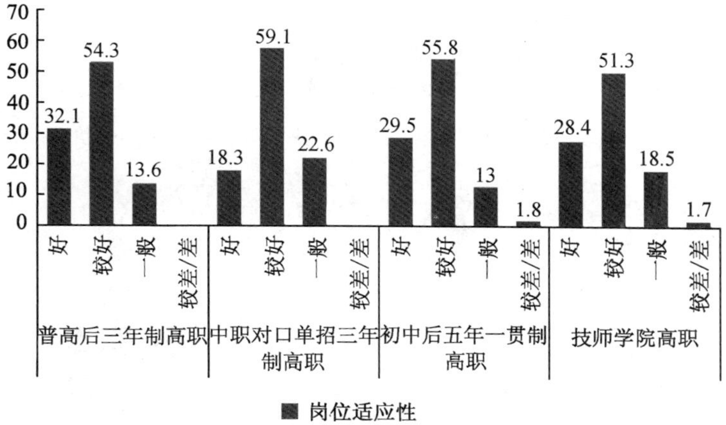

图 3.6　用人单位对江苏四类高职毕业生岗位适应性的评价(%)

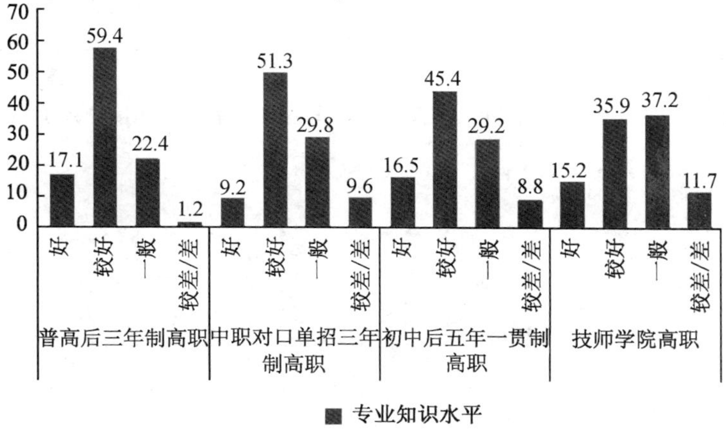

图 3.7　用人单位对江苏四类高职毕业生专业知识水平的评价(%)

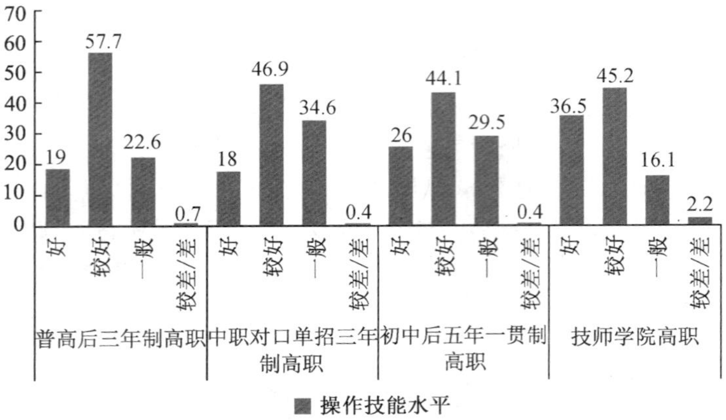

图 3.8　用人单位对江苏四类高职毕业生操作技能水平的评价(%)

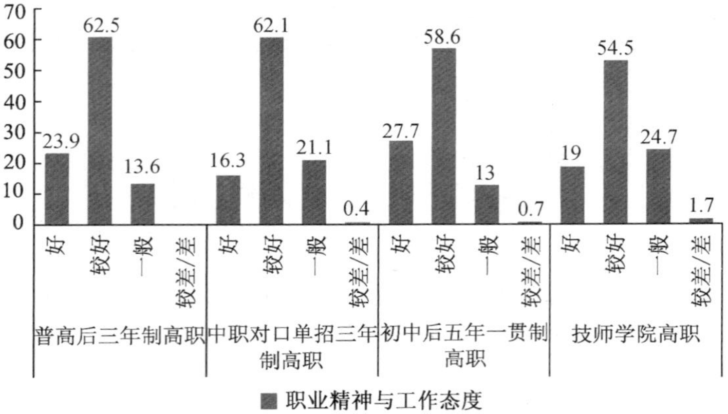

图 3.9　用人单位对江苏四类高职毕业生职业精神和工作态度的评价(%)

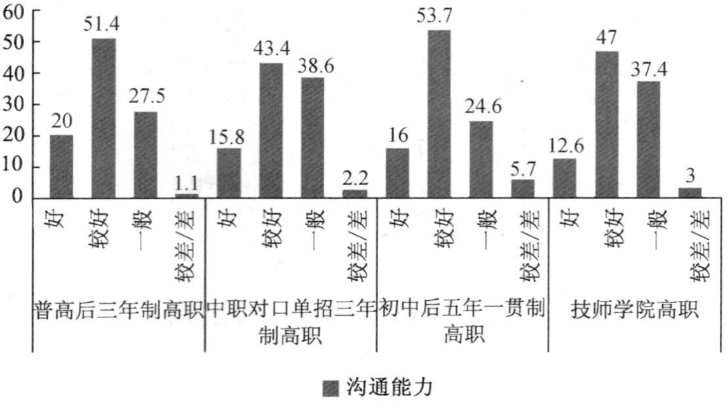

图 3.10　用人单位对江苏四类高职毕业生人际沟通能力的评价(%)

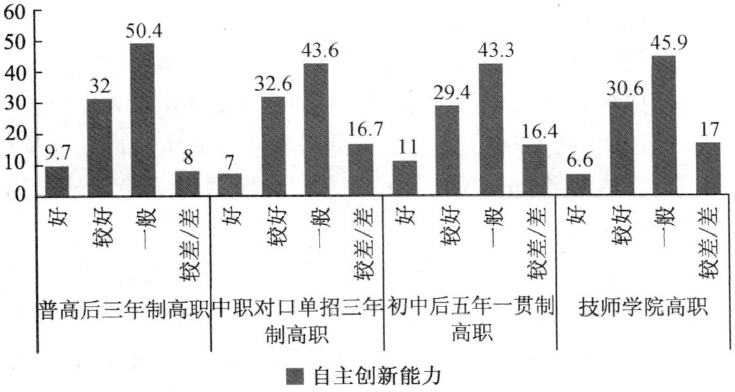

图 3.11　用人单位对江苏四类高职毕业生自主创新能力的评价(%)

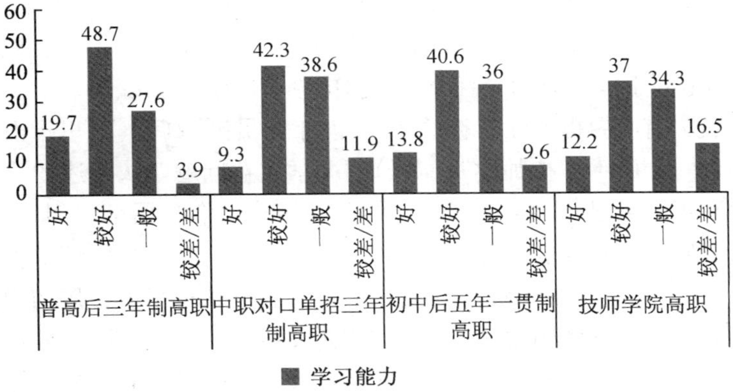

图 3.12　用人单位对江苏四类高职毕业生学习能力的评价(%)

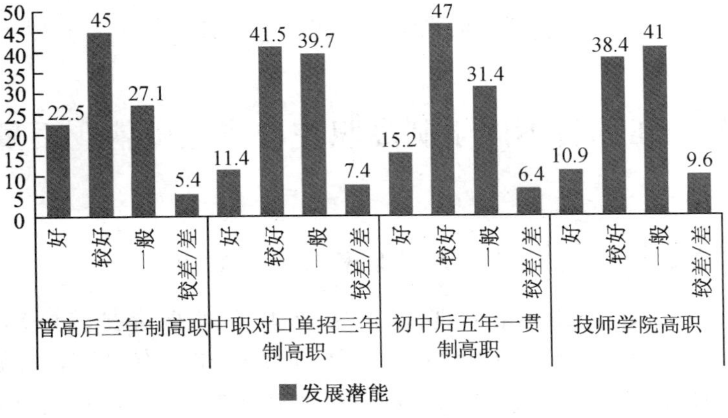

图 3.13　用人单位对江苏四类高职毕业生发展潜能的评价(%)

通过比较、分析,我们得出以下结论:

第一,江苏四类高职毕业生岗位适应性普遍较好。岗位适应性是体现知识、能力和素养的一项综合性指标。岗位适应性好,一般意味着人才培养质量高。

第二,普高后三年制和初中后五年一贯制高职毕业生在岗位适应性、专业知识水平、工作态度、人际沟通能力、学习能力和发展潜力等绝大多数考察指标上优于其他类两类毕业生。

第三,不同类别高职毕业生是各有特点:普高后三年制高职毕业生专业知识水平高、学习能力强、发展潜力好;初中后五年一贯制高职毕业生具有较好的综合职业能力与素质;技师学院高职毕业生在操作技能上表现突出,但专业知识水平和发展潜能偏弱。

通过比较和分析,我们认为,四类高职毕业生质量的差异性和“学制”之间没有“强”的关联性。我们进一步认为,四类高职毕业生质量的差异性,主要是由学制、生源、高职院校办学传统和办学能力几大因素综合作用的结果。对于这些因素尤其是办学能力方面,后面章节将作进一步的分析、探讨。

最后,我们有必要提及江苏省举办的“五年一贯制”高职(这里指由五年一贯制高职校具体举办,不含技师学院高职)的办学效益问题。从上述的质量比较可知,初中后五年一贯制高职,因其毕业生的质量综合排名位居第二(与位列第一的普高后三年制高职相比,多数质量指标相差不大),而存在着“学制”效益的比较优势。这主要反映在其产出质量(指毕业生质量)与投入(这里主要用初中后到高职教育结束期间的学习年限来衡量)之间的比例关系上。这种“学制”效益的比较优势(与“学制”有关的并以投入来衡量的外在优势,不是“学制”的内在优势),为我国中西部办学经费不足的经济欠发达地区开展五年一贯制高职教育提供了参考。像江苏这样的经济发达地区举办“五年一贯制”高职教育,除了办学效益的因素外,更多是出于满足社会多样化的求学需求和人才需求的考虑。

第二节　江苏省不同学制高职院校毕业生就业质量比较

一、江苏省高职院校毕业生的就业率与就业分布

由图3.14可见,江苏省高职院校毕业生的就业情况较好,就业率达99.6%,待业率为0.6.%。在就业分布中,毕业生在国有、民营、外资与合资企业就业的比例达82.5%,其中,在民营企业就业的比例最高,民营企业已经成为江苏高职毕业生就业的主渠道。调查显示,江苏高职毕业生自主创业的

比例为 1.7%。

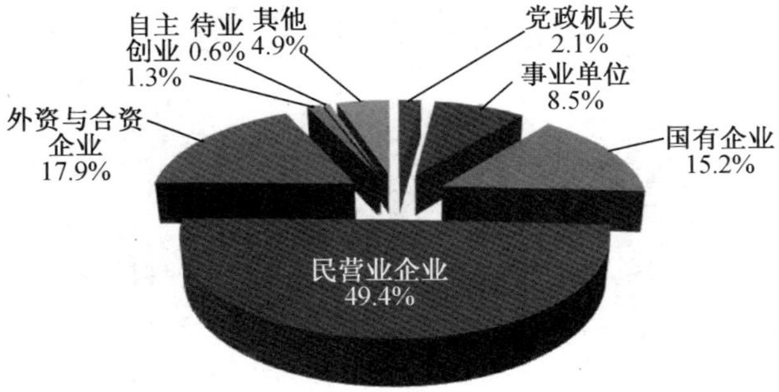

图 3.14　江苏高职毕业生的就业分布

二、江苏省高职院校毕业生的岗位分布

与我们的预想不同，调查发现江苏高职毕业生在专业技术岗位的比例最高，达到 47.7%，而操作岗位的比例仅有 30.6%，见图 3.15。上述的岗位分布可能因被调查者理解的差异而出现偏差。即便如此，调查数据仍然可以反映出高职教育中技术与技能至少呈现并重的关系。这一关系为高职教育适度加强专业性提供了实证依据。

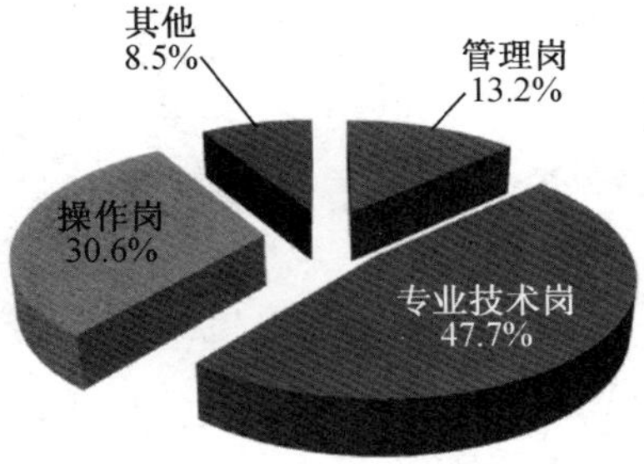

图 3.15　江苏高职毕业生的岗位分布

三、江苏省高职院校毕业生的专业对口情况

统计中，将“完全对口”、“对口”和“基本对口”归为专业对口，将“有点关联”和“不对口”归为专业不对口。

调查显示，江苏高职毕业生就业的专业对口率达到 79.1%，见图 3.16。考虑到现代社会毕业生自主择业的因素，可以认为江苏高职毕业生就业的专业对口率处于较好水平。

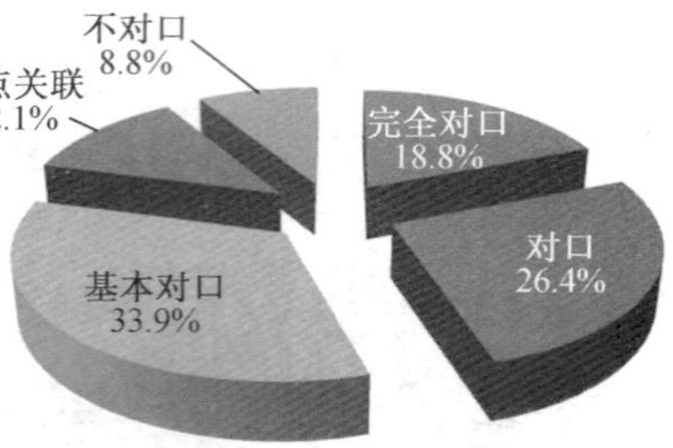

图 3.16　江苏高职毕业生就业的专业对口率

四、江苏省高职院校毕业生的薪酬情况

一般认为，薪资收入是衡量就业质量的核心指标，其高低反映了学生的就业能力、自身价值及贡献大小。为此，我们调查了高职毕业生第一份工作的月薪和目前的月薪（2011 年）。

调查显示，江苏高职毕业生第一份工作的月薪大多在 1 000 ~ 2 000 元之间；2011 年的月薪大多在 2 000 ~ 3 500 元之间，3 500 元以上的比例仅占 9.5%。见图 3.17 和图 3.18。从薪酬水平看，江苏高职毕业生的薪酬并不高。以 2011 届毕业生为例，2011 年当年入职的薪酬分布主要在 1 501 ~ 2 500 元之间，比江苏省最低工资标准稍高，见图 3.19。

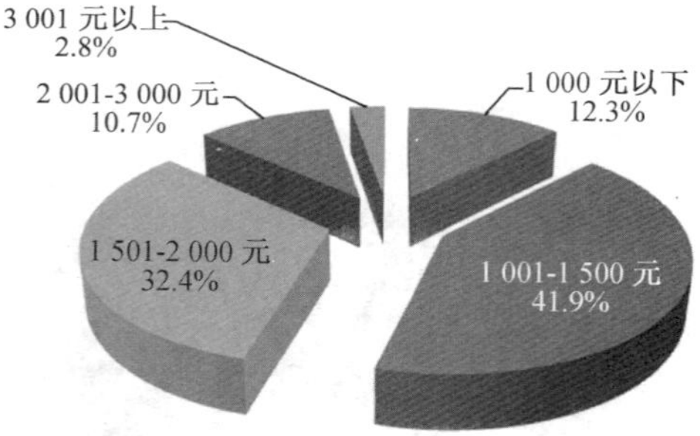

图 3.17　江苏高职毕业生第一份工作的月薪

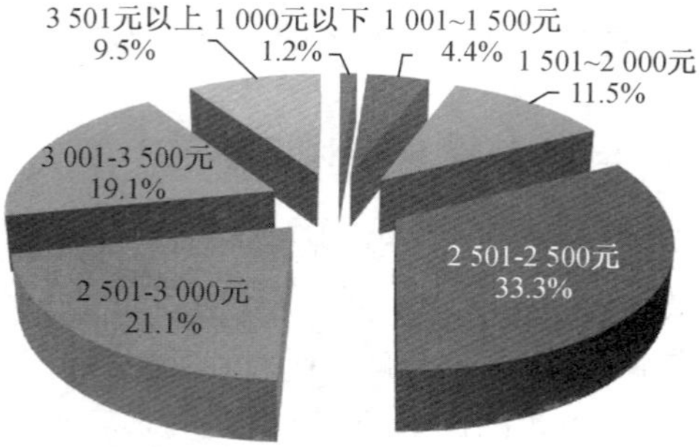

图 3.18　江苏高职毕业生目前的月薪（2011 年底）

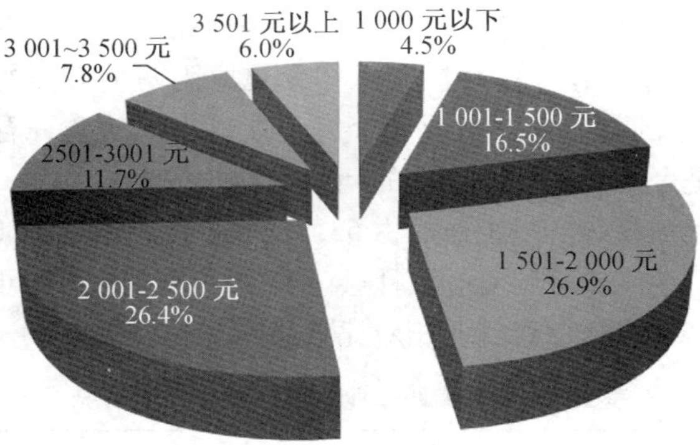

图 3.19　2011 届高职毕业生当前的月薪(2011 年底)

五、江苏省高职院校毕业生的工作表现满意度

由图 3.20 可见,用人单位对江苏高职毕业生岗位工作表现的满意度评价很高,"较满意"以上的比例达到 98.9%。

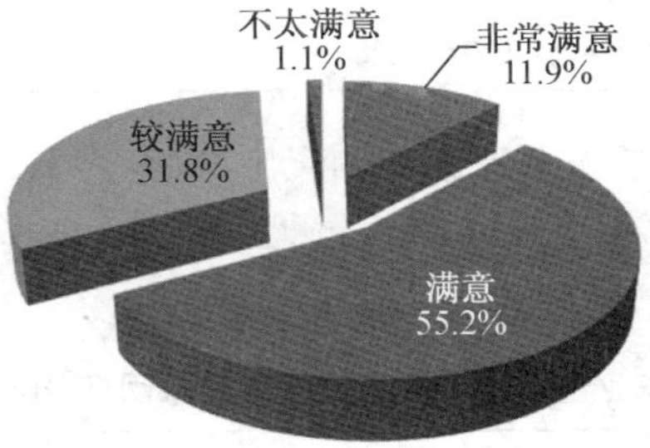

图 3.20　用人单位对江苏高职毕业生岗位工作表现的满意度评价

在这里,我们可以看到,用人单位对高职毕业生岗位工作表现的满意度评价与毕业生对岗位胜任情况的自评(见图 3.1)基本一致,且薪酬的分布情况与这两项评价的分布情况基本吻合。这表明"工作表现满意度"、"岗位胜任情况"和"薪酬"三项调查数据,可信度较高。再联系到毕业生自评和用人单位评价中所反映出来的质量问题的程度,我们认为,江苏高职毕业生存在着一定程度的岗位下移现象。

结合四类高职毕业生的岗位适应性评价无明显差异(见图 3.8),我们进一步认为毕业生岗位下移是一种群体现象,即在四类高职毕业生中都存在着岗位下移的现象。这种群体岗位下移现象,可以从高职人才培养目标的适切性以及质量控制两个方面去寻找内在的原因。

六、江苏高职院校毕业生的职业发展

职业发展主要从就业稳定性、升学、晋升和发展潜能四个方面进行考察。

（一）就业稳定性

问卷设计了关于工作变更频次和工作变更原因两个方面的调查内容，以考察江苏高职毕业生的就业变动情况和个人发展诉求。从调查看，高职毕业生就业相对稳定，但是个人发展空间不够的问题也比较突出。

调查数据显示，没有变动工作的占53.5%，变动一次的占30.7%，变动两次以上的占15.8%，见表3.3。考虑到社会上频繁跳槽的现实，可以说，高职毕业生对工作单位的忠诚度较高，就业相对比较稳定。

表3.3 江苏高职毕业生工作单位变更情况

项目＼类别	普高后三年制高职(%)	中职对口单招三年制高职(%)	初中后五年一贯制高职(%)	技师学院高职(%)	合计(%)
没变过	45.9	41.7	60.5	68.7	53.5
变过1次	34.6	35.6	27.4	23.1	30.7
变过2次	15.1	16.8	10.2	6.7	12.5
变过3次以上	4.3	5.9	2.0	1.5	3.3
合计	100(2 960人)	100(1 228人)	100(4 106人)	100(550人)	100

在关于变动工作单位主要原因的调查中，排在前三位的依次是：个人发展空间不够（39.0%～53.4%）、薪资福利偏低（38.0%～43.5%）、人际关系复杂（20.4%～27.3%）。见表3.4。

表3.4 江苏高职毕业生工作单位变更的主要原因(9 018人做出回答，多选)

调查项目＼类别	普高后三年制高职(%)	中职对口单招三年制高职(%)	初中后五年一贯制高职(%)	技师学院高职(%)
薪资福利偏低	43.5	46.0	38.9	38.0
个人发展空间不够	50.1	53.4	46.6	39.0
人际关系复杂	24.4	27.3	20.4	27.3
对企业管理制度和文化不适应	15.6	17.3	13.9	10.1
工作要求高和压力大	18.5	16.5	16.6	15.6
专业不对口	11.6	12.0	9.3	14.2
无法胜任工作	8.5	9.9	6.6	7.4
就业没有安全感	7.0	7.3	7.0	6.6
求学深造	10.6	10.0	14.0	11.1
其他	10.5	8.5	12.4	11.1

排除外部社会的影响因素后，位居第一的是“企业文化适应能力不足”，相应四类高职毕业生选择的比例在10.1～17.3%之间；选择“无法胜任工作”的比例不到10%。

个人发展空间不够、薪资福利偏低，主要是外部社会大环境造成的问题（如社会地位不高等），同时，也折射出高职教育内部人才培养的质量问题。

（二）升学

与追求“个人发展空间”相对应，“升学”成为高职毕业生促进职业发展的重要选择。调查显示，四类高职毕业生选择求学深造作为工作变更原因的比例均超过了10%，其中五年一贯制高职毕业生的比例最高，达到14.0%。据此推算，江苏省高职毕业生中至少有超过10%的人有比较强烈的求学深造意愿，而期望升学的比例应该更高。

目前，江苏省“专升本”的招生比例为5%左右，这与高职毕业生的升学需求还不相适应。从满足高职毕业生升学意愿、促进其职业发展的角度出发，江苏应适度扩大“专升本”的招生比例。

（三）晋升

职务、职称晋升是拓展个人发展空间、实现职业发展的主要途径。从用人部门看，高职毕业生晋升的渠道是畅通的。这与高职毕业生社会地位有待提高的现象正好相反。

表3.5显示，在就业1～3年内，有超过一半的高职毕业生获得了不同程度的职务、职称晋升。其中，一年内获得晋升的占33.5%，2～3年获得晋升的占18.8%，4年以上获得晋升的占1.7%。晋升情况表明，在用人部门的“小环境”里，高职毕业生职业发展的状况还是不错的。

表3.5　江苏高职毕业生职务、职称晋升情况

晋升情况＼类别	普高后三年制高职（%）	中职对口单招三年制高职（%）	初中后五年一贯制高职（%）	技师学院高职（%）	合计（%）
没晋升	33.3	38.7	57.0	46.5	45.9
1年	40.2	33.6	28.2	37.5	33.5
2～3年	24.6	25.2	13.8	11.6	18.8
4年以上	2.0	2.5	1.0	4.4	1.7
合计	100（2 962人）	100（1 228人）	100（4 127人）	100（550人）	100

（四）发展潜能

用人单位对江苏高职毕业生发展潜能的认可度较高，“好”和“较好”的比例占82.2%，见图3.21。不过，相对于“发展潜能”的高评价，高职毕业生实际工作岗位偏低的问题应当引起足够的重视。

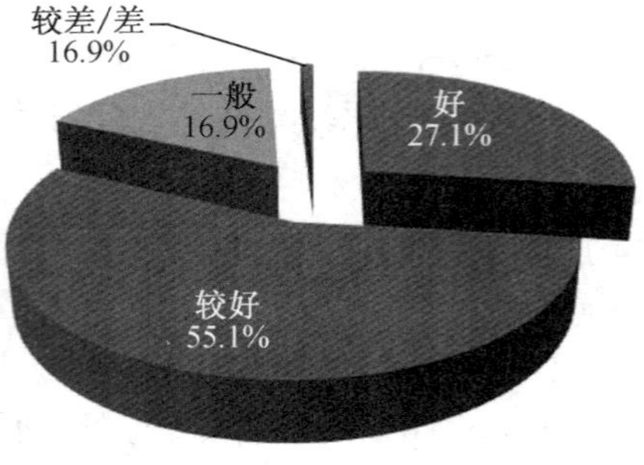

图3.21　用人单位对江苏高职毕业生发展潜能的评价

七、江苏省不同高职院校毕业生就业质量的比较

对江苏省不同高职院校毕业生就业质量进行比较，有助于我们更深入地了解不同学制及不同生源高职毕业生的外适性质量状况；认识外适性质量的差异性，以更好地了解社会需求；同时，也为审视不同高职院校的办学能力和服务社会的能力，提供第一手资料。就业质量的比较，从就业分布、岗位分布、专业对口情况、薪酬情况和职业发展情况等方面来进行，见表3.3—表3.11。

表3.6　江苏省不同高职毕业生就业分布

类别 项目	普高后三年制高职(%)	中职对口单招三年制高职(%)	初中后五年一贯制高职(%)	技师学院高职(%)	合计(%)
党政机关	0.4	0.7	4.1	0.0	2.1
事业单位	2.8	3.9	15.2	0.4	8.5
国有企业	13.3	11.2	15.7	30.6	15.2
民营企业	57.1	57.0	43.1	38.8	49.4
外资与合资企业	19.1	15.0	16.2	30.1	17.9
自主创业	1.2	1.1	1.7	0.2	1.3
待业	0.9	0.3	0.5	0.0	0.6
其他	5.1	10.8	3.6	0.0	4.9
合计	100(2 897人)	100(1 184人)	100(3 972人)	100(552人)	100

表 3.7　江苏省不同高职毕业生岗位分布

类别 岗位	普高后三年制高职(%)	中职对口单招三年制高职(%)	初中后五年一贯制高职(%)	技师学院高职(%)	合计(%)
管理岗	13.1	14.2	12.4	16.8	13.2
专业技术岗	47.3	54.8	47.5	36.5	47.7
操作岗	30.7	22.7	30.6	46.3	30.6
其他	8.9	8.9	9.5	0.4	8.5
合计	100(2 862 人)	100(1 137 人)	100(3 931 人)	100(542 人)	100

表 3.8　江苏省不同高职毕业生专业对口率

类别 专业	普高后三年制高职(%)	中职对口单招三年制高职(%)	初中后五年一贯制高职(%)	技师学院高职(%)	合计(%)
完全对口	13.7	14.3	24.7	11.5	18.8
对口	24.2	26.2	26.7	37.1	26.4
基本对口	41.1	32.94	28.5	37.8	33.9
有点关联	12.3	15.1	11.3	9.2	12.1
不对口	8.7	11.4	8.8	4.3	8.8
合计	100(2 960 人)	100(1 224 人)	100(4 156 人)	100(555 人)	100

表 3.9　江苏省不同高职毕业生胜任现任岗位情况

类别 胜任岗位情况	普高后三年制高职(%)	中职对口单招三年制高职(%)	初中后五年一贯制高职(%)	技师学院高职(%)	合计(%)
完全胜任	25.6	29.0	32.9	28.3	29.7
较能胜任	44.7	41.1	43.1	44.1	43.4
基本胜任	27.4	27.9	22.4	25.2	25.9
较难胜任	1.9	1.5	1.2	2.2	1.5
完全不能胜任	0.3	0.4	0.4	0.2	0.4
合计	100(2 968 人)	100(1 226 人)	100(4 157 人)	100(555 人)	100

表 3.10　江苏省不同高职毕业生第一份工作的月薪

类别 / 月薪	普高后三年制高职(%)	中职对口单招三年制高职(%)	初中后五年一贯制高职(%)	技师学院高职(%)	合计(%)
1 000 元以下	9.5	13.5	21.3	13.3	15.8
1 001 ~1 500 元	39.5	43.2	46.2	36.4	42.9
1 501 ~2 000 元	36.3	29.1	20.8	30.8	27.7
2 001 ~3 000 元	12.1	11.3	6.8	15.3	9.7
3 001 元以上	2.7	2.9	4.9	4.1	3.9
合计	100(2 968 人)	100(1 230 人)	100(4 160 人)	100(555 人)	100

表 3.11　江苏省不同高职毕业生目前的月薪(2011 年)

类别 / 月薪	普高后三年制高职(%)	中职对口单招三年制高职(%)	初中后五年一贯制高职(%)	技师学院高职(%)	合计(%)
1 000 元以下	2.1	3.8	4.9	1.3	3.6
1 001 ~1 500 元	6.7	12.4	17.7	10.5	12.9
1 501 ~2 000 元	17.5	24.5	26.0	14.8	22.3
2 001 ~2 500 元	29.7	31.3	23.3	22.7	26.5
2 501 ~3 000 元	18.8	15.1	12.7	20.4	15.5
3 001 ~3 500 元	15.7	9.7	8.4	16.4	11.5
3 501 元以上	9.6	3.3	7.0	14.1	7.8
合计	100(2 961 人)	100(1 222 人)	100(4 139 人)	100(555 人)	100

针对表 3.10 和表 3.11 中，五年一贯制高职毕业生薪酬落后于技师学院高职毕业生和普高后三年制高职毕业生的状况，我们对数据样本进行了分析，发现五年一贯制高职毕业生样本中有护理、艺术、教育（体育）、监所管理等专业的毕业生，因行业的关系，这些毕业生的薪酬相对较低。为此，我们选取 2008 届机械大类专业的高职毕业生为抽样样本，作进一步对比、分析，见图表 3.2、图表 3.3。

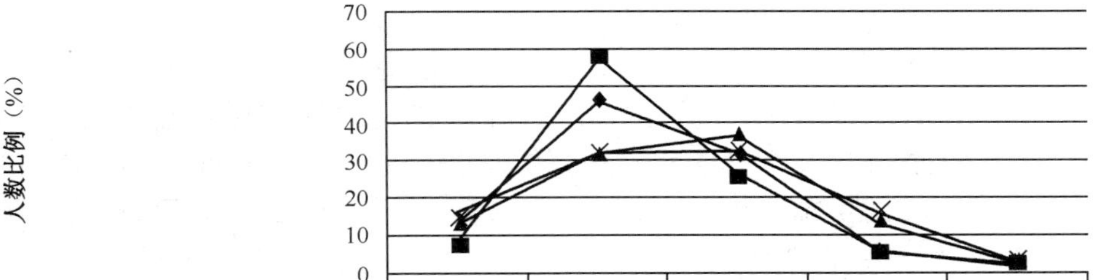

	1 000元以下	1 001~1 500元	1 501~2 000元	2 001~2 000元	3 001元以上
—◆— 普高后三年制高职（%）	12.2	46.3	3.3	6.8	1.6
—■— 中职对口单招三年制高职（%）	7.7	5.7	2.6	5.8	2.9
—▲— 初中后五年一贯制高职（%）	13.7	31.5	37	13..7	4.1
—×— 技师学院高职（%）	15.5	32	33.5	16.5	2.4

图表 3.2　2008 届机械大类专业高职毕业生第一份工作的月薪

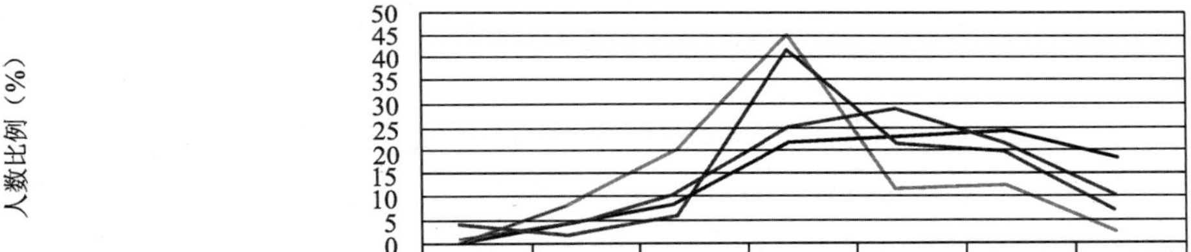

	1 000元以下	1 001~1 500元	1 504~2 000元	2 004~2 500元	2 501~3 000元	3 001~3 500元	3 501元以上
—— 普高后三年制高职（%）	0.4	3.6	8.6	21.7	23.7	23.8	18.3
—— 中职对口单招三年制高职（%）	3.8	3.8	5.8	41.3	21.2	19.2	6.7
—— 初中后五年一贯制高职（%）	0	8.2	20.5	45.2	11	12.3	2.7
—— 技师学院高职（%）	0.5	3.9	11.2	24.8	28.6	20.9	10.2

注：本图表中初中后五年制高职毕业生的样本量偏少。

图表 3.3　2008 届机械大类专业高职毕业生目前的月薪(2011 年)

通过对 2008 届机械大类专业高职毕业生的薪酬对比，发现五年一贯制高职毕业生在刚入职时月酬上并不落后，但目前的月酬(2011 年)落后于其他三类高职毕业生。数据还显示，在 2008 届机械大类专业高职毕业生中，普高后三年制高职毕业生的薪酬增长较快，2011 年月酬在 3 001 ~ 3 500 元和 3 501 元以上两个区间，比例分别为 23.7% 和 18.3%，而技师学院高职毕业生相应的比例分别是 28.6% 和 10.2%。这种薪酬水平的变化也验证了普高后三年制高职毕业生有较高的发展潜能。

综合上述的对比、分析，我们将江苏省四类高职毕业生就业质量的各项指标归纳如下：

普高后三年制高职毕业生：1）在民营企业工作的比例高（并列第一）；2）晋升快（位列第一）；3）薪酬增长快；4）发展潜能最好。

技师学院高职毕业生：1）在国有企业、外资与合资企业工作的比例较高（位列第一）；2）在操作岗位工作的比例较高（位列第一）；3）专业对口率较高（并列第一）；4）入职时的薪酬较高；5）就业稳定性较高（位列第一）；6）发展潜能较低。

初中后五年制高职毕业生：1）在党政机关和事业单位工作的比例较高（位列第一）；2）专业对口率较高（并列第一）；3）岗位胜任情况好（位列第一）；4）发展潜能较好。

中职对口单招三年制高职毕业生：1）在民营企业工作的比例高（并列第一）；2）在专业技术岗位工作的比例最高，在操作岗位工作的比例最低；3）专业对口率最低；4）发展潜能的评价为“一般”、“较差”和“差”的比例最高；5）变换工作的频次最高；6）毕业生认为“发展空间不够”的比例最高。

根据上述归纳，结合高职院校专业分布情况和高职毕业生质量特征，我们得出以下结论：

第一，普高后三年制高职毕业生、技师学院高职毕业生和初中后五年制高职毕业生的外适性质量相对较好，而中职对口单招三年制高职毕业生的外适性质量相对较差。

第二，四类高职毕业生的外适性质量存在差异性：

（1）普高后三年制高职毕业生因其素质高，尤其是专业理论水平高、学习能力强、发展潜能好，而受到用人单位特别是民营企业的普遍认可。其入职薪酬高、晋升快，职业发展相对较好。

（2）技师学院高职毕业生以技能见长，为国有企业、外资与合资企业所青睐。其就业的专业对口率高、稳定性好、薪酬高。但发展潜能相对偏低，不利于其职业成长。

（3）初中后五年制高职毕业生有较好的职业综合素质，其技能水平和专业理论水平虽不特别突出，但两者的发展较为均衡。其就业具有专业对口率高、岗位胜任情况好、发展潜能较好的特点。

（4）中职对口单招三年制高职毕业生虽然各项评价都不高，但在机械大类专业中，仍然显示出较强的就业竞争力。

第三，透过四类高职毕业生外适性质量的差异性，我们清晰地看到“高素质技能型”人才受到社会的普遍欢迎。同时，也忧虑谁来培养同时具备“高素质”和“高技能”的“双高”人才。从调查看，高等职业教育在专科的层次还难以培养出这类人才。

第三节 主要结论和政策建议

一、主要结论

基于问卷调查和对四十几所高职院校提供的反映各自办学实践材料的分析,结合访谈结果,我们得出以下结论。

（一）江苏省经济社会发展对高技能人才需求旺盛

江苏省是沿海经济发达地区,已经进入工业化中后期发展阶段,经济发展方式转变和产业结构调整对中高级技能型人才需求旺盛。调查显示,江苏省各类高职毕业生的就业率都很高,达到95%以上,也说明了这一点。可以预见,随着江苏省在2020年率先实现现代化目标的提出,“转方式、调结构、促发展”将需要更多的高素质的技能型人才。

（二）江苏省各类高职院校人才培养质量基本符合社会要求

江苏省各类高职院校较早地开展教育教学改革,特别强调职业教育办学与行业、企业的对接,其人才培养质量逐年提高,满足了经济社会发展对高技能人才的需求。调查结果显示,江苏省各类高职毕业生就业对口率高;胜任岗位情况较好,在就业1—3年内,有近一半的毕业生获得了不同程度的职务、职称晋升;企业等用人单位对高职毕业生的总体评价较高。

（三）江苏省高等职业教育已经形成较为鲜明的特色

江苏省高等职业教育经过多年的发展,已经形成了较鲜明的办学特色,体现在发展路径创新化,独创了江苏省联合职业技术学院模式(“联院模式”),倾力打造职教园区;办学形式多样化,有三年制高职、五年一贯制高职;学生来源多元化,有普通高中生源、对口单招生源、初中生源、社会生源等;技能训练系统化,毕业生的操作技能得到了用人单位的普遍认可。

（四）江苏省不同类别高职院校毕业生的专业素质各有所长

在专业知识的掌握方面,普高后三年制高职和五年一贯制高职表现较好;在操作技能方面,技师学院毕业生有优势,其次是五年一贯制高职和普高后三年制高职;对工作的态度上,用人单位的评价从高到低依次是五年一贯制高职、三年制高职、技师学院;反映毕业生综合素质的关键能力(学习能力、自主创新能力、人际沟通能力等)方面,普高后三年制高职和五年一贯制高职表现较为突出。

（五）职业院校毕业生的技能水平与其起薪、文化素质与其发展潜能呈正相关

通过对岗位分布、薪酬变化(起薪和当前薪酬)、职称职务晋升,以及知识、

能力和素质等指标的综合考察、分析，职业院校毕业生的技能水平与其起薪呈正相关，技能水平越高，起薪越高。调查还显示，文化素质比较好的普高后三年制学生发展潜力较大。

（六）五年一贯制高职在办学效益上有一定的比较优势

由调查可知，在专业知识、操作技能、关键能力等多数考察指标上，五年一贯制高职毕业生在被调查的四类高职毕业生中仅次于普高后三年制高职毕业生。五年一贯制学生接受中高等职业教育的时间为5年（其他高职毕业生高中教育加职教教育时间为6年），在办学效益上有一定的比较优势。

（七）五年一贯制高职适合技能训练周期长的专业，毕业生的专业思想比较稳固

五年一贯制高职适合举办与技能训练周期长、技能熟练程度要求高、需求稳定的岗位相对应的专业。调查结果显示，五年一贯制高职在艺术、卫生、体育、机械等专业教育方面有特殊的优势。调查结果还证实，五年一贯制高职毕业生专业意识强、职业思想稳固，用人单位对其职业精神和工作态度评价较高。

（八）对口单招高职生在专业技能的学习和训练上，比普高后三年制高职生有一定的优势

对口单招高职生都在职业学校学习过本专业的理论，也都接受过相应的技能训练。大多数访谈对象（高职院管理人员、教师等）反映，在高等职业技术学院专业学习过程中，对口单招生有比较强的专业意识、比较准确的职业定位，学习态度良好。如果对他们的培养更有针对性，可能更有利于发挥他们的专业优势。

（九）江苏省高职院校毕业生在自主创新能力、创业能力等方面明显不足

高职毕业生普遍认为“知识面窄”和“缺乏自主创新能力”是他们工作中的劣势。用人单位也认为高职毕业生在专业理论知识、知识面、自主创新能力等方面还存在不足，尤其反映高职毕业生“自主创新能力”不足是其最大的劣势。调查还显示，高职毕业生自主创业比例极低。

（十）高职院校的课程设置有待优化

毕业生反应文化课设置种类单一，选择余地少；实训课安排仍显不足，顶岗实习弱化；学生综合素质养成课程欠缺；课余活动课不足。

（十一）江苏省高职院校毕业生的企业文化适应能力尚待提高

调查发现，高职生从学校向工作的过渡，尚不能很好地适应企业文化。对企业管理制度和文化不适应成为学生变换工作单位的一个重要原因。

（十二）江苏省高职院校办学同质化现象比较严重

不同类别高职院校培养目标、专业设置、人才培养方式等同质化现象较严

重。不同类别高职院校培养目标区分度不高，培养人才的职业岗位定位不清晰；专业设置雷同，不适应区域产业结构调整以及新兴产业发展的要求；人才培养方式单一。

二、政策建议

（一）坚持走高等职业教育多元化发展道路

1. 教育行政部门合理配置高等职业教育资源，在总体规模、院校布局、招生计划等方面要统筹规划，引导三年制高职（普高生源高职和对口单招生源高职）、五年一贯制高职（初中后生源的高等职业技术学校和高级技工学校技师班）等多元化发展。

2. 按照立足行业、分工合作、服务区域、区校共赢的原则，加大推进三年制高职、五年一贯制高职等特色化办学的力度。

3. 建立科学合理的办学成本核算机制，大幅提高高等职业教育生均拨款标准，从现有的标准（三年制高职 4 140 元/人）提高到 5 500 元/人以上，促进江苏高等职业教育可持续发展。

（二）改革管理体制

1. 与教育部职业教育管理体制一致，统一归口管理中高等职业教育，实现中高等职业教育协调发展。

2. 各级政府部门应加大对区域内职业教育的统筹，促进职业教育区域协作和优质资源共享。

3. 尽快制定《江苏省职业教育校企合作管理条例》，规范和促进行业企业参与职业教育。

（三）创新独立建制的五年一贯制高等职业技术学院

江苏独创的五年一贯制高等职业教育"联院模式"（联合职业技术学院），已经受到用人单位、学生家长和社会各界的广泛认可。但是，随着形势的发展变化，须要进一步改革完善。

1. 创新独立建制的五年一贯制高等职业技术学校。自 2013 年起，分阶段选择部分整体实力强、办学效果好、社会认可度高的联合职业技术学院分院，成为独立建制的专门从事五年一贯制职业教育学校（为了从名称上与三年制职业技术学院相区别，可用"××市高等职业专门学院"）。

2. 尽快确定适合五年一贯长学制人才培养的专业与方向。成立专门的课题组，针对专业面向职业岗位人才素质要求、技术技能标准以及职业后续发展规律，科学确定适合长学制职业教育的专业和方向，并使之成为独立建制五年一贯制学校专业设置的依据与指南。

3. 科学构建五年一贯制的课程体系。充分发挥五年一贯连续教育的优势，根据行业职业技术技能要求与发展水平，系统设计中高等衔接、自成一体的科学合理的课程体系，促进学生健康成长与全面发展。

（四）稳步扩大职校生升入高一级学校的比例

1. 逐年扩大实行中职注册入学高职院校数量，特别是公办高等职业技术学院的数量，2012 年 3 所公办学校、21 所民办学校，2015 年所有公办高等职业技术学院实行中职注册入学。

2. 逐年增加自主招生的公办高等职业技术学院数量。

3. 增加招收对口单招生源的普通本科院校的数量，并逐年扩大本科院校对口单招录取率，力争在 2015 年由现在的 15% ~20% 上升到 30% ~35% 。

（五）鼓励高职院校招收一线优秀产业工人

允许各类高职院校根据行业、企业或者区域产业发展需求定向招生、定向培养，逐步扩大招收高素质产业工人的数量。可以考虑 2012 年选几所高职院校的几个专业开展招收相关专业优秀产业工人的试点，以后再酌情逐年推广到所有高职院校。

（六）大力提升技能型人才的地位

1. 努力构建重视技能型人才的良好环境。政府各部门、社会各组织要通过政策支持、制度引导和舆论宣传等多种方式，大力弘扬“知识和技能并重”的现代理念，从根本上扭转“重知识、轻技能”的传统思想，努力营造全社会重视技能型人才的良好氛围，形成技能型人才也是重要人才、技能型人才是核心竞争力的广泛共识。

2. 着力提高技能型人才的社会地位和经济待遇。要会同劳动人事部门制定提高技能型人才，尤其是高端技能型人才岗位工资和福利水平的激励政策，建立有利于技能型人才成长和发展的稳定机制；要解放思想，尽快制定给予非公有制经济组织技能型人才发展以平等待遇的相关政策并抓紧落实；要加大对经济社会发展做出突出贡献的技能型人才的奖励力度，并使之常态化、制度化；在党政机关和事业单位特定技术技能型岗位的人员招聘中，要给予技能型人才以一定的政策倾斜，努力集聚一支数量充足、门类齐全、梯次合理、技艺精湛的技能型人才队伍。

（七）积极探索技能型人才系统培养制度

1. 在示范性高职院校中遴选部分示范专业，试点培养本科层次的高端技能型人才。到 2015 年，试点专业范围扩展到 15 个，基本覆盖江苏省十大新兴产业。

2. 条件成熟时，允许部分办学条件好、办学水平高的高职院校升格为本科层次的高等职业院校。2015 年,争取 2 所高职院校升格为独立建制的技术本科院校。

3. 选择 3 所办学基础较好的本科院校,转型培养高端技能型人才。

4. 在具备专业学位研究生培养资格的学校(包括试点工作单位),积极探索高端技能型人才专业硕士培养制度,逐步优化江苏职业教育层次结构。

(八) 着力加强高职院校文化建设

1. 通过建设优美校园、注重制度建设、开展文化活动等途径,进一步加强高职院校的文化建设,增强学校的凝聚力,培养学生的创新力。

2. 通过现代工业文化与校园文化对接、现代企业文化与学校教育过程融合,使学生提前感受、正确认知并积极认同企业文化,促进学生职业意识的形成,增强学生的职业适应能力。

(九) 深度推进高职院校课程建设与教学改革

1. 树立以学生可持续发展为本的课程观。注重学生培养的知识传授与技能训练相结合、职业岗位的适应能力和迁移能力相结合、单一操作技能和综合职业能力相结合、技术应用能力和创新创造能力相结合。

2. 优化高职文化课程设置。丰富高职文化课程种类,增加学生素质拓展课程,开发灵活多样的选修课,开展丰富多彩的课余活动。

3. 改进课程教学方法和教学手段。要对学生分化程度较大的文化基础课程,如高等数学、英语等,实施分类分层教学,使每个学生学有所得;倡导以学生自主学习、问题探究为中心的启发式、讨论式、开放式、实践式教学方法;有效使用数字模拟、网络信息、多媒体等现代化教学手段和虚拟工厂、虚拟车间等现代技术手段,提高教学效果。

(十) 进一步加强创新创业教育

1. 通过舆论宣传、分析创业典型、营造崇尚创业的氛围,强化学生的创新创业意识。

2. 通过开设创新创业课程,举办创新创业讲座,学习创新创业实务,使学生积累创新创业知识。

3. 通过学分制、学分银行等教育教学改革,为学生创学交替提供制度保障。

4. 通过建设创业基地、设立创业资金、提供创业指导,支持学生开展创新创业实践。

第四章

影响江苏省不同学制高职院校毕业生质量的因素

通过前期调查访谈，在广泛征求意见的基础上，结合现有文献资料，笔者将影响江苏省不同学制高职院校毕业生质量的因素归纳为办学定位、办学条件、课程设置、教学模式改革、师资队伍建设与校企合作等6个方面。

第一节 江苏省高职院校办学定位

江苏省高职院校办学定位是影响不同学制高职毕业生质量的因素之一，所谓“定位”在《现代汉语》词典中有三种含义：“一是指用仪器对物体所在的位置进行测量；二是经测量后确定的位置；三是把事物放在适当的地位并做出某种评价。”《辞海》里对定位的解释是“在加工、测量工件或装配零部件时，把工件或零部件上已定的基准安放在机床、夹具或其他零部件相应的表面上，以确定其准确位置的过程”。办学定位是指办学者根据社会政治、经济、文化发展的需要及学校所处的环境，从办学条件与办学现状出发，确定学校的发展方向、奋斗目标、建设重点与办学特色。高职院校的办学定位是一个系统，至少包括办学的目标定位、类型定位等。就当前江苏省高等职业教育的情况来看，比较突出的问题是高职中的“高”与“职”的关系，以及培养什么类型人才的问题。

自20世纪80年代以来，随着江苏改革开放和现代化建设的不断发展，科学技术和社会生产不断进步，大量新技术、新工艺、新材料、新设备的采用和引进，在资金与技术密集的行业对一线从业人员的技术能力和水平都提出了更高要求，急需大量既掌握较高技能，又具有一定理论知识的高层次人才，这一现实社会需求必然要求一种新的高等教育类型来承担。江苏高等职业教育就是在这样的背景下起步并发展起来的。

每一种教育类型都要找准自己的办学方向与定位发展的空间，当前江苏高职院校普遍存在办学定位不准确的问题，这直接影响了不同学制高职毕业生质量。虽然《教育部关于加强高职高专教育人才培养工作的意见》明确规定,高等职业教育培养拥护党的基本路线,适应生产、建设、管理、服务第一线需要的,德智体美等方面全面发展的高等技术应用性专门人才。但是在实际人才培养过程中,许多高职院校并没有体现这一定位,依然按照原来高等教育的那一套在办学,把高等职业教育办成了普通高等教育的"压缩型",对所培养的学生是否符合社会的要求,关心不够。一些高职院校过分追求"专升本"的升学率,将学生升入本科的比例作为评判办学是否成功的标准。在教学计划、课程安排上,往往重课堂教学,轻实践过程,变相地使高职院校成为本科院校的预备学校,偏离了创办高职院校的教育目标,丧失高职教育应有的特色。

同时,与社会需求脱节。当前一方面是社会上技能型人才缺乏,另一面却是高职毕业生就业难,这种矛盾的现象已充分说明,高职院校的专业定位与社会需求脱节,这是制约高职院校毕业生就业质量最突出的原因。专业作为高职教育面向社会的载体,是高职院校联系社会的桥梁。按照高职教育的培养目标,高职的专业定位应针对地区、行业经济和社会发展的需要,面向技术和岗位领域的实际需要来确定。但实际上,这些年来在高等职业教育飞速发展的同时,很多高职院校没有适应新的要求,在专业定位上没有根据社会及职业岗位需求设置专业,仍在"闭门造车",主要体现在:一方面,有些高职院校开设新专业没有对人才市场进行详细调研和多方论证,专业设置和专业调整往往不是面向市场需求,而是单纯立足于自身条件等;另一方面,原有专业虽已不适应目前的市场需求,但没有及时进行调整而继续招生,致使学生一毕业即失业;还有的学校专业设置追求短、平、快的热门专业,结果一哄而上,热门专业如计算机、英语、电子商务等"遍地开花",专业趋同现象十分严重。总之,从目前高职毕业生就业市场来看,有的专业供不应求,有的专业供大于求。例如,目前南通高职院校的办学定位尚无法满足沿海开发的高速发展,出现了人才培养数量和质量与沿海开发不匹配的现象,尤其是随着南通沿海开发战略向纵深发展,沿海地区的新医药、新材料、新能源、现代农业及旅游产业等迅猛发展,但南通各高职院校在与这些新行业的对接上还存在着较大的差距,相关专业欠缺。目前南通专业技术人才已不能满足和适应当前沿海开发的需要,专业设置的跟进及超前性仍存在较大的问题。可以预见,未来与沿海开发新兴主导产业相一致的人才需求将迅速扩大,尤其是对劳动力要素中具有创新技能的各类专业技术人才和技工人才的需求仍然会十分突出。

所以,有必要根据高职教育办学定位基本特征来确定办学方向。高职教育办学定位基本特征概括起来有:教育类别的职业性、教育层次的高等性、职业岗位的基层性、人才类型的技术性、社会需要的导向性等几个特征。首先,高等职业教育属于职业教育范畴，课程设置面向具体某个职业，学生就业针对具体的职业岗位。普通本科教育也面向职业，但在很大程度上本科教育更加强调理论性，目的是为后续的研究做准备，或是为从事高技术要求的职业做准备。因此，职业性应是高职教育办学定位的首要特性，即培养的人才具有较强的职业能力特色及优势。其次，高等职业教育是高等教育的一个重要组成部分，是在高中阶段教育基础之上的三年制专业教育或是初中教育阶段之上五年制的专业教育。它所培养的人才同样也属于高等专门人才即专业技术应用型人才。因此，高职教育也要求学生应具备与高等教育相适应的基本知识、技能，但又以较强的解决实际工作问题能力区别于普通高等教育。再者，基层性就是指高职教育主要培养面向生产、建设、管理、服务第一线的技术型人才。因此，高等职业教育人才培养目标要考虑地区经济发展水平的要求，为地方经济建设服务，因地制宜确定人才培养目标。再者，人才类型的技术性就是能及时了解成熟技术、高新技术，并快速转化为实际的生产力。因此，技术应用性是高职教育办学定位的关键。最后，社会需要的导向性。就是高职教育人才培养方面无论在职业方向上，还是在岗位能力上，都要以用人单位对人才的需求作为培养的出发点和归宿点。

高职教育是培养德、智、体、美全面发展，并适应社会生产、建设、管理、服务等一线所需要的高技能人才的教育。因此，高职教育的定位既要从纵向上进行相应的层次定位，又要从横向上对其进行类型的定位，更要从服务方向上进行一个整体的定位。从总体上看，大体包括以下几个方面：目标定位——以能力为本位，培养高技能人才；类型定位——属于职业教育而非普通高等教育，其专业是按照职业岗位群而设置；服务面向定位——为生产、建设、管理和服务一线提供高技能人才。

首先，能力本位界定来自行为主义，即根据一系列具体的、孤立的行为来界定能力，对能力本位界定有：第一，所谓能力本位是指以培养技术应用能力为主，而不以传授系统的学科知识为主。教学的主要目标是使学生掌握本职业领域的核心技术、主流技术，了解本职业领域内的先进技术。第二，能力本位是指从事某项职业或工作所必须具备的各种能力系统。那么江苏省高职目标定位是以能力为本位，培养高技能人才，其中能力是指从事某项职业所必须具备的各种能力系统及适应社会发展的能力。

其次，高职教育的类型定位是职业教育而非普通高等教育，其专业是按照职业岗位群设置。按照职业与岗位设立专业意味学生就业方向具有很强的针对性。那么为保证开设的课程与社会需求相一致，其课程体系的设置必须对职业岗位工作特点进行分析，科学地分解每一岗位所应具备的能力构成，进而讨论这些能力的培养所需要的课程内容及如何组合、编排以达到能力培养的目的。

最后,高等职业教育是培养一线高技能人才,这便要求高职课程体系对学生培养应以实践能力培养为主,以提高学生实际操作能力为目的。同时也反映了课程体系构建应有用人单位参与,而不能仅仅是依据校内专家的意见。在课程结构的编排上应加重实践课程的比例,并实行校企共同培养的模式。

第二节　江苏省高职院校办学条件

高职院校办学条件优劣主要取决于办学经费的投入。高职教育投入不足、办学经费紧张一直是长期困扰和阻碍高职教育发展的最大问题。近年来,江苏省政府采取一定措施、出台了一些相关政策,加大对高职教育的财政投入,在一定程度上缓解了高职教育经费紧张的问题。相比于其他省份,江苏省在高等职业教育办学条件投入方面一直在增加,据统计,2000 年到 2009 年,江苏省高职院校校舍建筑面积由 209. 75 万平方米增长到 2 102. 20 万平方米,增长了 10. 02 倍,校均达到 26. 61 万平方米;校园占地由 6 232. 38 亩增长到 75 439. 28 亩,增长了 12. 10 倍,校均近千亩;生均仪器设备值由 2 005 元增长到 6 198 元,增长了 3. 1 倍。但是,相比于高职院校自身发展,办学条件的投入还远远不够,尚不能满足江苏省高职院校自身发展需要。同时,这些资金投入也远远无法满足肩负着为社会培养数以万计技能型人才的需要。政府对高等职业教育投入不足,从而使高职院校不得不高收费。低投入已经成为制约高等职业教育发展的重要因素。

江苏省许多高职院校都是在 1999 年高等教育扩招后建立的,高职教育承载着扩招增量的半壁江山,大量学生涌入高职院校后,高职院校并没有做好相应的准备,社会对高职投入的资源远远少于要求其产出所需要的资源。在投入没有到位的情况下,高职院校的办学条件自然很落后。教学设施、教学基地等是高等职业教育的基本办学条件,是保证人才培养的物质基础和必需力量。但由于当前江苏高职院校办学经费严重不足,出现了教学设施、设备不配套,教学实习(实训)基地缺乏等问题。这是影响江苏高职教育办学质量进而影响高职院校毕业生就业质量的主要因素。尤其是位于苏北的高职院校,缺少资金,吸引人才的力度不大,随着与苏南等经济发达地区的差距拉大,好不容易引进来的人才又纷纷外流。而且其图书资料、实验设备、实训场所等基本办学条件很缺乏。从总体来看,由于历史和现实原因,江苏不少高职院校确实存在着实验、实习、实训条件简陋,校园面积偏小等基本办学条件不足问题。

潘懋元先生曾经深有感触地指出:“现在的高等职业教育是国家低投入,甚至不投入,但高收费。我们要把高职办好,资金投入不足已成为我们的重大问题。”[①]由于资金投入不足,造成实践性教学设备等硬件的缺乏。如各专业须开设计算机应用课程,学校计算机房却无力承受学生上机的需求量;各专业须开设英语课程并对学生的口语、听力提出要求,但却无相应的语音室;机械类专业要求学生掌握生产一线最新技术,却无CAD/CAM实习室、数控实习室。因资金投入不足引起的对实践性教学设备投入的不足,最终导致学生实践能力较弱,直接影响高职院校毕业生的就业质量。高职院校发展资金的不足,直接影响着高等职业教育人才的培养质量。总而言之,高等职业教育有别于普通高等教育,其对教学设备有真实性、仿真性和技术先进性的要求,对专业课程教材有应用性、职业性、先进性、综合性和直观性的要求,对课程建设有综合化、实施化和与履行岗位职责相一致的要求。实施高职教育,需要高强度的投入。然而,由于部分高职院校缺乏必要的投入,其教育教学基本办学条件与人才培养的基本要求有一定的差距。缺少人才培养必需的工程环境,学生的实践能力和专业技术应用能力以及关键能力培养未能得到有效落实,导致部分接受了高等职业教育的毕业生,在理论知识和专业知识的宽度和深度上比不上本科生,在实际动手能力的熟练程度上落后于一线实际应用水平,不能很好地满足职业岗位的要求。这些高职院校如果不加大办学投入,努力改善办学条件,在教育教学上狠下功夫,扎扎实实地培养学生的动手能力与职业岗位能力,使学生确确实实学到一技之长,其毕业生的就业问题将是令人担忧的。

就目前来看,江苏财政性教育经费及预算内教育经费,大部分还是投入到本科院校中,对高职院校投入比例较小。如果生源减少,作为高职院校主要的经费来源就会告急,高职院校的生存与发展将成为很大问题。因此,江苏目前应该有重点地加大对高职院校的经费投入,增加专项经费,鼓励企业和各种社会力量对职业教育投资。公平对待本科教育与专科教育,从上到下高度重视高职教育,使高职教育健康发展,充分发挥其培养高质量毕业生的功能。

第三节　江苏省高职院校课程设置

课程设置是指学校为实现一定的教育目标而开设哪些课程以及如何开设这些课程所进行的计划和活动过程。课程设置是高等职业教育改革的核心,只有通过现代化的符合我国国情的最优化课程才能实现高等职业教育目的。课程是

---

① 潘懋元:《当前高等职业教育发展的几个主要问题》,《高等职业教育》,2003年第6期。

一切现实的教育活动得以展开的核心，教育目的只有通过课程具体化后才能产生引领实践的作用，教学内容只有通过课程设置才能在特定的成才标准和人才规格上得到规范。因此，无论是什么样的教育理论、教育思想都必须通过课程才能最终实现。因此，高职课程设置是当前高职院校改革发展的必然趋势和要求，对于提高高职院校的教学质量和促进高职教育的快速发展有着十分重要的理论和实践价值。当前，江苏高职院校课程设置问题影响了高职毕业生的质量，主要表现在以下几个方面。

一、课程结构无序

有序性是系统由低级结构变为高级结构的一个重要标志。目前有部分江苏高职院校课程组织者由于对高职属性把握不透彻，对职业岗位的知识与能力要求理解不准确，课程结构设计较为随意，存在无序性。课程结构的无序性主要表现在以下三个方面：1）在课程设置过程中，所开设的各门课程存在着结构不合理现象，如理论与实践课程之间的比例等。2）各种课程类型之间缺乏关联性，课程之间相互独立，相关知识不能够有机地融合在一起，存在着课程之间没有衔接的问题。3）课程门类烦琐过多，内容交叉，缺乏宏观统筹。这些问题的存在使高职的课程结构无序，既不符合现代课程创新的要求，也不符合现代科技之间联系结合的特点，因而难以培养出具有广泛适应性的复合型人才。如江苏某高职学校机电一体化专业课程设置，课程安排上采用传统的“三段论”课程模式（基础课、专业课、实践课）。理论与实践学时比约为1∶0.87，但若减去上机和入学教育、军训劳动、毕业鉴定等内容所占课时比例，理论与实践课时之比实际约为1∶0.65，理论课程占据绝对主要地位。这些显然不符合高职教育强调实践导向，强调实践性课程，培养应用型人才的规定。

另外，中高职课程内容设置缺乏层次结构。中职学生进入高职后，课程内容依然从基本概念开始，选取的教材缺乏对实际情况的分析和把握。经过对口单招理论和技能两项选拔考试，学生在本专业已经具备基础知识，达到中级工技能水平，课程内容和对应的教材选取，要结合实际情况，着重加强理论知识的系统性和实践技能的提高，形成一定的课程内容梯度。

二、课程内容设置滞后

系统是动态开放的，会受到外部各种环境的影响。一些江苏高职院校在课程设计过程中既没有根据劳动力市场的要求来选择课程，也没有深入研究行业特点来确定课程，而是照搬其他本科高校的做法，有的甚至照搬国外的模式，完全忽视了差异性。高职院校课程设计应该要反映市场需求、企业需求和岗位需求，能够做到根据需求来合理安排课程。课程内容应该保持一种动态开放的状态，要能够及时了解相关领域技术发展的最新情况，清楚未来社会职业岗位的变化及对学生能力与素质的要求，并将这些变化与要求体现于课程设计过程中。

科学技术的进步导致岗位需求的职业能力不断发生变化，社会生产方式的转变，经济结构与产业结构的调整也必然要要求高职课程内容不断优化调整才能适应经济发展的趋势。因此课程内容必须根据岗位需求的变化予以及时更新。高职课程内容必须与需求接轨，随需求变化而变化。现阶段某些高职课程内容明显落后于时代的发展，这不利于学生培养质量提高。

三、课程理论和实践脱节

课程内容与专业教学内容的脱节不利于学生职业能力的形成，专业课理论知识与实训课教学内容的融合中存在着“两张皮”现象，学生的满意度不高。如江苏某高职院校的“建筑材料”这门课，课程内容侧重于对材料性质和特点的阐述，却缺少与实际相结合的实用知识。这表明高职课程内容中缺少与工作任务紧密结合的应用性知识，学问化知识仍占据课程内容的重要位置，课程内容中的知识缺乏具体工作情境的支持。学科式课程模式与高等职业技术教育培养在生产、建设、服务和管理第一线工作的高等技术应用性人才的目标是不一致的。

江苏一些高职院校开发的课程，是普通高校课程的简单复制版或压缩，尤其专业名称、课程名称、基础专业课程内容都没有太大差别，无法突出高等职业教育课程“职业性”特点，缺乏实际操作和训练的教学方式，失去职业教育特色。在课程设置中，理论课占据了较大的比例，实践课的比例相对较小。以连云港中医药高等职业技术学校制药专业的课程为例，学生在入校的第一年中，基本上是以理论课程为主。每周的课程中，纯理论课程占据了课时总量的四分之三。在第二年以后，才适当地加重了实验实训课程的比例。对于刚刚进入职业技术学校的学生来说，这样的课程设置必然降低学生的学习积极性。课程设置没有充分体现提高学生综合素质和培养学生职业发展能力，与培养目标存在偏差。

四、创业课程缺失

王磊采用随机分层抽样的办法，以江苏省 6 所高职院校的 1 200 名学生为抽样调查对象。抽样院校分为三种类型：第一种类型是国家示范高职院校（骨干院校），有常州信息职业技术学院、南京化工职业技术学院；第二种类型是江苏省创业教育示范院校，有常州纺织服装职业技术学院、江苏农林职业技术学院；第三种类型是江苏省省属高职院校，有南通纺织职业技术学院、常州工程职业技术学院。调查显示，32% 的学生“知道自己的学校开设了与创业相关的课程和培训”,30%的学生选择“知道,但是从来没有接触过”,38%的学生选择“不知道”。调查发现,同一个学校的学生对这两个问题的回答存在着较大的差距。调查表明,学校虽然开设了相关创业课程,也进行了创业的相关培训,但是覆盖面还远远不够,没有让学生完全了解它的存在,另一方面也反映出江苏省高职院校的创业教育课程的运行机制、体系还存在较大的不足。①

第四节　江苏省高职院校教学模式

目前,江苏已成为制造大省,可是产品质量不如人意,这与工人的技能水平普遍不高有很大关系。与此同时,高职院校培养出的人才不能令人满意。其中重要的原因就是江苏高职院校教学模式相对落后,教学活动中知识灌输较多,与生产和生活实际联系不够紧密,实训力量薄弱,对学生实践能力培养重视不够,无法使学生形成职业能力以适应职业的变化,教学改革势在必行。

一、高职院校实践教学模式定义

本书中所说的高职院校教学模式主要是指实践教学模式。《教育大辞典》给出了实践教学的定义:职业技术学校中相对于理论教学的各种教学活动的总称。笔者认为,实践教学为高职院校培养学习者的综合职业能力而选择的教学和训练活动的总称。学生到职业对口的生产现场,直接参与生产过程或服务工作过程。在实训教师的指导下,运用已掌握的专业知识和技能,完成一定生产或服务及管理工作任务。通过实际训练和项目制作,学生掌握设备操作、产品生产过程、工艺流程和服务工作中的理论和实践知识,学习生产、服务、管理过程的工作程序,提高职业能力。此定义强调了实践教学的两层含义:第一,教学主体的多元化,实践教学是由高职和企业的培训机构共同实施的,他们都是教学的实施主体,反映出实训教学对社会的开放程度。第二,实践教学的目标是培养学生的综合职业能力。

高职教育实践教学是高职院校根据不同专业的培养目标,按照工学结合的人才培养模式,以完成一定的工作任务,借助特定的项目训练为主要形式,以鼓励学生主动参与、思考为基本特征,以掌握相应岗位技能,养成一定的职业态度并提高职业素养和职业能力为目的的教学。

首先,应该从教学理念上来理解实践教学。这就突破了其原有的教学活动

---

① 王磊:《江苏高职创业教育现状调查与建议》,《中国高校科技》,2012年第6期。

的属性,它是从教学活动向教学理念的升华。实践教学作为一种教学理念,同样包括教师和学生、教学内容和手段、教学设备和教学模式等要素。

再次,实践教学的载体是基于工作过程导向的,通常借助某一实践项目展开教学,它不单单着眼于问题设计的情境化,而且要求按照工作系统化的原则进行设计,某种程度上它更强调与职业实践密切相关的流程设计。因此,实践教学应既是工作过程导向的,同时又是设计导向的。它既遵循教学的普遍规律,同时又要求致力于对实践教学的改进,进而实现对其设计的要求。

此外,实践教学以学生主动参与、思考为基本特征。教学过程中,发挥教师的引导和组织作用,同时强调学生必须发挥其主体性,主动地参与到学习过程中来。因此,实践教学是在教师引导下,学生主动探究,增强体验,走向社会的过程。

最后,实践教学的目的在于能够使学生掌握相应岗位技能,养成职业态度,提高职业素养和能力。实践教学在高职教育中的地位和作用已清晰,人们已经把它视为提高人才培养质量的关键因素。

二、高职院校实践教学模式问题

实践教学是高职教育的主要特色,是培养高技能人才必不可少的环节。实践教学的目的是培养学生的实践能力和综合职业能力,需对教学内容进行有效组织,采用合理的教学方法,用实际任务训练学生的能力。实践教学对创新能力、实践动手能力的培养起着关键作用。搞好实践教学工作对提高高职教学质量,培养高技能人才有着不可替代的重要作用。目前,很多高职院校已认识到实践教学的重要作用,但是实践教学体系尚不完善,主要存在着如下问题:1)教学目标不明确,导致学生学习动力不足。以江苏农牧科技职业学院为例,2012级单招的学生单独进行分班,但是教材、教学大纲、教学计划、教学内容、培养目标、考核方式等与统招班基本一样,并没有根据单招学生的个性和特点制订相应的人才培养方案。2)教学方式以教师为中心,学生的主体地位没有得到充分体现,束缚了学生的创造性;在教师与学生的关系上,教师单方面控制教学过程,单方向传递信息,缺乏学生的参与和师生之间的交流,学生的主观能动性受到影响。3)实训场地建设缓慢,实训投入难以满足教学需求。由于传统的教学方法已经不能适应高职实训课教学的需求,把实践与理论结合起来的行动导向教学方法成为必然的选择。

三、高职院校实践教学的应有特征

其一,情境性。无论课堂也好,职场也罢,实践教学的安排都要体现情境性,它一方面指现场教学,即实践教学在实际的工作场所进行,包括安排学习者参与到真实的职业角色中去。另一方面是指课堂教学,即根据实践教学的要求,尽量将学习内容贴近现实的问题情境,创设与本专业的岗位真实情境相一致的职业情境。它通常是以任务为中心的,学习者通过工程问题或项目任务进行探讨,培养学生的综合职业能力。

其二,全程性。实践教学不仅仅是一种有效的教学活动,它更代表一种教育教学的理念贯穿于教学全过程。从横向看,它表明在实践教学过程中,要对教学各要素进行重组整合,以达到整体的最优化;从纵向看,它意味着随着各项训练的持续开展,实践教学的各项训练之间应是层层递进的。

其三,完整性。这主要体现在两个方面:首先,实践教学本身是由一系列要素构成的,它包括教学目标、教学内容、教学形式、教学管理和教学保障等。其次,实践教学对人的培养是全面的、完整的,它既重视学生专业能力、方法能力与社会能力的发展,也要赋予他们面对新问题时的应变能力,关注学生职业素养的养成,使他们具备质量意识、安全意识、创新意识等素质,同时也培养学生的职业情感、职业意志、职业道德。

其四,开放性。实践教学的开放性既表现为教学内容的开放性,即它必须关注行业和社会的需求,及时吸取企业最新技术成果;又表现为教学形式的开放性,即学习者的学习不局限于课堂内。同时从教学评价看,要把企业、社会的评价纳入到评价的参照体系中来。

其五,工学结合性。工学结合不仅是高职教育实践教学的一个显著特点,而且是高职人才培养的重要模式。它实现了课内与课外、校内与校外实践教学的有机结合,促进了理论知识与实践知识、工作与学习的整合。可见,校企共赢的合作机制,是构建实践教学体系的有效途径。

四、实践教学模式的途径创新

高职教育人才培养目标决定了高等职业教育学生的职业能力与素质在全真的职业环境中培养。目前高职教育学生职业素质培养采取的院内实验实训与校外实习,在实践过程中有些不足。如院内实验实训室很难模拟企业生产、经营、管理的真实环境,从而无法给学生实际的职业体验和训练;校外实习,由于企业对职业教育参与意识不强,多数企业出于自身利益的考虑,一般不让学生去接触企业的关键技术,同时在实习实训时间和内容安排上也难以满足高职院校的教学要求。所以,总的来说,实训实习问题仍然是多数高职院校教育教学发展中的瓶颈。如何建立一种新的人才培养模式,既能满足学生专业实习实训的要求,又能充分利用院内的教学资源。

为此，要改变传统教学模式，构建职业能力本位的教学模式，要以工作第一线对人员素质与能力要求为导向，从职业能力分析入手，围绕培养目标和对人才的知识结构、能力结构和专业技能的要求，采取模块式的形式设计教学，涵盖学生未来职业岗位所需要的基本知识和技能。以培养创新应用能力为目标，突出技能训练为特色，改进理论教学，加强实践环节。创造出在课堂里学生能操作，做到在学中做、在做中学的教学形式。同时，结合高职教育的人才培养特点，开发出具有高职教育特色，适合高技能人才培养要求的教学模式，并应用到教学当中。遵循高职教育的规律，发挥高职学生的优势和潜能，扎实提高高职实训教学质量，促进学生高质量就业。

第五节　江苏省高职院校师资队伍

在 2008 年中国职业教育改革与发展高峰论坛上，时任教育部职业教育与成人教育司司长的黄尧教授坦言，我国职业教育当前的两大突出问题，一是投入不够，二是师资不足。从事职教的教师不仅数量少，而且专业知识、实践教学能力相对还比较弱，这与培养高素质技能型人才的需求明显不相适应。

江苏省高职院校师资队伍建设问题主要表现在四个方面。

一、教师数量总体不足

近几年来，江苏高职教育蓬勃发展，学校数量与学生数量都迅猛增长，高职教育为江苏省培养了大批高技能技术人才，然而，在高职教育学生人数剧增的同时，虽然教师数量也在增长，却远远不能满足学生的要求。江苏省高职院校生师比大概在 18∶1 左右，距离国家提出的 14∶1 的目标还有一定的距离，而且这个比例是发达国家的两倍多。查筱菲比较了江苏高职院校动画专业师资队伍缺乏情况，常州刘国钧高等职业学校动漫设计与制作专业（五年制）中动画专业毕业的教师不多，很多教师都是从广告和环境设计专业转到动画专业的。南通商贸高等职业学校动漫设计与制作专业（五年制）中专业动画教师 1 名，其他都是广告专业的教师；江苏省戏剧学校动漫设计专业（五年制）中动画专业师资也缺乏，多数课程由美术专业的教师讲授；盐城高等师范学校动漫设计与制作专业（五年制）中，动画专业师资也缺乏，多数是美术专业的教师。①

---

①　查筱菲：《江苏高职院校动画专业工作室教学模式特点分析》，南京艺术学院硕士学位论文，2012 年。

二、双师型教师比例过低

1999年教育部《关于加强高职高专师资队伍建设的若干意见》首次明确提出教师应具备"双师素质"。2004年4月1日,教育部办公厅在《关于全面开展高职高专院校人才培养工作水平评估的通知》中明确指出,"双师型"教师是指具有讲师或以上教师职称,又具备下列条件之一的专任教师:有本专业实际工作的中级或以上技术职称;近5年中有两年以上(可累计计算)在企业第一线本专业的实际工作经历,或参加教育部组织的教师专业技能培训获得合格证书,能全面指导学生专业实践实训活动;近5年主持或主要参与两项应用技术研究,成果已被企业使用且效果良好。①

本书认为双师型教师指同时具备教师资格和职业资格,从事职业教育工作的教师。"双师型"教师是教育教学能力和工作经验兼备的复合型人才,是高职教育对专业课教师的一种特殊要求,其要求专业课教师具备两方面的素质和能力:一要类似文化课教师,具有较高的文化和专业理论水平,有较强的教学能力和素质;二要类似工程技术人员,有熟练的专业实践技能,一定的组织生产经营能力和素质。高职教育要注重教师队伍的"双师结构",其主要体现在学校教师中双师型教师的比例和教师个体具备"双师型"素质两个方面。构建"双师"结构教学团队,是高职教育加强内涵建设的重要内容之一。目前江苏省高职院校教师队伍中,既掌握丰富的理论知识,又具有过硬的实践操作经验的双师型教师太少,比例过低,远远不能满足高职教育培养面向生产建设一线的技能型人才的需要。

"双师型"教师应该有以下特征:一是动态性。"双师型"教师所具有的实践教学能力,主要是企业生产一线的实际操作能力,即通常所说的动手能力,要求教师不仅掌握现代化大生产所需要的专业理论知识,更要掌握生产一线所需要的新技术、新工艺、新方法,而当今世界范围内科技发展日新月异,要求教师的教学能力紧跟时代步伐不断提高,因此"双师型"教师的概念应该是动态的,不是一劳永逸和静止不变的。二是统一性。职业教育教师是一个庞大的群体,"双师型"教师既是一个理论研究范畴,也是一个实践范畴,必须解决如何对其进行评价的问题,而这个评价标准应该是大体一致的,也就是说"双师型"教师具有统一性的特征。三是特定性。高职教育是一种特殊类型的教育,具有自身独特的特点和规律性。它主要面向生产、建设、服务第一线培养具有职业素养和能力的技能型专门人才,因此"双师型"教师应是一个特定的群体,是担负职业教育

① 赵东平、郑洪成:《高职英语"双师结构"师资队伍的现状调查及探究——以江苏食品职业技术学院为例》,《湖北科技学院学报》,2012年第11期。

繁重教学任务的“文武双全”的教师群体，教师应该首先成为德才兼备、德艺双馨的名师。普通高等教育和基础教育虽然也要求教师理论联系实际，但不强调教师必须是“双师型”。

经过十多年的发展，江苏“双师型”教师队伍整体结构和水平已有所优化和提高，特别是在数量上有了较大的提高。据统计，江苏省 2009 年有“双师型”教师 11 474 人，占专任教师的比例为 50.8%。[①] 但是，比例结构仍然欠合理。职称结构上，专业课教师和实训指导教师的高级职称比例仍然很小；学历结构上，硕士及以上的比例很小；年龄结构基本合理，但是 30 岁以下“双师型”教师比例较小；类型结构上，“双师型”教师的真正价值挖掘不够，从事一体化教学的“双师型”教师比例不大，从事理论课的“双师型”教师比较多。在苏北某高职院校，“双师型”教师以专业实践课和实训为主的比例仅占 27%，以专业理论课和文化课为主的教师比例却高达 73%，形成一种极其不合理的结构分布现象。另外“双师型”师资队伍在江苏各地发展不平衡，苏南水平最高，苏中次之，苏北水平最低。

根据现有“双师型”师资的职称、学历和年龄情况，应该加强高职院校“双师型”师资队伍知识能力结构的完善。首先，在保证师资队伍高水平的前提下，可以扩大师资来源，建立返聘制度，将已经退休的相关企业或科研院所的工程技术人员，返聘到教师队伍中；完善兼职制度，在校企合作的背景下聘请企业技师为兼职教师。其次，高职院校的教师应该取得一定的从业资格，应该具备最基本的职业训练，即专业理论知识、专业实践能力、技能、品质等。再次，“双师型”教师资格不能设为终身制。

在知识经济时代，技术革命随时都在发生，新技术、新工艺、新标准更迭的频率较快。作为传授这些技术的教师必须始终站在技术的前沿和生产的一线，不断更新自己的专业知识和提升自身的技能水平。基于此，学校应该鼓励教师进行挂职锻炼，参与企业的项目开发与建设，使其了解行业发展的形势和新要求。针对现有教师的专业结构和自身特点，有计划地安排他们利用假期进行职业培训。同时，建立带头人培训计划，鼓励其参加科研和学术交流。

江苏部分高职院校内部“双师型”教师的管理制度不健全，职业院校的教师管理制度套用普通高等学校管理体制，使得一部分高职院校的“双师型”教师的管理制度不合理。为了保证“双师型”教师队伍的建设，高职院校应结合自身的具体情况建立相应的管理制度。如师资队伍各个时期的发展规划，对双师型教师的激励制度、培养渠道规划等。在国家相关政策的引导下，部分高职院校在制

---

① 蔡怡、张义平、宋现山：《高职院校“双师型”教师队伍建设的困境与对策——基于江苏高职院校师资发展的现实考察》，《国家教育行政学院学报》，2011 年第 6 期。

度建设方面取得一定成果。在新的评审制度中,应该适度降低对教师的学术要求,把实践技能的考核作为重点指标,真正体现对“双师型”教师的素质要求。加强职业技能的考核,把教师技术应用能力以及取得的教学、技术成果作为评审的主要依据。在具体的实践操作方面,可以根据能力偏向,允许高职教师自主申请企业工程师等职称,也可以在教育主管部门申请不同等级的教师资格证。例如,南京交通职业技术学院对新教师“强制性”安排半年至一年时间下企业实践锻炼的做法,同样值得其他学校很好地借鉴。所谓“强制性”是指作为一种制度性的安排,不以教师自己的意志为转移,已经成为一种教师培养培训的体制、机制。同时,要解决青年教师顶岗锻炼期间的待遇、工作量计算等实际问题,解除他们的后顾之忧。

三、兼职教师队伍不够完善

聘任兼职教师是改善学校师资结构、加强实践教学环节的有效途径。但是江苏目前高职院校兼职教师队伍却存在一定的问题。

第一,兼职教师数量不足。江苏省高职院校的专兼职教师比约为 3∶1,而国外职业教育先进国家的兼职教师数量占学校教师总数比例较高。如英国职业教育中兼职教师比例占 63%,许多教师是从企业招聘的、有丰富实践经验的技术人才;美国社区学院的兼职教师一般占 60%,这些兼职教师绝大多数来自企业;德国“双元制”职业教育中,在企业阶段的实训教师都来自企业,如斯图加特职业学院,专职教师 80 人,而兼职教师达 1 600 余人,承担了 60% 以上的教学任务;澳大利亚 TAFE 机构专职教师占教师总量的 1/3,兼职教师占 2/3,兼职教师主要来自企业生产、服务行业第一线。对比国外高职院校中兼职教师队伍现状,江苏省高职兼职教师队伍比例过低,能够带来企业一线生产流程和工艺的实际生产知识较少,因此,导致高职院校理论教学与生产实际脱节,教学不能面向生产建设一线。

第二,兼职教师参与教学度不高。高职院校目前对于兼职教师的使用往往是停留在实训指导环节及学生校外实践基地的教学中,兼职教师真正走进传统课堂进行教学的并不多见。

第三,兼职教师教学水平参差不齐。兼职教师虽然拥有一线丰富的实践经验,但这些教师因为没有接受过正规的师范教育,平时与学生接触较少,因此教学方法、教学手段以及教学管理知识缺乏,造成兼职教师整体教学水平参差不齐,缺乏教育教学能力,不能很好地承担主要实践技能课程的教学任务。

四、师资队伍培养机制不合理

其一,培养目标不到位,学术性、教育性、职业性有待整合。高职师资的培养目标是要培养胜任高职教育教学工作的教师，相对于普教教师而言，其素质构成更具复杂性，除需掌握本专业的学科理论知识体系、教育教学方法外，还必须有本专业的实践经验，了解一线的技术应用现状，能为学生进行示范讲解。目前，江苏高职师资的培养仍然沿用普通师资的培养模式，即学校本位培养模式，在大学课堂进行理论学习的时间占了绝大部分，到企业、学校实习一般只有一个月的时间，而从普通高校来的毕业生则缺少学校见习和实习，很多新教师上岗前对自己即将从事的工作一无所知，缺少在实际工作场景中的训练。与之相比，德国的职业教育教师上岗前的培养主要分为两个阶段。第一个阶段是大学师范教育阶段，通常为 9 ~ 10 个学期，学习结束后参加第一次国家考试或是硕士结业考试。第一次国家考试合格，并且证明已拥有与专业方向相应的职业经历，或完成了职业培训，才能进入第二个阶段。第二个阶段是为期 4 个学期的见习期，见习生既要参加教育学、专业教学法方面的大学研讨班的活动，又要到职业学校去见习，从事每周 10 课时的教学。第二次国家考试要求撰写课外论文，同时在职业专业方向和基础课方向各上一堂公开教学实验课，还有有关专业教学法、教育学、学校法的口试。只有通过第二次国家考试才有资格成为职业学校的教师。这种典型的“双师型”职教师资培养模式值得借鉴。其二，培训内容缺乏针对性。江苏高职院校师资多来源于普通高等院校，他们的知识和理论水平相对较高，但操作能力、工程实践能力和技术应用能力都比较缺乏。

第六节　江苏省高职院校校企合作

教育部部长袁贵仁指出，当前我国职业教育发展的弱项在校企合作。校企合作是今后一个时期职业教育改革发展的重点，是我们应当下大功夫，也必须下大功夫去探索和解决的难点。的确，校企合作也是江苏省高职院校发展中存在的主要问题，直接影响了毕业生的质量。

一、校企合作的定义

世界合作教育协会（WACE）指出：校企合作教育将课堂上的学习与工作中的学习结合起来，学生将理论知识应用于现实的实践中，然后将在工作中遇到的问题带回学校，促进学校的教与学。加拿大校企合作教育协会对于校企合作教育的定义为：1）校企合作教育是一种将学校的课堂知识学习以及与学生所学的专业课知识相关的校外工作结合起来的教育方法。2）校企合作教育是一种将学校内的学习和学校外具有真实工作情景的学习结合在一起的教育策略，学生在学校外的工作往往和他们在学校内学习的知识具有直接的联系。3）校企合作教育是一种将学生参加真实的学校外的工作作为完成课程中必不可少的一部分的教育计划。一般而言，校企合作培养人才主要指学校与企业紧密合作，以学生为主体，以职业为导向，以培养学生的全面素质为重点，充分利用学校和企业两种不同的教育环境和资源，把以课堂教学为主的学校教育与学生参加实际工作直接获取实际经验的校外工作有机结合起来，把学习与工作的结合贯穿于教学过程之中，培养具有较高创新实践能力的高素质、技能型专门人才的教育活动。

校企合作的形式与程度又可以分为三个层面：一是浅层次的合作，校企合作双方共同建立专家指导委员会，高职院校的专业设置按照企业的要求设置，同时高职院校的学生定期到企业进行生产实践。二是中层次合作，学校和企业建立共同联合体，成立董事会，形成一种多元投资主体，学校为企业提供咨询、培训等服务，企业为学校提供先进的生产设备、技术支持。三是深层次合作，学校与企业深度合作，密不可分、相互渗透，校企双方共同进行人才培养，共同设立研发中心，培养企业、行业需要的人才。研发中心根据企业发展和市场竞争的需要，设立科研和技术攻关方向，并且将研究成果及时有效地转化为企业的工艺技能、物化产品和经营决策，共同提高其整体效益。

高职校企合作人才培养模式表现为学生的教育教学及培训任务，由高职校和企业共同承担，通过学习与工作相互交融的途径，用将课堂的理论学习与生产实践紧密结合起来的方式培养高素质技能型人才。高职校企合作人才培养模式中强调“三个合一”：一是“做学合一”——将参加现实社会中的实际工作，作为教学的重要组成部分，使做学有机结合，“工”与“学”同时成为高职专业人才培养方案的规定内容，即“做中学”、“学中做”；二是“学生、员工身份合一”——将传统的模拟演示性实习，转变为让学生在真实的生产型现场环境以一个准职业人的身份顶岗从事生产性工作，承担工作岗位相应的责任和义务；三是“岗位、课堂合一”——突破传统的以学校和课堂为中心的封闭式教学组织形式，将“工”与“学”真正融为一体，使学生学习于职业岗位，工作于学习环境。在实施高职校企合作人才培养模式中突出“三个为主”：确定培养目标以企业需要为主，调整课程体系以工作过程为主，培养专业技能以在实训基地为主。

二、校企合作意义

（一）有利于缓解学生就业压力

目前的劳动力市场，企业是最大的劳动力购买方，在目前劳动力市场供大于求的就业环境下，高职院校与企业合作是促进高职院校毕业生提升就业水平的必经之路。校企合作之前，由于资金方面的原因，很多高职院校的财政投入有限，导致其实习和实训条件受到约束，很多学生的实际动手能力和操作能力很差，很多企业接受毕业生以后还要进一步进行培训工作，这也是很多企业不愿意接受高职院校实习学生的原因。通过校企合作，学生进入真实的工作环境，在这种真实的工作环境中，学生不只是一个实习生的身份，而且是一个公司正式员工的身份，学生须要完成用人单位交给的工作任务，还须要学会处理人际关系，熟悉企业的管理模式，理解并接受企业的文化，学会培养敬岗爱业的精神和团队合作的能力。这样就提高了学生的工作能力和工作技能，学生毕业之后就可以直接就业，实现从学生到员工的零转换。通过校企合作，学生在实习时就可以掌握企业所需要的实践能力，在毕业时能够直接满足企业的需要，顺利就业。

（二）有利于促使企业参与学校人才培养计划和人才培养过程

校企合作之前，高职院校的人才培养模式主要是自主培养，很少会考虑市场的需求，专业的设置远远落后于社会经济发展的需要。学校缺乏对学生进行针对性的培养，企业认为学校学生的培养和企业没有任何关系，以至于很多企业把学生到企业去实习看成企业的负担，不愿意接受学生到企业去实习。通过校企合作后，学校和企业变成了一个利益共同体，企业参与高职院校人才培养方案的制订，学校根据企业的需要确定学生培养方案。高职院校通过校企合作逐渐形成自己的办学特色。

三、江苏省高职院校校企合作的问题

江苏高职教育校企合作在摸索中不断发展，形势总体上是好的，但也存在一些不足，如主管单位职责不清或校企合作工作流于形式等。我国目前已有的制度对这些事项的规定多为框架性规定，在司法实践中不具有操作性，也无法很好地解决这些问题。

（一）政府角色模糊，职责不清

在国家政策引导下，各地政府都加强了对高职教育校企合作的引导，但在实践中普遍存在着管理单位主体太多、职责不清、流于形式等弊病。地方政府发布相关文件，指定某个部门为高职教育校企合作的主管单位，同时指出其他政府部门在各自职责范围内配合工作以促进发展。然而这些单位的具体职责却没有明确规定，这使得政府在高职教育校企合作中无法尽到其应尽的职责。在实践中，政府虽然大喊口号要大力发展高职教育校企合作，但实际效果并不理想。因为在其所负职责不清的情况下，政府履行职责本身就存在对象不明的困难，要求其尽职尽责地履行职责范围内应尽的义务也就显得不切实际了。

（二）企业动力不足，合作积极性不高

企业动力不足，合作积极性不高是江苏高职教育校企合作目前非常普遍的问题。其原因很多，从根本上讲，企业之所以对校企合作不甚热衷源于利益吸引力不够。因经济利益是大部分企业所追求的价值，其每一项投入都伴随着严谨的成本—收益分析，故而对于企业而言，在花费人物财来参与校企合作后，其必然会期望相对客观的收益。而作为高职教育的一种培养模式，校企合作在人才培养环节完成之后还要面临人才转化，即从劳动力向生产力转化的过程，并不能像常规的经济运作一样在较短的周期内显现其价值，且没有相关制度保证所培养的人才能够较长时间地服务于该企业，这就严重损伤了企业参与职业教育校企合作的积极性和热情。在实际访谈中，很多企业都曾接到职业院校的提议，希望其参与到职业教育中来，部分企业表示其实力有限，自身发展尚且无暇顾及，更无心于其他事物；另外有相当部分企业则表示了这样一种担心：现在企业花出成本、响应号召参与校企合作却可能是在为将来的竞争对手培养人才，因为人才会流动，原本参与培养的企业不一定能留得住。这样看来，解决企业积极性不高这个问题更多应该从合作机制上找办法，要让企业得到实实在在的好处或预期收益。然而好的合作机制的设定与运行需要得到法律的确认和保障，企业应得利益也应当得到认可和保障，同时，对企业积极参与校企合作的激励性措施也应在法律中有明确的规定。

（三）高职院校与企业权利义务不明晰

由于高职院校与企业对各自所应承担的责任认识不一而导致合作无法开展或中途停止的情况时有发生。高职院校与企业间确定合作培养的具体事宜、明确权利义务及划分责任的主要依据就是双方签订的校企合作协议。但因现阶段高职教育校企合作基本都是学校主导的，校企合作协议一般都是由学校起草，之后再根据企业的具体要求进行相应的改动和完善。校企合作协议的主体部分应当是双方的权利义务，应当在合作期限、合作培养项目、教学计划制订、教学任务完成、毕业生就业安排以及学生在企业实习中的权利保障等方面均做出约定，尤其是对培养方式、实习实训学生的权利保障、毕业学生的就业安排等应做出具体明确的约定。除此之外，校企合作过程中高职院校及企业等主体在违反协议约定时所应承担的违约责任及发生纠纷时的解决方式，也都应当在协议中有明确约定。但目前适用于高职教育校企合作实务中的协议并无规范的体例可言，协议内容往往概括笼统，对于应当约定的事情没有明确、具体的规定，甚至对于一些关键问题根本没有涉及，客观上给高职院校和企业都带来了不必要的麻烦，使得高职教育校企合作显得更加难以实施。因而，出台相关法律对涉及高职教育校企合作协议的根本性问题予以明确规范就显得必要和紧迫。

高等职业教育是与行业发展密切相关的一种教育类型,目前江苏省正在从制造业大省向制造业强省迈进。产业结构的调整及经济增长方式的转变迫切需要造就规模宏大的技能型人才队伍。高职教育必须培养高质量的应用型技能人才才能体现出其价值。行业深入参与职业教育办学,参与职业院校专业建设、课程与教材开发、师资队伍建设、实习实训是高职教育焕发生命活力的重要途径之一。目前,江苏省高职院校与企业合作多是浅层面的,企业多是接受职业院校学生实习、实训,而能深入职业教育办学的企业并不多。虽然江苏省出台政策倡导校企合作,鼓励行业、企业参与职业教育办学,但是由于缺乏力度和激励机制,企业的参与热情不高,使校企合作流于形式,不尽如人意。因此,须要加强高职教育和企业的关系,实现校企"双赢"。须要寻求新的管理体制和办学模式,加强高职院校之间,高校职院与政府、企业之间的紧密合作,建立由相关部门领导参加的联席会议制度,统筹规划,整合和重组资源,形成合力。

第五章

江苏省不同学制高职院校改革与发展的经验

第一节　三年制高职院校改革与发展的经验

本节将以常州工程职业技术学院与徐州工业职业技术学院为例，从办学定位、办学条件、课程设置、教学模式改革、师资队伍建设与校企合作等多个方面，深入分析提炼这两所高职院校的改革与发展经验，以供更多的高职院校参考借鉴。

一、常州工程职业技术学院

（一）在办学定位方面

明确学院建设发展的总体思路。坚持以人为本，转变发展观念，创新发展模式，提高发展质量，坚持规模、质量、结构、效益的协调发展，走内涵提升为主的发展之路，以实现一流高职学院为目标，又好又快发展为主题，坚持“以就业为导向，以职业能力培养为核心，以素质教育为特色，培养高素质、高技能的技术应用性人才”的办学指导思想，以全面提高人才培养质量为核心，以专业建设为龙头，深化教育教学改革，加强队伍建设，注重产学研结合，全面提升学院的核心竞争力和服务地方的能力，以发展凝聚人心，坚持依法治校和以德治校的统一，着力改善教职工的工作条件和生活水平，形成团结奋进、优美和谐的校园氛围。确立了学院建设发展的战略目标。在专业建设水平、教育教学质量、管理水平、办学效益等方面得到显著提高，学院的自我发展能力和竞争实力明显增强，办学水平、办学质量、综合实力处于省内高职院校一流水平，部分专业达到国内同类院校先进水平，为化工、建筑、建材、机电、生物医药、信息等产业培养技术应用性人才，成为省内有名、全国有一定影响的高等职业技术学院，跻身于全国示范性高职院校行列。

通过广大干部和师生员工的团结努力，学院各项事业健康发展，办学实力不断增强，各项任务得到了落实，达到了预期目标。在全面总结学院取得的成果成就的基础上，通过广泛调研、分析学院面临的形势和发展环境，学院领导进一步理清学院发展思路，明确战略重点，进一步明确办学目标。

总体目标：经过努力，在校企合作体制机制、人才培养模式、专业建设水平、教育教学质量、师资队伍与领导能力建设、社会服务能力、管理水平和办学效益等方面得到显著提高，在江苏省示范性高职教育园区建设院校的基础上，全面提升学院的自我发展能力、核心竞争力和服务社会的能力，将学院建设成为与区域产业经济紧密结合的、行业骨干示范作用显著的开放型一流高职院校。

常州工程职业技术学院在办学过程中，注重继承优秀传统和联系校内外实际，不断挖掘资源优势，突出办学特色，从而找准办学定位。服务区域定位：立足常州、面向江苏、辐射“长三角”，服务地方中小企业。办学形式定位：以全日制高等职业技术教育为主体，继续教育与岗位技能培训并举。集人才培养、科研开发、社会服务于一体，突出人才培养，强化服务功能。专业发展定位：紧贴常州、江苏沿海、长三角地区重点发展的新材料、新能源及环保、生物医药、化工和设备制造、现代服务等产业和城乡建设的需要，依托常州科教城、光伏、功能新材料、生物医药等新兴产业园，国家级“三药”、涂料、精细化工生产基地，重点建设材料工程技术、生物制药技术、精细化学品生产技术、焊接技术及自动化、建筑工程技术等主干专业。

（二）在教学质量保障体系方面

常州工程职业技术学院借鉴和引用全面质量管理体系标准，逐步构建和完善了“三全两结合”的教育教学质量监控与保障体系，质量管理中坚持“三全”（全面性、全过程性和全员参与性）原则，努力做到“两结合”（质量生成与质量控制、评价结合，学校评价与社会评价结合），初步形成学校、社会一体，全方位、多元化的质量保障机制，确保人才培养质量的提高。

1. 加强质量保障体系建设

学院在原有的“三级三线三全”（院、系和教研室三级分工负责，教学行政、教学督导、教学信息员三条线，全员参与、全方位、全过程监控的多方面、多角度了解教学状况，对问题及时发现、反馈、改进）教学质量保障体系基础上，不断完善质量保障体系建设。初步建立起以教育教学质量保障体系为核心，以行政服务质量保障体系和后勤服务质量保障体系为引领和支撑的质量保障体系。在教育教学质量保障体系方面，着力完善“三全两结合”的教育教学质量监控与保障体系。出台了《常州工程职业技术学院质量监控与保障体系建设方案》，明确了学院质量保障的建设目标，即建立学校、社会一体，内外结合的全方位、多元化质量保障机制，实现质量管理的全面性、全过程性和全员参与性，形成具有学院特色的质量文化。目前已初步构建出 5 大子系统：指挥决策系统、质量生成系统、质量控制系统、质量评估系统、质量信息反馈与改进系统。学院教学质量保障体系见图 5.1。同时，构建了教学质量保障体系运行机制，见图 5.2。

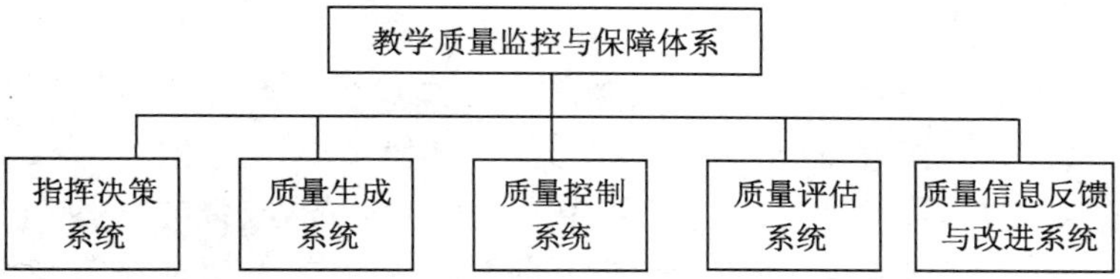

图 5.1　常州工程职业技术学院教学质量保障体系

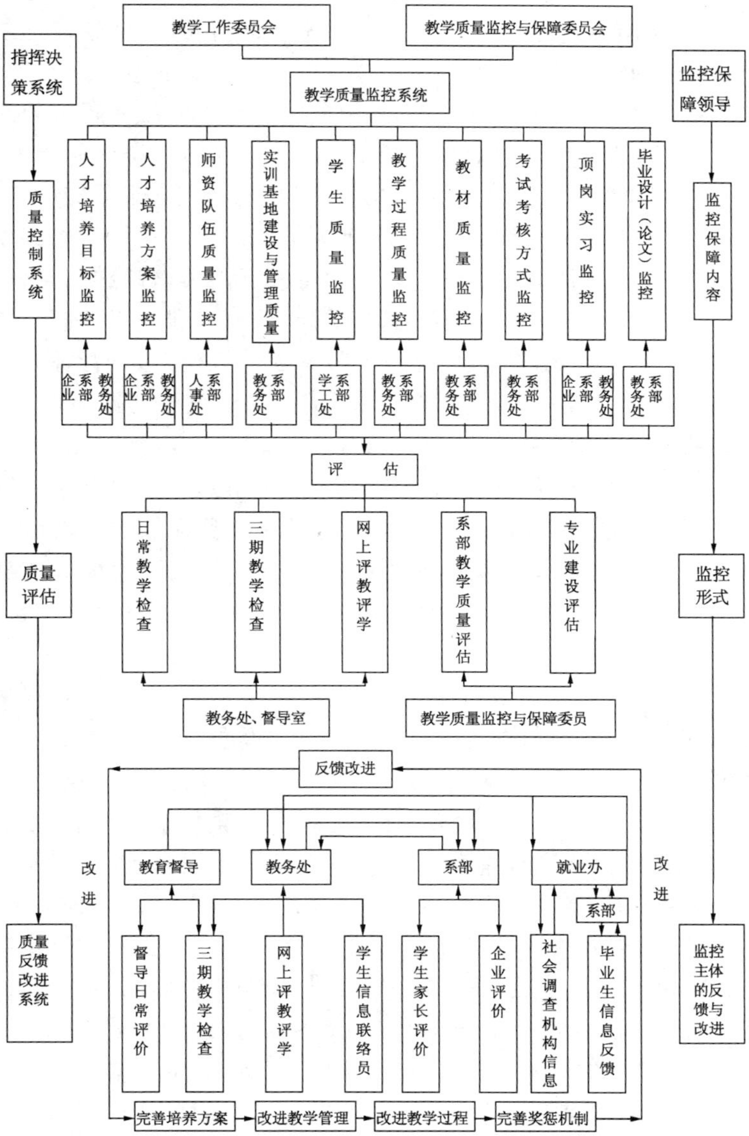

图 5.2　常州工程职业技术学院教学质量保障体系运行机制

2. 健全质量监控组织和队伍,完善各项规章制度

加强对质量管理的领导,由学院教学工作委员会和教学质量监控与保障委员会对质量监控工作进行统一调控,完善院系两级教学质量监控体系,从管理部门到系部实行教学管理和教学监控两条线管理。教务处、督导室、人事处、学工处、就业指导中心、各系部协同配合,广泛收集校内外信息,及时修订教育教学质量标准、管理规范和各专业人才培养方案,严格实施教育教学管理,对人才培养过程、效果及教学质量进行全方位的监控与评价,拥有包括企业人员在内近70人的专兼结合的两级质量监控队伍。

完善质量生成系统,规范各项管理。学院不断提高师资队伍的质量意识和教育教学水平。以建设"三双型"(双证、双师、双语)师资队伍为建设目标,以教师职业教育教学能力的培训和"双师型"教师素质的提高为主要工作抓手,选派专业带头人、骨干教师和骨干管理人员出国、出境学习,组织专任教师下厂参加生产实践,全体教师参加了职业教育教学能力培训和测试,积极推进项目化课程改革,使教师的教学理念、教学能力、动手能力得到极大的提高。学院相继制定和完善了教学建设与改革、教学工作规范、学籍管理、考务管理、教学质量监控与评价、教学管理职责、实验实训室建设与实践教学、学生顶岗实习等8大部分共计70多个配套制度,建立了教学各环节质量标准、课程标准,建有听课制度、教学质量网络评价制度、学生信息员反馈制度、"三期"教学检查制度等评价教学质量,建立新生素质调研和毕业生质量跟踪调查制度分析评价学生质量,了解学生情况和听取意见。各系(部)也根据自身实际制定了系(部)教学管理监控规章制度和实施细则。规章制度的健全和完善,有效地保障了学院人才培养质量。

3. 全员参与,对教学全过程进行监控

学院鼓励师生直接参与教育教学质量监督与管理,通过座谈会、个别交流等经常听取教师对教学的意见;学生评价教学,采用日常随堂评价、网上全员评价、学生信息员重点反馈3种方式,覆盖面广,起到了让学生直接参与学院教学质量监督与管理的作用;各行政职能部门以服务于教学为中心,提高服务质量和水平。在教学质量控制工作中,学院主要从人才培养目标、人才培养方案、师资队伍质量、实训基地建设与管理、学生质量、教学过程质量、教材量、考试和考核方式、顶岗实习、毕业设计(论文)等10个环节进行管理和监控。在对教育教学质量进行全程控制的同时,重点分析影响教学质量的主要因素,对关键因素进行重点监控。学院连续3年对入学新生知识结构、学生个性、心理健康状态等基本情况进行调研,为专业教育及教学中因材施教提供了可靠的依据;将日常检查、定期检查和网络反馈相结合,通过听课、巡查、调研、师生座谈会、三期(期初、期

中、期末）教学检查等各种方式对人才培养方案制订、教学运行管理、课堂教学质量、实践教学环节、考试考核等环节实施监控；逐步完善学生顶岗实习的管理，开发了顶岗实习管理监控系统平台，实现实习计划、任务安排、实习过程管理、实习综合考核等环节的全过程管理；通过制度规范了毕业设计（论文）的工作程序及具体要求，教务处、督导室、各系对毕业设计（论文）的各个阶段进行过程监督和检查，连续3年组织优秀毕业设计评选，使学生毕业设计（论文）质量逐年提高。

4. 适应改革，研究创新质量评价体系

配合学院广泛开展的项目化课程改革，积极开展项目化教学评价与监控的探索。先后制定了项目化课程设计评价标准、项目化课程验收标准、项目化教学课堂教学评价表等一系列标准，完善了项目化教学评价体系；积极鼓励教师在课堂上实施项目化教学，对试点教师的实施情况进行重点跟踪与指导，每一门试点课程在期初进行备案，学期中间随机进行检查，期末进行验收，确保每门项目化课程的质量。在项目化课程评价中，突破平时听一节课的传统，对一个项目或任务的完成情况进行全程跟踪，全面了解教师实施教学的过程和学生获得能力的过程。同时，检查中将教师的经验及时进行宣传，对项目化课程实施中的问题及时反馈至教师、系部、相关部门，以期尽快解决。

5. 多元主体，畅通信息收集反馈渠道

建构了以教务处、督导室为主，就业指导中心、各系部、学生信息员、学生家长、用人单位、社会机构等共同参与的教学信息反馈机制，逐步形成多元主体、内外结合的评价与反馈系统。通过各项教学检查、听课、评教评学等活动，及时掌握、整理、分析教学信息和数据；通过教师教学信息员和学生教学信息员的定期不定期反馈以及师生座谈会等形式，全面了解学生学风及对教学及管理的意见；刊发多期《督导简报》，及时反馈教育教学信息。

二、徐州工业职业技术学院

（一）办学定位方面

1. 面向社会需求理清办学思路，科学规划发展

学院认为，科学定位是立校之本，是“建设什么样的高职院和怎样建设高职院”的前提。只有科学定位、找准目标、发挥优势、办出特色，才能为自身的发展创造有利的条件。

（1）开展社会调研。学院升格后，学院领导亲自带队走访了省内外近30所高职院、20多所本科高校，深入近60家企业进行调研。了解了企业对人才数量和岗位素质需求情况即“技术岗位占45.5%，管理岗位占15%，营销岗位占

13%，关键操作岗占 11.5%，创业者占 8%，其他占 7%”。

（2）理清了办学思路。“以就业为导向、以质量求生存、以特色求发展，立足先进制造业、外延现代服务业，不断改革、创新人才培养模式，提升办学效益和社会声誉，办成人民满意的、在全国有一定影响的高职院”。按此思路，苦练内功，加快发展。专业设置由面向化工单一行业向多行业辐射，由制造类专业群向工业、现代服务行业发展；人才培养由学历教育为主向学历教育与职业培训兼顾；学院工作重点也由外延扩展转向内涵提升。

根据学院所处的地域情况适时地提出了“差异化战略”。即发挥地处苏鲁豫皖汇集处的优势，提出招生就业市场向省外推进战略；培育特色专业战略；强化学生素质培养特长战略；抢占特殊行业市场等战略。

确立了办学指导思想定位。以邓小平理论、“三个代表”重要思想和科学发展观为指导，全面贯彻党的教育方针，坚持社会主义的办学方向。坚持以就业为导向，以服务为宗旨；坚持规模、质量、效益相统一；坚持管理模式和运行机制的创新和统一；坚持产学研相结合；培养面向生产、建设、服务、管理第一线的思想素质高、能力强的高等技术应用性专门人才。

确立了办学目标定位。把学院办成家长、企业、社会满意的，在苏鲁豫皖地区有较强辐射作用，在全国知名度较高的高等职业技术学院。

确立了办学层次定位。以专科层次的应用技术教育为主，兼顾社会培训。

确立了专业定位。以工业应用技术专业为重点，兼顾文、管、现代服务等专业。把高分子材料应用技术专业做成国家品牌；做大机电类专业，做强化工类专业，做精环境工程类专业，做优信息类专业，拓展管理类专业。

确立了服务面向定位。立足徐州，面向全省，辐射全国；瞄准先进制造业，外延现代服务业。

确立了人才培养目标定位。为社会经济发展培养生产、建设、管理和服务一线所需要的，与岗位紧密对接，具有良好的敬业精神和实践能力的素质高、创新能力强、有专长、能就业、可创业、后劲足的高等技术应用性专门人才。

（3）调整了发展规划。确定专业发展方向、教学改革目标，即“专业设置以新技术应用为主导，面向先进制造业、现代服务业，逐步向管理、流通等其他领域渗透”，教学改革以能力为主线，构建“模块化、组合式，重素质、强实践”的人才培养模式。强化硬件建设，适应规模发展。确立了优先建设实训基地，加大向重点专业投入的力度，培育品牌专业，分步建设新校区。要按照国家级示范性高职院校的标准与要求，通过艰苦努力，基本实现：办学规模到位，办学层次多样，专业特色鲜明，师资队伍优良，办学实力雄厚，社会声誉提高，示范辐射作用强，为创建国家级示范性高职院奠定坚实基础。

2. 更新思想观念，树立高职人才观、质量观

学院升格后，提出了“研究问题，统一认识，平稳过渡，整体推进，向职业教育更高目标迈进”的要求。组织全体教职工进行了高职教育管理理论和高职教育相关法律法规的学习，在全院范围内开展了如何建设高职院的大讨论。邀请校外专家来院开设高职教育的讲座，举办各种层次的培训班。分别进行了“高等职业教育人才观、质量观、教学观、就业观”的两次全院大讨论，树立了“培养高等技术应用性专门人才是根本，人才质量是学院发展的生命线”的意识，推动全院教职工思想观念的更新。

更新思想观念。广大教职工认识到：在由中等职业教育向高等职业教育转变的过程中，必须领会高等性与职业性的统一。既要发扬职业性的传统，又要重视高等性建设，把重点放在大学文化建设、科技服务、技术应用型教师的培养方面，形成重实践、重应用、重创新的职业文化氛围。

认识到高职院校之“高”不仅在于层次之“高”，更在于教学水平、服务社会能力之高，和学生技术应用能力之高，即重视学生实践能力、创新能力的培养，在“高”字上着力，在“职”字上用功。

认识到学院的办学必须以就业为导向，以服务为宗旨，坚持产学研结合；以专业建设为龙头，以改革为动力，坚持教学工作的中心地位，树立“成人与成才”相统一的教育质量标准和科学、全面的质量观，实施人才培养模式多样化改革，完善教学管理体制和运行机制。

3. 突出教学中心地位，强化全员服务意识

学院把教学作为工作重心和资源配置重点，建立、健全各种机制确保教学中心地位，形成了制度措施促进教学、办学经费保证教学、党政管理和后勤部门服务于教学的良好局面。

（1）制度措施促进教学。学院明确各级党政一把手是教学质量的第一责任人，学院党政会议定期研究教学工作，每周一次的教学工作例会具体落实教学工作，每周一次的学管例会和后勤例会研究保障教学工作的措施。学院实行了院领导联系部门制度，教学工作和人才培养质量是联系的主要内容。各级领导深入教学一线进行调查研究，分析解决教学工作中存在的实际问题。学院实行了领导干部听课制度，从学院领导到中层干部每学期听课或参加相关教学单位的教学研讨活动，及时掌握教学一线情况，为教学工作决策提供依据。

学院建立了教学质量监控与保障体系，完善了日常教学管理检查制度，确立了各个环节的质量标准，创新了教学评价办法。优化了激励机制，在岗位津贴、在职进修、人才引进、科研奖励、专业带头人、住房货币化补贴、评优指标等方面向教师倾斜。学院把教师的教学水平、师德评价、职称评审、岗位聘任、绩效考

核、选优评先与岗位津贴等挂钩,对教师的考核实行教学质量一票否决,“为人师表、教书育人”已成为广大教师的自觉行为。

(2) 人财物保障教学。学院一方面把选拔任用好教学管理干部作为中层干部队伍建设的重要环节,确保教学一线管理干部配备合理,充满活力。组织实施了“人才培养工程”,力争用5~10年的时间培养出20名具有较高水平的专业带头人。并通过制度引导,更好地发挥其在提高专业教学质量中的典范作用,推广其先进的教学经验。另一方面重视教学经费的投入,为名师、教授、骨干教师提供先进的教科研设备。

(3) 党政机关和后勤部门服务于教学。全院党政机关结合本部门的工作实际,经常深入一线进行调研,采取有效措施,将教学中心地位落到实处。学院后勤部门引入了ISO9001管理模式,为师生提供优质服务,从细节处入手,通过送水到教室、净菜服务、天气预报等贴心服务,为广大师生员工创造良好的学习工作和生活环境。不断强化部门服务意识,形成了一切工作服从、服务于教学工作的格局。

(二) 在办学条件方面

学院确立了“以建设工程化、现代化实训设施为先导,管理数字化、信息化环境生态化建设为目标,创建设备先进、环境优美、功能齐全、校企教学基地互补新校区”建设指导思想。牢牢把握校园建设的六项基本原则:校舍与教学设备建设同步进行,实行教学设备投入优先原则;教学设备投入中实行实训设备优先、足量、先进原则;图书馆管理、行政办公、校园安全实行信息网络数字化原则;品牌、特色专业优先投入原则;校内外基地统筹规划原则;仿真与真实环境资源实行递进互补原则。学院通过争取省财政支持、贷款、企业赞助等多种渠道积极筹措资金,着力打造高技能人才培养的新平台。

1. 加强新校区工程建设,改善办学条件

学院占地939.10亩,总投资近3亿元,分四步进行新校区建设。目前已建成校舍面积20.71万平方米,已建成实训、实验室4.34万平方米,室内运动场地面积3025.86平方米,在建面积1.25万平方米。投资建成校内5大实训基地、106个实验(实训)室,1个省级研发中心,多媒体教室、语音室4458个座位,设备总值为3417.65万元。

加强图书资源建设,保障教学、科研需要。图书馆现有面积1.01万平方米,藏书27.24万册。学院不断加大对图书馆的投入,建设了馆内局域网和电子阅览室。购进新的图书管理系统——汇文图书管理系统,实现图书馆管理手段的现代化、信息检索网络化、存储方式数字化、服务方式自动化和管理人员专业化。购买了“超星电子图书”、“维普电子期刊”数据库、中国优秀博硕论文全文数据库、万方数据库(镜像)、网上报告厅等五种大型数据库。与中国矿业大学、江苏师范大学、徐州医学院等驻徐的8所高校签订了资源共享协议,开通了专门网站,图书馆基本实现资源共享。目前在建图书馆2.46万平方米,将为教师学生创造更为优越的学习环境。

数字化校园建设取得较大进展。现有教学科研与管理联网计算机1350余台,各教室都有供学生上网的端口。学院建有以光缆为主干的校园网,除了专门连接教育网外,还有一条电信的100M专线,实现了校内100M到楼,100M到桌面。学院利用网络运行多媒体课件,实现远程教育、网上招生录取和就业服务、办公自动化(OA)、教学管理自动化和校园安全监控,还可为全校师生提供WWW、FTP、E-mail等Internet服务。在新校区的建设中,学院重视网络、广播等弱电工程的整体规划设计、建设,使数字化校园建设又迈出了一大步。

2. 构筑专业实训平台,彰显高职特色

为了贯彻“工厂化”理念,突出职业性、注重针对性、强调应用性,学院本着“更新改造、充实提高、校内外共享”的原则着力构建“模拟实训、校内真实实训、顶岗实训”三大实训平台,探索“四个合一”即“车间与教室合一、教师与师傅合一、学生与学徒合一、作业与作品合一”及“六个结合”即“讲授与训练结合、仿真与现场结合、实训与顶岗结合、书本与项目结合、实验与工程结合、科研与服务结合”的技能培养新模式。每年投入数百万元,购置生产设备,改善实验实训条件,先后更新改造和新建了5大实训基地106个实验室。

(1) 建设高分子材料专业实训基地,提升品牌专业示范作用。学院在原有橡胶实验室基础上分三阶段对橡胶专业实训基地进行了建设,特别在2002年升格高职院后,本着“车间与教师合一”标准化理念,于2003年8月建成了资产1000多万元、5000平方米的高分子实训基地。车间布局满足生产和科研的需要,也体现了生产与科研的结合:一楼既是生产工厂(徐州橡塑制品厂现正生产橡胶地砖),也是学生动手操作的实训基地;二楼既是橡胶研究所(废橡胶综合利用研究所)也是学生实验科研中心;三楼是专业教室、多媒体教室等设施齐全的教学中心。该实训基地体现了课堂与现场教学一体化,突破了单纯仿真训练的局限。

(2) 自主创新化工实训装置,构筑化工综合实训平台。由于化工产品具有有毒、有害、易燃、易爆的特点,学生到企业实习,实际操作的机会不多。为了保证人才培养的质量,学院自主建设集产、学、研、训于一体的综合性实训基地,共投入近300万元先后建成了“化工仿真训练室”、“生化小试训练室”、“化工中试实训室”、“化工拆装实训室”、“化工过程及控制实训室”、“化工单元操作实训室”、“化工工艺实训室”、“精化工艺实训室”、“制药工艺实训室”、“分析测试中心”等从小试到中试到模拟生产的工程化的训练系统。其中化工过程控制系统由该院自主设计与制造，现已申报国家专利。学生经“理论＋仿真＋实际操作”锻炼后，实践动手能力有很大的提高。在2005年11月举行的全国化工操作技能大赛中，学院化工专业的学生荣获团体二等奖；在华东地区化工操作技能大赛中也荣获二等奖。同时，生物化工工艺专业也于2006年6月被江苏省教育厅评为“特色专业”。

（3）以因特网为平台，构筑校内外计算机工业应用实训基地。学院先后投资近500万元建成了计算机网络实训基地，下设计算机基础训练室、计算机语言和程序设计实训室、计算机维修和维护实训室、计算机原理实验室、CAD实训室、电子EDA实训室、通讯原理实训室、平面设计和多媒体实训室等。学院着手建设了基于校园网络的计算机工业应用基地，该实训基地以因特网为平台，以各实训室资源为载体，通过校园网络整合全院实训基地资源，构建以“计算机仿真＋真实设备”为内容可供全院各专业使用的开放平台，使学生的实训方式多样化。该基地可以对学生进行考核、测试、评分，还可以进行网上评教、教学质量监控、无纸化办公。网络化的资源管理，使实验设备做到资源共享，开辟一个与企业联系的窗口，能更好地开展校企合作，及时反馈毕业生信息，为企业提供便捷的服务。

（4）建设机械实训基地，构筑现代化综合实训平台。九里校区机电实训基地建筑面积5000余平方米，总投资约1000多万元，集产学研功能于一体。该基地拥有数控加工实训区、机械加工实训区、钳工基本操作实训室、焊接实训室、机电控制实训室、综合自动化实训室、数控原理实训室、CAD/CAM实训室、数控仿真实训室、电工实训室、电机拖动实训室、电子技术实训室、EDA实训室、材料力学实训室、金相热处理实训室等20余个实训区室。按照“设计—仿真—制造—产品加工”一条龙的思路，建设了机械加工与拆装实训基地。从基础的钳工实训，到刨、铣、磨等普通切削加工，从基本的机械设备拆装，到先进的数控加工中心、线切割机、电火花成型等一应俱全，实现了教学与生产的结合。该实训基地具有技术含量高、职业氛围浓、开放性高、能工程化生产的特点，为学生学训交替提供了有力的保障。由于有了现代化、工程化设施作保障，该系每年的报到率、就业率供需旺盛，规模得到了快速的发展。

3. 教学资源共享，提高设施利用率

学院建立了校内和校外资源互补，校外实训基地为学院教学服务的新格局。

对部分实验室进行了整合，增添和更新了仪器设备，将原来较为零散的实验实训室整合为106个综合实验实训室。校内资源采取了计算机网络管理的手段，实施了资源共享。

开发了资产管理软件，及时有效调控，最大限度地发挥资产的作用，盘活了固定资产，提高了设备的利用率。

学院在进行校内实训基地建设的同时，注重校企合作，建立校外实训基地。目前全院各专业均建有校外实训基地，已签订2年以上正式协议的校外教学实习基地共70个。与5家单位签订了“订单式”培养协议。

同时，各系之间实训设施不重复，形成由学院统一调配、共建的大平台，充分发挥了资源共享的作用。

4. 校企共建研发中心，不断提升造血功能

为推进科技开发和科技成果转化工作，学院以橡胶专业作依托，在高分子实训基地东侧建成了一栋约1000平方米的中试车间，以满足技术开发使用。购进、安装设备仪器15台套，资产近300万元，采取上级、学院、企业三方投资，采用市场运作方式，通过技术转让、技术服务、成果转化、性能测试、人才培训等多渠道的运作模式，进行市场化经营。

（三）在人才培养模式方面

学院教学改革贯穿以应用能力为主线，素质教育为核心，素质与能力并重，企业全程参与的专业建设思路，以品牌特色专业建设为抓手，以课程建设为突破口，按岗位要求开设课程，紧贴一线抓好实训，着力构建产、学、研于一体的高技能人才培养模式。

1. 以专业建设为突破口，形成专业优势

（1）形成三大专业集群优势。学院有三大专业集群优势：高分子材料、化工工程、环境工程组成的化工专业集群；信息与电子组成的弱电专业集群；机械类组成的专业集群。集群共有一个核心能力训练平台，其他专业都在此基础上建设，不重复投资，教师可以互补，形成团队。专业可以形成专业链、专业强势，发挥特色专业和品牌专业的示范作用。

（2）创新人才培养模式。学院有8种人才培养模式。1995年开始实行的CBE模式；“双证书”即“学历证书与技能证书”模式；计算机国内外联合办学模式；产学合作模式，如学院机电工程系与徐州锻压机床厂、材料工程系与浙江万邦塑业的合作等；教学科研结合模式，如学院各系的研发中心模式；宽口径培养模式，如化工类及信息类专业培养模式；利用研发中心为平台实行产研结合的培养模式，如与“连锻公司”的合作等；利用校外培训基地进行学练结合模式。

（3）创新特色培养方案。学院的人才培养方案有适用于宽口径的培养方案，大平台、活模块、多方向的培养方案；适用于窄口径的围绕核心能力向精、深、特长等方向发展的培养方案。

以技术应用能力的形成和综合素质的提高为主线采用模块组合式构建课程

及课程体系，加大课程整合力度。

根据职业岗位（群）发展的需要和学生职业素养培养的需要，加强必备的基础理论和专业理论教学。

加强实践教学，实践教学时数在整个培养方案中的比例在40%～50%左右。

有利于学历教育与行业技能等级证书培训相结合，真正体现以就业为导向的职业教育方向。

2. 加强课程建设，全面推进教学改革

学院坚持以职业需求为度和学生发展为本的课程建设理念，建设理论教学、实践教学和素质教育三大课程体系。理论课程由公共基础课、职业基础课和职业技术方向课三大板块组成，制定了与能力本位相适应的课程教学大纲，明确了每门课程的能力培养目标。学院坚持抓重点、带一般的指导思想，以精品课程和综合化课程建设带动其他课程建设，优化课程结构、更新课程内容、改革教学方法和考评方式，把高等技术应用性专门人才培养落到实处。

（1）推进课程综合化，合理整合优化课程。学院以教改试点专业为切入口，以技术应用能力为主线，以“必需、够用”为度，对理论课程进行整合。如高分子材料专业将“有机化学”、“物理化学”和“高分子化学”整合为“高分子材料化学基础”，模具设计与制造专业将“理论力学”、“材料力学”、“金属材料”、“机械原理”、“机制工艺”、“金属工艺”、“机械零件”等七门课整合成“机械基础”。生物化工专业把原来的专业基础课和专业课整合成“一横多纵”课程体系；在知识结构上，综合化课程注重点面结合，实现模块化教学模式。有些专业课程与职业技能证书的考核内容接轨，实行双证融通，以提高学生的综合竞争力。

（2）重视精品课程建设。学院以建设省级、院级精品课程为抓手，制定了《精品课程建设与教学改革项目管理办法》和《精品课程评选办法》，确立了以橡胶制品加工工艺、化工单元过程及操作、精细化工实验、仪器分析、化学分析、网络工程、机械制图等7门课程为重点的精品课程，推动了学院课程师资配备梯度化、教学方案科学化、实训方法多样化、教材选编适用化、教学手段现代化、考核方式灵活化的“六化”建设。

（3）抓好教材建设。学院制定了多项教材建设制度，鼓励教师根据综合化课程要求自编教材，选用校本教材如高分子材料应用技术专业的《橡塑制品厂工艺设计》《橡胶材料与配方》等20部教材，学院教师主编教材83部、参编教材68部，其中教育部规划教材38部。由教师牵头开发的多媒体教学课件《化工单元过程及操作》荣获中国第一届石油和化学工业优秀电子出版物奖职业教育组二等奖。教材《工业分析CBE教程》荣获中国石油和化学工业协会优秀教材奖，教材《脲醛树脂》荣获江苏省化学化工学会一等奖。学院坚持教材选用的逐级审批程序，近三年出版的高职高专教材选用率达65.45%。

（4）实行项目化教学。学院在教学改革中，打破了传统的学科体系教学模式，以专业技能训练为主线，开展了一系列模块化和项目化教学改革。

首先是根据企业对学生知识结构和操作技能的要求为原则来设计模块内容，及时引进企业所采用的新技术、新材料和新工艺。模块项目化内容包括基本技能训练、专项技能训练和综合技术应用能力训练。在模块项目化内容中，理论知识和操作技能的学习是通过一个个具体项目的实施来完成的。

其次，在教学形式上，把课堂教学内容搬到实训室进行，较好地实现了理论实践一体化。以数控技术专业为例，该专业的学生专业技能的培养通过设置专业基础模块、钳工基本操作技能训练模块、机械加工技能模块、机械拆装技能模块来实现，每一模块不再局限于以往的某一门具体课程，而是围绕某一技能的培养，将相关的知识与实训结合起来，构成一个有机的整体。如专业基础模块包括力学计算基础、机械制图基础和专业认识实习。机械加工技能训练模块包括金属材料、金属切削刀具、形位公差等知识点和2周的机械加工技能训练。学生通过精心设置的各模块的理论学习和实践训练，循序渐进，不断提升专业技能。由于技术水平过硬，创新意识强，在江苏省第一届大学生机械创新设计大赛中该专业学生设计的“竹竿舞机构”、“肩周炎治疗仪”作品分别获得二、三等奖。

3. 强化能力主线，突出岗位技能培养

学院以岗位技能为核心，按照“学为实用”的原则先易后难，逐步接近工作实际。构建了以实验、实训、实习、设计为要素，以基本技能、岗位技能、专业技能三大平台为能级螺旋式上升的实践教学体系。

（1）重视基础性实验实训，培养基本技能。按照实践技能培养要求，学院不断提高基础实验室水平，以满足学生基本技能训练要求。在修订教学计划时，普遍加强了实践性教学，提高实验、实训课比例。在教学内容上，增加综合性、设计性实验和技能性实训，减少验证性、认知性实验，以培养学生的综合能力。在教学手段上，充分利用多媒体仿真教学实训网络平台以提高实训效果。在实验实训过程中强调师生的互动，并通过不断更新教学内容，及时补充新技术、新工艺、新方法及最新的应用软件。学院投资3750万元建设了58个化学类、17个机械类、23个电子与计算机类、8个基础类实验与实训室，保证了实践教学内容与当前行业技术发展水平、岗位职业能力的要求相适应。

（2）加强专业实践教学环节，提高专业技能。学院各实践教学环节都制定了相应的规范和标准，出台了《实践课程教学质量评价办法》《实验实训教学管理细则》《实验室工作管理办法》《校外实习实训基地管理办法》《毕业设计（论文）工作管理规定》《实习工作规范》。

强调实践环节的真实性、针对性、应用性、参与性。学生的实习和实训都是到真实的工厂、真实的企业环境,带着来自企业的课题,人人都能动手操作,将理论知识应用到综合化的训练中,有针对性地培养了学生的岗位能力。各专业的毕业设计(论文)课题尽可能讲求实用性,能解决生产和生活中的实际问题,以利于培养学生的兴趣和解决问题的能力。高分子材料专业的毕业设计(论文)课题结合生活中的塑胶地砖(板)、密封胶条耐热耐老化、汽车轮胎耐油耐酸改性等研究。环境监测类专业的课题结合房屋室内空气检测设计改进措施、结合企业的污水状况提出治理方案、对食品进行重金属含量测定。计算机类专业结合各单位的实际情况进行管理系统设计,如学院的学生成绩管理系统、资产管理系统、收费与欠费管理系统、干部人事管理系统等。高分子材料应用技术专业孔宏振同学的毕业课题是南京高淳橡胶制品公司和学院共同确定的"橡胶壁胶版的研制"题目,该同学在企业技术人员和该院专业教师的指导下,完成了全部试制任务,毕业后领导就安排他负责该新产品的全部工作,一个月后产品就进入到美国市场,不到半年就为企业创利润200多万元。

4. 素质与能力并重,提升职业关键能力

学院在进行深入的市场调研的基础上着力制订职业素质与能力并重的人才培养方案,即在强调注重职业能力培育的同时,更注重学生综合素质的提高,全面提升学生的政治素质、道德修养、心理品质、技能、技艺和应用能力。

(1) 两条主线相互渗透。从人才培养方案来看,课程体系中既有能力训练体系,也有素质的训练体系。从教师组织教学的结构来看,在教学、实践的每一个环节中都有素质的考核要求,在教师的教案、备课中都有具体的体现。从产学结合、产教结合人才培养的模式来看,敬业精神、职业素养都贯穿于每一个教学环节。

(2) 坚持德育为先,培养学生正确的世界观、人生观和价值观。组织健全。学院党委将"政治经济教研室"调整为"思想政治理论教研室",由院党委宣传部直接进行业务指导,明确了主管院领导亲自抓思想政治理论课程的教研工作。

制度完善。组织制定了相关规范文件:《关于成立两课教学和改革领导小组的通知》《关于两课实行"课程负责人制"的规定》《关于两课教师上岗聘选试行办法》《徐州工业职业技术学院思想政治理论课程设置新方案》《形势政策课集体备课制度》。

形式多样。德育工作围绕着"三贴近"(贴近学生、贴近实际、贴近生活)的目标,通过"两校"(党校、团校)教育、"三进"(进公寓、进社团、进网络)工作、主题教育(班会、主题团日)活动以及社会实践等多种渠道和措施,引导学生学会学习、学会做人。

（四）在教学监控体系建设方面

学院对教学工作的各个环节进行全面质量设计和质量监控，科学构建教学质量监控体系“三合一”。通过教学检查、二级督导、三级听课、全面评教，有效地监控教学质量。坚持过程监控与目标考核并重，形成自我调控、自我完善、运行有效的教学质量监控体系。

1. 构建科学监控体系，保障教学质量

学院建立了较为完善的教学质量监控制度体系，建构了包括教学管理的制度系统、组织系统，教学质量的评估系统，教学信息的反馈系统四大子系统组成的，具有互动功能的教学质量监控体系。

（1）教学管理制度系统。学院一贯重视教学管理制度的科学化、规范化，健全了各项教学规章制度，相继出台了《徐州工业职业技术学院教师教学工作规范》《徐州工业职业技术学院教师教学事故认定和处理办法》《徐州工业职业技术学院理论课教学质量标准》《徐州工业职业技术学院实验教学质量标准》《徐州工业职业技术学院实习教学质量标准》《徐州工业职业技术学院课程设计教学质量标准》《徐州工业职业技术学院毕业设计（论文）工作规范》等主要教学环节的质量标准。对培养方案和教学大纲、课程开设、任课教师、教材选用、课堂教学、实践教学、成绩考核、毕业设计（论文）、教学档案等均作了明确要求，建构了一个科学、合理的教学管理制度系统。

（2）教学质量监控组织系统。学院对传统的“直线职能型”纵向管理的结构形式进行改革，拓展横向联系，建立“立体型”的结构形式，即由“校—系”的二级管理模式向由全体学生、督导成员、各级教学管理人员、社会（用人单位、家长、毕业生）参与的监控评价网络模式“三合一”转化，建立了全方位、网络化教学质量监控组织系统。

（3）教学信息收集、反馈系统。学院建构了信息收集反馈三个子系统，包括教学管理员系统、学生信息员系统、网上评教系统等。依托“教学质量监控”软件，建立网上教学信息监督反馈机制。根据教学反馈信息对教学管理活动进行适时调控，实现教学管理的“互动”功能。

教学检查。各级教学管理人员通过抽查教案、试卷、实验、实习、课程设计、毕业设计（论文）等教学资料，检查各主要教学环节的教学情况及教学资料的整理归档情况。组织期中教学检查，通过听课、召开师生座谈会、期中考试、查看教学资料等多种方式，检查课堂教学、实验实习、毕业设计（论文）等教学环节的质量。对检查中发现的各类问题及时处理、反馈，并督促改进，做到件件有回音、事事有落实。

二级督导。学院制定了《徐州工业职业技术学院教学督导工作条例》，院、系分别聘请了20余名教学经验丰富、学术水平高、责任心强的具有高级职称的人员担任专(兼)职教学督导员,对教师的教学工作进行指导、检查与评价。通过听课、检查教学资料、两周一次的督导简报、与教师学生交流等方式,及时了解教学情况,发现教学中的问题,并将意见和建议及时反馈给院、系及教师。

三级听课。学院建立了"院、系、教研室三级全覆盖"的课堂教学质量监控制度,使每位教师一学期至少接受3~4次听课检查,有效地监控了教师教学质量。"三级全覆盖"指:由院领导、机关干部及院督导员等组成院级专兼职督导队伍,听课面覆盖全院的上课教师。由系领导及教研室主任等组成系级专兼职督导队伍,听课面覆盖全系所有上课教师。由教研室(含实验室)同行相互听课,听课面覆盖教研室(含实验室)所有上课教师。听课后及时反馈,对部分教学效果欠佳的教师,要求系进一步加强培训并进行整改。并将听课结果归入教师教学质量量化考核指标体系,纳入年终考评。

学生评教。学院自主开发了学生网上评教系统,用于每学期的学生评教及结果分析。几年来,网上评教系统在教学质量监控中发挥着重要作用,每学期教师被评率达100%,学生参与率超过90%,为学院教学质量量化考评提供依据。

此外,学院还聘请学生担任教学信息员,及时向院、系反映教师的教学情况、学生的学习情况以及教学管理情况,定期召开师生教学恳谈会,了解教与学存在的问题。

(4)教学质量评价系统。在教学管理工作实践中,学院逐步完善了《徐州工业职业技术学院教师教学质量考核办法》。教师教学质量考核由四部分构成:学院督导听课评价占30%、学生网上评教占30%、系部过程考核占20%、教学效果占20%,每部分评价指标明确具体、可操作性强。每学期进行一次考核评估,两年来共有240人次获得教学质量优秀奖。

2. 建立有效激励机制,促进教学质量

学院一贯重视教师教学质量的提高,通过设立优秀教学质量奖、青年教师教学竞赛奖、优秀课件奖、优秀教案奖、毕业设计(论文)优秀指导教师等奖项,充分调动了教师教学的积极性,提高了教学质量。出台了《徐州工业职业技术学院教师教学质量评估办法》,打破职称界线,按质量等级发放教师岗位津贴,教师年度考核实行教学质量考核一票否决制。对连续两年荣获教学质量奖的教师给予表彰;对教学评价排序为后5%的教师,由教务处和系部,有针对性地进行帮助。通过政策激励和引导,强化了全体教师的教学责任感,促进了教学质量的提高,涌现了一批有较高学术造诣、教学效果好的优秀教师,1名教师荣获省教学名师称号。

3. 实现现代化管理，推进教学质量

学院运用现代化的教学管理手段保障教学质量。建立了校园管理网络，更新了教学管理软件。更新后的教学管理网络，实现了以教学为中心，各系部终端与教务处对接并资源共享，提高了教学管理工作的现代化水平。做到了所有教学管理信息均可网上发布，不仅能够进行教学计划管理、排课管理、开课管理、学籍管理、学生成绩查询，还增加了对教师、教材的管理和网上选课。既增加工作的透明度，也方便了师生，提高了工作效率。

为适应开放式教学质量评价体系的要求，学院组织专门人员，以计算机网络技术为平台，开发了网上教学质量评价系统。该系统包含企业评价、家长评价、毕业生评价、在校生评教等4个子系统，及时、客观地获得社会对人才培养质量的信息，有效促进了该院专业结构的调整、培养目标的定位、教学改革的深化。

4. 加强学风建设，提升教学质量

学院始终坚持以学生为本，以增强学生就业竞争力为核心，采取多项措施加强学风建设，充分调动学生学习积极性。坚持教师主导与学生主体相结合的学风建设原则，以教风带学风，全面调动学生学习的积极性。

（1）以教风带学风，激发学生的求知欲。学院通过评选优秀教学质量奖，开展青年教师教学大赛、技术比武，评比优秀教案等系列活动，促进了“敬业奉献、德技双馨”的教风；学生参与教师科研课题，激发了学生的学习兴趣，推动了“严谨、笃学、实践、创新”的学风。广大教师积极投身教学改革，充分利用网络教学平台，开展网上教学互动，促进师生交流，调动了学生自主学习的积极性，提高了学习效果。

（2）坚持诚信教育，以考风促学风。学院坚持把考风作为学风建设的重点。首先，强化制度建设，严肃考风考纪。出台了《徐州工业职业技术学院关于考试管理的有关规定》《徐州工业职业技术学院监考人员守则》《徐州工业职业技术学院考场纪律与作弊违纪处分规定》等规章制度，对考试工作的各个环节加以规范。其次，积极营造诚信考试的舆论氛围，强化正面引导。充分利用板报、橱窗、广播等媒体，采取多种形式，加强诚信考试宣传教育。院学生会开展以“诚信考试”为主题的倡议、签名等宣传活动，各系、各班级广泛开展“诚信考试”承诺及争创无作弊系部、无作弊班级活动，大大增强了学生遵守考纪的自觉性。学院实行了考试考风二级督查制度，确保制度的落实。

（3）完善激励与督促机制，激发学生学习动力。学院通过“奖学金”、“学生标兵”、“三好学生”、“优秀学生干部”、“优秀毕业生”的评比表彰以及优秀学生的巡回演讲活动，激励广大学生的学习积极性，发挥优秀学生的示范作用，形成了争先创优的良好风气。通过系部自查、学校抽查及督导巡查的三级学风检查体系，规范学生的日常行为，督促学生形成良好的学习习惯。建立了《学生学籍管理制度》，严格学生升留级管理。对学习成绩有退步的学生及时给予提醒和帮助，对不能按时修满一定学分的学生采取学业警告、留级或劝其退学等措施。

（五）在特色项目和创新项目方面

1. 特色项目

学院顺应我国大力发展高等职业教育的潮流，用产学研结合的专业建设思想和理念，对传统特色专业高分子材料应用技术专业——橡胶制品加工与检测专业方向（以下简称橡胶专业）进行改造，经过近十年的高职实践与探索，形成了“少、长、强、名”等明显特色，带动、提升了全院的专业建设水平，使学院的声誉和影响大大提高。

（1）主要特色

① 长——发展性。职教历史长。学院有 40 多年的职业教育的办学历史，积累了丰富的经验，对职业教育的理念与发展理解深刻，对高职教育与中职教育的区别理解深刻，从而使中职特色发展改造成高职特色有了足够的时间和经验，促进了橡胶职业教育文化的形成。走进校园，可以看到以轮胎为主要标志的艺术造型；进入实训基地，可以看到橡胶原料、橡胶产品展示室及橡胶产品陈列室；走入运动场，可以看到橡胶科研成果铺就的运动场地等。这种独特的专业文化推动了学院特色校园文化的形成。

校企合作长。本专业是在多家企业的帮助下建立的，学校与企业的合作从未断线，有利于专业建设紧跟企业需要，有利于人才培养面向生产一线。在长期的合作中，合作不断深入，已经由当初的合作建立实验室、制订教学计划，发展成今天的产学研深度合作。

早在 1985 年，橡胶专业毕业课题就与生产实际结合，当年从事的“门窗密封条研制”课题，是我国塑料门窗引进时的“引进消化吸收”课题之一，在徐州北方氯碱集团公司（原徐州电化厂）协助下，专业教师带领橡胶专业学生完成了研究任务。在此基础上，学院建成了既能用于生产，又可动手实训的该院第一个校办实体——徐州橡胶密封件厂。当年生产，当年收回投资。专业教师既是教师，也是橡胶厂生产、技术和管理人员；培养了学生，也造就了“双师型”教师队伍。

② 少——独特性。同类学校少。在全国高职院校中，开办此专业的学校约有 14 所，其中 9 所是在该院帮助下开办的，或者说是看到该院橡胶专业的成功才开办的。但是，12 所学校因实验实训条件不够、师资不够无法继续开办下去，目前开办的只有 2 所。

原有 3 所中专学校，虽然有多年的办学经验，师资及实验条件也不错，但由于不能适应高职教育的要求,错过高职发展的大好时机,没能完成升格转型。完成升格转型的只有徐州工业职业技术学院1所。

相近专业少。以江苏为例,不少于20所院校开设了高分子材料专业,但以橡胶为主要方向的仅有徐州工业职业技术学院一所。绝大多数院校的高分子材料专业,均是以合成高分子材料为方向的,而徐州工业职业技术学院的方向主要是材料加工、成型与检测。

另一方面,开设材料专业的高校也是很多的,但是,多数是以金属材料作为专业方向的,少数非金属材料则是以塑料为主要方向的。

③ 强——优质性。实训条件强。产学研结合型校内实训基地,设备总投入超过1000万元,拥有与工厂同步的生产型设备5套,拥有国内最先进的检测设备7套。在开办橡胶专业或相近专业的学校中,投入最多、设备最全、技术最先进。校内实训基地每年能吸引校外技术培训及考工,为企业培训人员共计670人次。

师资队伍强。学院重视师资伍队的培养。先是鼓励教师创办工厂,提高了教师综合素质、专业能力和教学水平。20世纪90年代末期,又出台了实验室经费承包的措施,“逼”教师自己想办法走产学研结合的道路,调动了教师产学研结合的积极性,解决了实验中部分消耗问题。

目前,已经有江苏省名师1名,教授1名,副教授及高工10名,国家考评员11名,学历结构、职称结构、年龄结构均达到评估优秀水平,这样的师资队伍,在目前的高职院中是很难见到的。

在科研方面,近五年来,共承担纵向课题8项(省级4项、市级4项),其中4项通过了省级科研鉴定、2项通过市级科研鉴定、3项实现了产业化、2项获得市科技进步奖;共获得横向课题3项,已经完成了2项,其中与连云港锻压机械公司合作的横向课题“组织式防滑塑胶跑道及高分子铺设材料工程化研究”项目已经完成了中试工作,该公司投资2000多万元建设的“连云港科技塑胶公司”即将竣工;共申报9项国家发明专利,6项已获准专利授权,2项已经在企业实施。

学生能力强。定位准确,学生应用能力强,深受企业欢迎,每届毕业生被提前半年至1年预订,一些企业需要支付资助金才能得到毕业生,已经毕业的学生成才率高。

南通爱德士鞋业有限公司,为了招到该院学生,向每名有意愿的同学提供全额学费;常州金坛先后有5家企业不仅向学生提供全额学费,而且向学生提供生活费每月150~200元。

（2）示范效应

① 组合式、模块化人才培养方案全面实施。目前，世界橡胶排名前十强企业，已有六家落户江苏，投资均在30亿元以上，这些企业急需的是高等技术应用性专门人才；新开办的民营橡胶企业，急需一线综合性橡胶技术人才；橡胶贸易企业需要大批的营销人才；一些家长希望学生毕业后能够创办橡胶企业等。面对这种多样性的市场需求，学院以岗位及岗位能力分析为切入点，对各类人才的知识、素质和能力进行分析，设置了多个模块，构建了组合式、模块化的人才方案。

方案包括：公共基础（包括创业课程）、五大专业基础理论、五大技能操作、四大技术训练等多个模块课程，模块之间相互联系和组合。

这种方案体现了以服务为宗旨、以就业为导向的高职理念，满足了家长、学生和企业的需求，培养的毕业生供不应求。学院教学工作会议充分肯定了这种做法，并从2004年起，在全院各专业推广这一做法。

化学工程系按照这一思想对本系各专业进行改革，均取得了良好的效果。申报了“高职教育化工技术类专业”双证课程、加强实训“课程体系研究”课题（21世纪高等职业教育通用教材编委会、上海交通大学出版社课题），目前，两课题都已经完成结题验收工作；生物化工工艺专业被江苏省教育厅确定为省级特色专业建设点。随着“组合式、模块化”人才培养方案在学院的全面实施，学院的教学改革将更加深入、成果将日益增多。

② 工厂式、大平台实训基地全面建设。工厂式、大平台建设实训基地的思路得到了社会的认同。并且，已经在学院全面推广，化工实训基地、机加工与拆装实训基地、分析测试中心、计算机工程中心等已经初步建成并在人才培养中发挥越来越大的作用，产学研结合的教学模式业已在学院基本形成。

按照标准化工厂建立的化工实训基地，成立了徐州多维尔科技有限公司和徐州力德化工设计研究院，形成了产学研合一的人才培养平台。由王德堂老师牵头组成的课题组，设计制作了低压化工拆装系统、化工过程控制系统、中间试验装置三套装置，这些装置不仅具有明显的生产特点，也体现了高职教育的操作训练特色，是产学研结合的成功典型，该中心每年对外合作的收益超过100万元。

按照标准化工厂建立的机加工与拆装实训基地，投入了1000多万元，从普通机床到数控机床样样齐全，很多企业参观后都自叹弗如。该中心生产的模具可以供橡胶实训基地成型训练使用，与企业联合进行机械加工的事宜也正在洽谈之中。

食品加工与检测专业结合专业特点，建立了纯净水生产车间，其装置可以满足化工分离及食品加工的实训需要，其一级水经消毒后可以用于校内饮用，其二级水则作为实验室去离子水使用等。

③ 专业建设影响辐射到全国。在省内外高职会议上，徐州工程职业技术学院受组委会的邀请，共做了4次专业建设经验报告，深受同行的认可和称赞。有业内人士评价说，国内橡胶企业没有一家不知道徐州工业职业技术学院的。

实训基地建成后，先后有94所高校和企业来此参观学习，一些招聘单位来院招聘时，在参观了实训基地后，认为自己设备与学校相比是落后了。

本专业主干课程的国家规划教材全部由我院教师主编，全国发行，由于内容接近实际并反映当前专业技术的发展，不断有企业技术人员到我院来请教，并因此实现合作多项。

（3）创新项目

以计算机网络技术为平台，构建"三合一"教学质量监控体系。"三合一"教学质量监控体系依托计算机网络技术，围绕人才培养方案和质量标准进行，具体包括监控机构、人才培养方案及质量标准和三个评价体系，信息综合系统以计算机网络技术为平台。基本构架如图5.3所示。

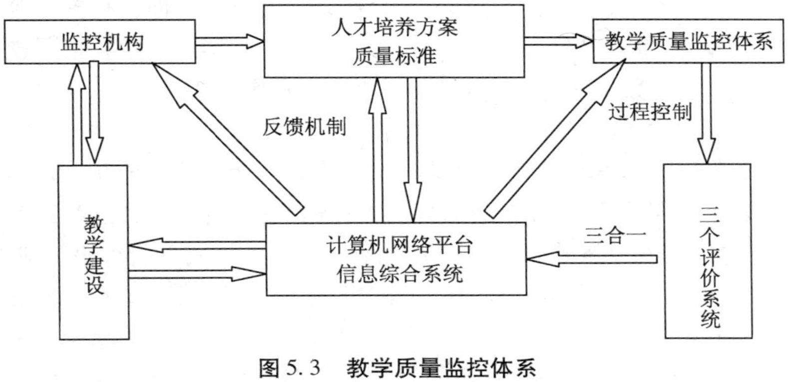

图5.3　教学质量监控体系

（六）在校企合作方面

校企合作是高职院校谋求自身发展、实现与市场接轨、面向社会需求培养一线技能型专门人才的重要举措，是开展职业教育教学活动的有效教学模式。多年来，学院一直坚持建立与企业的广泛联系，不断探索与企业的合作，在人才培养、基地建设、人才共育共享、技术创新与就业等方面，开展了广泛的合作，取得了一定的成效。

1. 领导重视，全员参与

学院党政领导班子十分重视校企合作，始终把校企合作当作学校发展的一项大事来抓，把校企合作工作每年初纳入学院党政工作要点，列入部门目标考核。做到了年初有计划、中期有检查、年底有考核。为了将校企合作的思想深入每一位员工特别是教师的心中，学院加大宣传力度，多次召开会议，统一思想，提高认识，经过一系列会议和活动，明确了目标，理清了思路，使全体教师对校企合作的认识提高到了一个新的层次，为校企合作的开展奠定了思想基础。老师们纷纷走进企业，通过多种形式开展合作，在合作中增长见识，丰富实践经历，提高应用能力，初步形成了人人下企业、个个有项目的校企合作局面。

2．不断探索新的校企合作机制体制

学院在校企合作组织设置上经历了三个阶段。第一个阶段，分散式的校企合作管理，学院没有统一的管理部门，相应的管理职能由各单位根据自身业务需要进行管理；第二个阶段，以二级院系为主的管理，二级院系根据教学、实习和就业等的需要，自主负责对校企合作工作的管理，遇到问题由分管教学副院长协调解决；第三个阶段，学院设立专门的组织机构，由就业与校企合作处全面负责校企合作工作，形成了二级管理模式。经过这些演变，校企合作更加有效了。

学院出台了《校企合作管理条例（暂行）》，成立了校企合作联盟、校企合作理事委员会，初步形成了校企共同负责，合作共赢的良好局面。在校企合作理事委员会的指导下，各二级院系建立了专业共建共管委员会，成功实现了校企合作二级管理体系。实践证明，这一管理机制使校企合作更加高效。

3．主要合作内容与合作模式

（1）企业通过教学指导委员会参与人才培养设计。学院早在2002年，就成立了专业教学指导委员会，委员会由九名委员构成，吸纳了2名以上的企业专家作为委员，在每年人才培养方案制订的时候，校企共同根据行业及专业岗位需求，设定人才培养目标、规格、核心课程及培养路径，从而保证专业人才培养能够符合社会的需求。

（2）订单培养。学院按照企业人力资源配置计划和技术要求，共同制订人才培养方案，对接企业岗位需求。通过与企业签订订单培养协议，根据企业需求招聘一定数量的学生，再根据岗位需求量身定制培养计划。每年开设订单班3～5个，近三年共订单培养学生5000余人。

（3）工学交替。学院坚持以服务为宗旨，以就业为导向，以学生为主体，开展工学结合的教学改革。经过多年的实践，创立了“一地多点，四段融合”的工学交替的校企合作模式。以材料系各专业为例，他们在无锡选定多家企业作为工作学习的场所，建立了厂中校，在生产中学习，理论学习主要在校内完成，通过四段交替在企业和学校中进行高技能人才培养，得到了企业的欢迎和学生的肯定，收到了很好的学习效果。通过工学交替，企业成为校企合作教育的组织实施者，为实习学生提供岗位、产品、设备、教师支持、奖学金、市场等资源，学校为企业提供人力资源，最大限度地实现了学院与企业之间资源共享、互惠互利。目前，学院开展订单培养的专业达到全校专业总数的三分之一。

（4）资源共享，合作创新。创新多种途径开展资源共享，合作发展的途径，通过校企合作及职教集团等形式，加强与企业的全方位合作。在向企业提供毕业生和员工培养的同时，开展“校中厂”和“厂中校”的探索，企业利用学院的人才资源、设备资源在“校中厂”中开展生产并同时向学院提供教学服务；学院利用企业资源建立“厂中校”，将教学由教室转移到生产现场，使人才培养工作更加符合企业的要求；学院聘请企业的技术人员、管理人员及技能高手到学院任教或作为企业实践教学的指导教师；企业聘请学院教师共同完成企业的技术革新、技术改造及技术开发等工作；校企双方密切合作，申报省、市级科技项目等。多年来，共建立“校中厂”、“厂中校”3 个，校外实训基地 132 个，共同申报建立国家级工程研究开发中心 1 个、省级工程研究开发中心 3 个、市级开发中心 2 个，校企各方均在合作中尝到了优势互补，合作发展带来的益处。

（七）师资队伍建设方面

高素质师资队伍是学院人才培养质量的保障，是学院教学改革和发展的根本性支撑力量。多年来，学院坚持“质量第一，教师为本”的质量原则，全面贯彻《省政府关于进一步加强师资队伍建设的意见》，采取切实有效措施，狠抓师资队伍建设工作，取得了一定的成绩和经验，总结如下。

1. 制定师资队伍建设规划，落实建设经费

学院制定了师资队伍建设规划，根据学院定位、社会发展及专业设置的实际，对师资队伍建设工作进行全面规划和部署，明确了当前和今后一个时期师资队伍建设的主要目标、工作任务和重点工作。

学院逐年加大对师资队伍建设的投入力度，以项目管理的方式，在名师建设、校内外及国内外培训、下厂实践、专业带头人和骨干教师、团队建设、三百工程等方面，采取学院投入和 1：1 配套等方式，在“十一五”期间投入师资队伍建设专项经费每年均超过 100 万元，2010 年达到 241.32 万元。

2. 规范职称评定工作，发挥其导向作用

职称评定工作是关系到每一位教职工切身利益的大事，对教师的导向作用很强。因此，学院始终非常重视职称评定工作，努力发挥其导向作用。首先，注重有关政策的宣传和学习，引导教师以职评细则为标准，积极寻找工作中差距，加强工作业绩的积累。其次，根据学院的情况及改革发展的目标，提出本院职称评定的要求，对上级职称评定办法进行细化。比如，对教学工作量、教学改革成果、教学技能竞赛、当班主任、考核结果等进行量化要求。再次，在每年的职称评

审过程中，坚持标准，严格把关，对于不符合条件的教师坚决不予晋升高一级职务。实践证明，职称评定对提高教师的综合业务能力具有重要的导向作用。

3. 加强指导与考核，形成奖优罚劣机制

学院重视教师发展的指导与考评，出台了教学事故认定办法、业绩考核办法、专业带头人遴选办法、教学名师评选办法、团队建设意见等一系列与师资队伍建设有关的制度，从而为教师的考核、评优制定了操作性准则。在规则面前，教师人人平等，以业绩考核为例，打破职称界限，通过督导听课、教学规范、学生测评、科研工作、班主任工作等方面定量考核，按分排序，按比例取优，并与津贴挂钩，很好地调动了各类教师自觉提升教学水平和业务能力的积极性。

学院在培养和选拔各级名师、“333 工程”人才、“青蓝工程”及专业带头人等工作中，坚持标准，加强指导、评比和奖励，在教师中起到了良好的示范作用，全院有石化行业国家级教学名师 3 名、省级教学名师 2 名、院级教学名师 7 名，省级优秀教学团队 2 个，青蓝工程骨干教师含培养对象等 9 人，对激励教师积极向上起到了重要作用。

4. 采取多种途径，打造双师素质

高等职业教育需要双师教学团队以提升人才培养质量，学院高度重视双师队伍建设工作，采取走出去、请进来等多种方式，通过开展“双师提速计划”、“三百服务工程”、“海外培训计划”、“百个团队计划”等项目，基本形成了满足教学需要的“双师型”教学团队。学院每年选送 40 名左右的教师到加拿大、德国、澳大利亚等国进修学习，学习其先进的职业教育理念；每年派 20 名年轻教师脱产到企业锻炼，以增强他们技术应用能力和丰富他们的实践经验。学院每年还利用假期，派出专业教师参加各种培训，鼓励和支持教师参加职业技能培训和鉴定，取得相应的执（职）技能证书。目前，学院具有双师素质的教师占专任教师的 85.1%，处于同类院校的先进水平。

5. 创造条件，支持学历提升

为了适应高等职业教育内涵建设对教师学历的要求，多年来，学院坚持招聘研究生以上学历的毕业生充实到教师队伍中来。另一方面，学院通过投入经费、制定政策，有计划地鼓励教师参加硕士和博士研究生进修。目前，专任教师队伍中，硕士及以上比例达到 40.74%，45 岁以下教师中硕士及以上比例达到 51.43%。

6. 隆重表彰并广泛宣传优秀教师

学院每年利用教师节庆祝大会，对优秀教师、优秀教育工作者进行表彰，对获得各种教学成果、奖项的教师进行奖励，对先进事迹进行展示，组织优秀教师事迹报告等，在教师中起到了良好的示范作用，对弘扬师德、端正教风起到了极大的促进作用。

7. 开展和参与“技能竞赛”，培养团队合作及营造竞争氛围

在校内组织教师教案设计、课件制作、说课及讲课技能竞赛，主要有两种方式，一种是全员参与式的“全民运动”，一种是比武式的“精英对决”。通过这些竞赛活动，号召教师加强学习，修炼提升教师基本功。

在学院外，凡是有与学院专业相关的教师技能大赛，一律参与，通过与兄弟院校教师同台竞技，展示我院教师的风采，查找自身的不足，汲取他校的经验，很好地促进了教师教学能力的提高。

与此同时，以学生技能大赛为手段，组织专项竞赛指导团队，培养教师的团队协作能力和竞争发展能力，为师生共同进步创造条件。

多年来，师生参加各级各类比赛获奖不计其数，以 2011 年上半年为例，在由教育部、天津市政府、人力资源和社会保障部、共青团中央等 16 个部门共同举办的 2011 年全国职业院校技能大赛上，学院“三网融合与网络优化”代表队作为江苏二队参加了本次大赛。四名队员马冬冬、周扬、马松松、岳增超在指导教师王鸿磊、张江伟、凌启东和贾伟伟的精心指导下，以扎实的知识、精湛的技术，从来自全国各省市的 31 支参赛队中脱颖而出，勇夺团体一等奖。

8. 加强机制建设

学院及时修订《徐州工业职业技术学院师资队伍建设计划》，出台《双师素质教师的认定与奖励办法》，确立“突出一个重点、抓住一个关键、实现两个提升”的建设思路，即以双师素质培养为重点，抓住青年教师教学业务能力培养这一关键，实现学历和能力的提升。着力提高教师的学历层次，增强教师实践能力，培养教师的科研创新能力和应用现代教育技术能力。努力建设一支结构合理、师德高尚、教育观念新、创新意识强、具有较高教学水平和较强实践能力、专兼职结合的教师队伍，为高技能人才培养提供有力支撑。

建立待遇激励人、事业留人、感情凝聚人的保障机制。学院制定《人才引进暂行规定》《在职教师报考研究生的暂行规定》《兼职教师管理暂行办法》《关于兼职教授、客座教授管理的暂行办法》《产学研奖励办法》等一系列制度，通过正向激励，提供事业发展平台，实施目标考核，加大奖励力度，设立省市级科研课题奖、纵向课题对等配套经费等激励机制，极大地调动教师教科研工作的积极性。三年中二次调高教师岗位津贴，出台《教职工休养制度》，经常组织教职工开展体育文艺活动，定期组织教职工体检，使教师干有目标，干有方向。

建立培养与引进并举的建设机制。学院一直把引进高层次和具有丰富实践经验、较强实践教学能力的师资作为一项重要工作来抓。实施高层次人才引进

计划，一方面面向科研院所引进实践能力强、政治素质高的专门人才。另一方面在引进人才的方式上变“坐等”为“主动出击”，先后组织人员到北京、南京、天津、西安等市参加多场大型人才招聘会，通过电视台、报纸、网络及时发布人才招聘信息，大力宣传引进人才优惠政策。选派教师到国外进行短期培训考察，促进了教师教育思想和管理理念的转变，优化了师资队伍结构。

抓实“四项能力”训练，提高青年教师双师素质。学院在青年教师的培养上强化“四项能力的训练”，即讲授能力、现代教学技术能力、应用技术能力、工程化能力。通过公开课、督导听课、业务学习提高青年教师的讲授能力，通过课件评比、网页制作比赛、多媒体教学比赛、技术比武等形式促进青年教师提高现代教学技术能力。采用访问工程师、挂职锻炼、考评员培训、行业认证培训等培养青年教师的应用技术能力。选派教师承担学院新校区工程和实训基地的部分项目的设计和现场施工任务，培养青年教师工程化能力。形成了一支适应高职教育特点的青年教师“双师素质”队伍。

积极培养专业带头人和教学科研骨干，形成专业梯队。学院设定了专业带头人和中青年教学科研骨干评选条件，在全院范围选拔了一批思想素质过硬、教学水平高、科研能力强的教师，作为各专业的专业带头人和教学科研骨干，为他们提供调研、对外交流和进修的条件，给予一定的津贴，报销资料费和培训调研费等。目前各专业已经形成一支学历、职称、年龄结构比较合理的教学科研梯队。

加强师德师风建设，践行教书育人。学院把师德师风建设作为教师队伍建设、人才培养的重点列入重要议事日程，成立了由院党委书记、院长任组长的师德师风建设领导小组，先后出台了《徐州工业职业技术学院师德规范》《徐州工业职业技术学院教师行为准则》《辅导员工作考核办法》等一系列文件。同时，紧紧围绕“敬业、爱生、奉献、博学”这个主题，开展学习《教师法》《教育法》《高等教育法》以及开展保持共产党员先进性教育等一系列活动，增强了教师的敬业精神和奉献意识，强化了教师的爱心与责任心，让教师真正做到教书育人、为人师表。学院每年都对师德高尚的教师进行表彰，分别授予“优秀教师”、“优秀教育工作者”、“优秀班主任”等荣誉称号。

（八）在课程设置方面

近年来，学院秉承科学发展观，坚持解放思想，与时俱进，认真贯彻和执行教育部及江苏省有关大力发展职业教育的精神，在全院范围内大力推进课程建设与改革工作。做法以及取得的初步成效总结如下。

1. 加强学习和培训，实现观念更新

课程改革的主体是教师，关键还在教师。学院认为，什么样的观念决定什么样的课程，因此，加强学习与培训，就成为学院转变教师思想观念，推进课程建设与改革的关键。多年来，学院一直把转变思想观念，树立正确的课程观作为课程改革的先导工作，并贯穿于课程改革的始终。

成立课改领导小组，确保课改的有效运行。建立了以教学副院长牵头的学院课改工作领导小组，其职责是统筹、指导、协调整个课改的实施。各教学单位成立二级领导小组，负责课程建设的组织、实施和监督工作。学院每学期组织一次领导小组会议，对在课改过程中的成效、存在问题、面临的困难进行总结、交流、研讨，提出改革意见。

加强校内培训，确保课程改革理念与主流职业理念同步。校内培训是学院全员参与课程建设与改革的基本而重要的途径。为加强校内培训工作，学院有计划地组织教师学习课程改革的理论，帮助教师们树立正确的教育观、学生观、评价观，实现教育思想现代化。首先，坚持每两周一次的教研活动制度，采用集体学习与研讨的方式，组织学习上级文件精神、兄弟学校先进经验及课改专家著作。其次，每学期邀请 1 位有关专家为全体老师做有关课程改革的专题报告，拓宽教师的视野。再次，以典型课程改革成果为案例，示范改革思路、宣传课程改革成果，增进教师对课程改革的认识深度，让教师感觉到课程改革是学校发展、教学质量提高和师生进步的很好途径，从而激发教师参与的积极性。

通过学习培训，教师对课程改革有了全新的认识，对传统教学观念存在的问题了解更加明确，增强了课程建设与改革的信心与决心。

加强实践能力培训，确保课改贴近企业需求。课程改革要落到实处并确保有效，仅有观念是不够的，必须要有一批懂教学、会实践的双师队伍支撑。为了迅速建立起一支高水平、高素质，能够胜任课程改革需要的教师队伍，学院坚持每年派出 10 ~ 20 名教师下企业参加生产实践，以提高在校教师的实践能力。另一方面，采用引进的办法，引入一批企业技术能手加入到专职教师队伍中来，使结构更加合理。通过开展长、短期培训，下厂锻炼等，学院专业教师队伍双师率逐年提高，达到目前的 70.1%，从而保证了课程建设与改革的实用性和教育教学功能。

2. 以专业课及平台课为重点，大力推进课程改革的实践

改什么，怎么改，改到什么程度，是课程改革中必须解决的问题。学院经过认真研究，决定从受益面较广的平台课和专业课重点突破，通过增加投入，建设团队，实行项目责任制等办法，大力推进课程建设与改革工作。

出台课程建设资助奖励办法。学院根据实际情况，出台了《课程改革的意见》《教学成果奖评定与奖励办法》和《精品课程奖励办法》等意见，明确了学院

课程改革的总体目标、资助办法、考核管理、评比要求、奖励办法等。调动了教师参与课程改革的积极性。

细化指导,加强检查。为了提高课程建设质量,学院要求对每一门课程从课程目标、课程结构、课程设置、课程内容、课程实施、课程评价等几个方面进行认真论证,确保课程建设方案体现以能力为本位、职业岗位需要为重点、工作项目为载体的现代职业教育理念。

学院每年组织对已经立项的课程建设项目进行检查,对做得好的经验在校内推广,对做得不到位的地方提出整改意见,对初步完成的项目,进行评比,择优奖励。

3. 主要课程建设成果

学院已经建成各级精品课程 41 门,其中国家级两门,省级四门;共出版教材 107 本,其中,国家十一五规划教材 6 本,省级精品教材 9 本;正在建设的资源库项目 139 门。还完成了首批国家教学资源库建设项目一项(甲醇生产技术)。培养了教师,积累了经验,扩大了学校的影响。

(1) 教师观念转变了。通过建立课程团队,绝大多数教师参加了精品课程及教学资源库的建设和改革工作,全体教师都对自己教授的课程进行了一定程度的改革。通过这些工作,教师的教学理念转变了。目前,工作过程系统化的教学理念、项目化教学理念、学做结合的理念、理实一体化理念等已经深入人心,并在教学中发挥了越来越大的作用。

(2) 教学改革的成果多了。为了做好课程改革,一些教师以研究的方式,对自己所教授的课程进行改革探索和实践,并通过边研究边实践边总结的办法,积累交流公开教学改革的经验。目前,全院共发表课程改革论文 261 篇,完成各级教学改革课题近百项,体育课改革、精细化工实验技术课程改革获得了江苏省高等学校教育教学成果奖。

(3) 人才质量提高了。学生是课程改革的直接受益者,通过调查,学生对课程的满意率和教材的满意率逐年提高,企业对学生的满意度也在逐年提高,学生就业率连年处在全省同类学校的前列,连续五年被评为江苏省就业先进学校。

第二节　五年制高职院校改革与发展的经验

本节将以五年制常州艺术高等职业学校为例,从办学定位、办学条件、课程设置、教学模式改革、师资队伍建设与校企合作等多个方面,深入分析提炼高职院校的改革与发展经验,以供更多的高职院校参考借鉴。

常州艺术高等职业学校创办于1970年，是目前江苏省唯一一所综合艺术类五年制高等职业学校。学校办学39年来，依托长三角深厚的人文底蕴、优质艺术教育资源、发达的经济环境实施了跨越式发展。升格后的该校，在立足以“市场需求与就业”为导向，以“重实践、树品牌、创特色”为办学宗旨，重点致力于“促内部管理，走内涵发展，建设和谐新常艺”；学校现已基本形成多层次、多学科、多形式培养应用型、实用型艺术专业人才的办学格局，聚集了众多艺术领域资深教师，为全国各艺术院校、专业艺术表演团体、部队文工团、广播电视系统、艺术设计机构和企事业单位输送了大批优秀艺术人才，并有一批毕业生活跃在国内外表演艺术领域。

学校狠抓教学质量与管理，为学生的终身发展着想，课程设置重在提高学生基础能力、专业特长及文化素质。聘请名师担纲绝大部分文化基础课的教授，以多元化的艺术选修课及第二课堂来丰富学生的知识能力结构，并与名企业联办创业实习基地，把课堂延伸到车间和设计室，使其具备适应社会竞争所需的强拓展力和适应力。历年来该校学生在全国、全省及市级比赛中屡屡获奖。从该校毕业的学生，更是深得用人单位的好评，成为该行业的佼佼者。许多学生在读期间，通过专业实践，已与多类用人单位签约，热门专业学生更是僧多粥少、炙手可热，就业无虑。另有部分学生升入高等艺术院校继续深造。

一、在学校整体发展战略方面

（一）创造艺校发展模式的“苏南版本”

办学40年来，学校依托行业、立足常州、辐射全省，为地方经济和社会发展培养了数千名高素质、高技能、应用型艺术专业人才。

2006年，常州艺术高等职业学校通过置换盘活了资源，以超常规速度建成了殷村新校区。新校占地150亩，建筑面积6.1万平方米。新常艺的发展是文化与教育、职教与普教、城市与新农村建设、国有资产与民助资产相辅发展的多元化集聚整合与优势互补及创新多赢的成功范例。《中国文化报》专题报道常艺开创了中等艺术专业学校破茧发展模式的“苏南版本”。常艺首迁殷村，形成了极大的集聚效应，目前江苏省常州建设高职校、常州交通技师学院、常州警官学校、江苏省常州未成年人社会实践基地已经确定落户学校周边区域，共同打造具有文化艺术特色的城西高职示范区。搬入新校区以来，学校每年为社区、企业提供文艺演出、艺术展览近20场，提供非学历培训每年1200人次，服务社会能力显著提升。

（二）缔造全省首家五年制艺术高职

目前，学校在校师生已近1800人，在全省同类艺术学校中规模最大。2008

年初,学校顺利通过江苏省教育厅高职教育办学水平评估,成功升格为全省第一所综合艺术类五年制高等职业学校。

学校主动对接市场,与企业、剧团共建人才实践和就业基地,淡化课堂和车间(舞台)、教学与生产(演出)的界限。学校与常州市歌舞团、锡剧团等长期合作。近年来,学校又向旅游、文化创意产业进军,先后与江苏天目湖旅游股份有限公司、环球数字狂欢谷、北京保利集团、数字瑞典东方戏谷等28家企业签订了战略合作人才培养协议,是常州文化产业职教集团牵头单位。目前在校生中,高职一、二年级40%的班级采用企业订单式培养,企业直接参与人才培养目标制定、课程设置、考核评价,提供实践项目,接纳教师培训,支持一线师资,有力拉近了学校和市场的距离,使学校、学生、企业获得多赢。

(三)打造艺术应用人才的核心能力

学校是省课改实验学校。多年来,学校遵循艺术人才培养的特殊规律,紧紧围绕"构建以就业为导向、以能力为本位、以综合职业素质和艺术职业能力为主线、以模块化课程为主体的体现五年制高职教育办学优势与特点的课程体系"的目标,成立课改领导小组,组建专家团队,大力实施课程改革。4个专业、近10个专业方向坚持每年滚动修订完善人才培养方案,形成了由基本素质模块、专业基础能力模块、专业核心能力模块和人文内涵拓展模块互相支撑、补充的课程体系。充分利用地方文化产业资源,实施嵌入式教学与实践相结合的人才培养模式,积极采用专业课程内容与职业岗位(群)、工作任务和工作过程相一致的工学结合、工学交替等方式。在评价考核方面,学校构建具有职业与实践导向的课程评价制度,例如:表演艺术专业的考试均采用舞台演出的形式;艺术设计专业要求在课程结束的最后一课公开展示教学成果,通过教师陈述、同行打分、学生评教等环节,有效地促进学习效果的提高。近年来,各专业执业资格通过率达96%以上,毕业生就业率始终保持在97%以上。

(四)营造体现民族文化传承与创意艺术特色的浓郁氛围

根据学校专业特点和艺术人才培养的规律要求,学校提出了"崇艺、尚美"的校风,确立了构建以"美"为核心的校园文化。有机整合各种教育资源,以美为核心和主线,将建筑美、环境美、行为美、活动美、生活美、职业美和谐统一,让学校融自然景观、文化底蕴和人文关怀为一体。新校区的建设凸现了人文理念和艺术创意,校园建筑风格时尚、简约、典雅。学校被常州市人民政府授予"生态园林单位"称号。学校倡导积极德育模式,提出了"我学习、我体验、我创意、我时尚、我成功、我快乐"的"6W"学生工作理念,系统地搭建学生创意活动平台、专业展示平台和创业实践平台,形成了学生创业教育体系,全面促进学生的和谐健康成长。

（五）建设内涵外延兼修的人才培育基地

2009年，学校四个专业顺利通过了江苏省五年制高职教育专业建设水平专家组的评估。表演艺术和影视动画2个专业已经率先成为省级五年制高职示范专业。学校已经形成了以艺术设计为核心，包含影视动画、环境艺术设计、平面艺术设计和服装造型设计的专业群，和以舞台表演为基础，包括器乐表演、声乐表演、舞蹈表演、戏曲表演的专业群。

学校建成了一批既具有浓郁艺术特色，又与行业实况步调一致的校内外实训基地，如服装实训中心、环艺实训室、TOPSHOW开放式互动舞台、主持与播音实训中心、双排键电钢琴体验中心等。2014年投资六百多万元而建的星工场多功能艺术表演实训中心，更是对接了当前乃至未来文化演艺产业发展前沿的实践要求。另外，学校与香港数码中天国际娱乐有限公司共同投资建成的太阳动漫实训中心，已培养了三届共130名学生，完成了200集动画片和20多部FLASH短片的制作，其中《可怜熊》和《功夫小旋风》已投入市场。该实训中心在省内有一定影响，曾被专家赞为"职业艺术教育校企合作的典范"，目前已在校内投建了太阳动漫有限公司。

（六）促进人和艺术事业的和谐发展

目前学校专任教师研究生比例已达26%以上，正式聘任高级职称的占31.2%，"双师型"教师占专任专业教师的75.9%，聘任企业行业高级专门人才近30名担任学校的客座教授、专业教学顾问，初步建成了一支数量适宜、素质优良、结构合理、专兼结合的教师队伍。

学校是江苏省职业技能比赛先进单位。目前学校已经建立完善的校、系两级技能比赛体系，积极参与国家、省、市级职业技能比赛，在2009年江苏省职业学校技能大赛中，学生、教师分别取得7金4银8铜和3金3银2铜的好成绩，以最小的规模及最少的专业赢得了最高的获奖率和金牌率。在2010年全国职业学校技能比赛中，服装专业黄怡甜同学更是勇夺金奖第一名，为江苏职业教育争得了荣誉。近两年来，学校有20多位师生在全国、国际上获奖，有60多位师生在全省各类比赛中获奖，有100多位师生在市级比赛中获奖。

当前，学校面向"十二五"创造性地提出文化艺术类人才应具备专业工具性应用技能加人文内涵性拓展技能的"双能"特色人才培养目标，围绕全面对接服务文化产业发展，建设以"美文化"为核心，凸显"创新、创意、创造"为特征的"虚拟文化创意产业园"，并在城西高职示范园区和特色新农村示范区建设中发挥核心和独特的作用，力争早日把学校打造成一个独具行业特质、艺术职教特性和创意文化魅力的特色文化人才高地。

二、在教学质量监控方面

为了健全质量监控与评估体系，根据五年制高职艺术学校的教学规律和特点，健全符合学校实际的质量监控与评价体系，学校建立学校教学指导委员会、教务处教学科研督导中心、系部教学质量管理领导三级监控网络，采取一定的质量监控措施，对教育教学工作加强管理，对教学质量进行监控，制定了教学质量管理制度。见图 5.4。

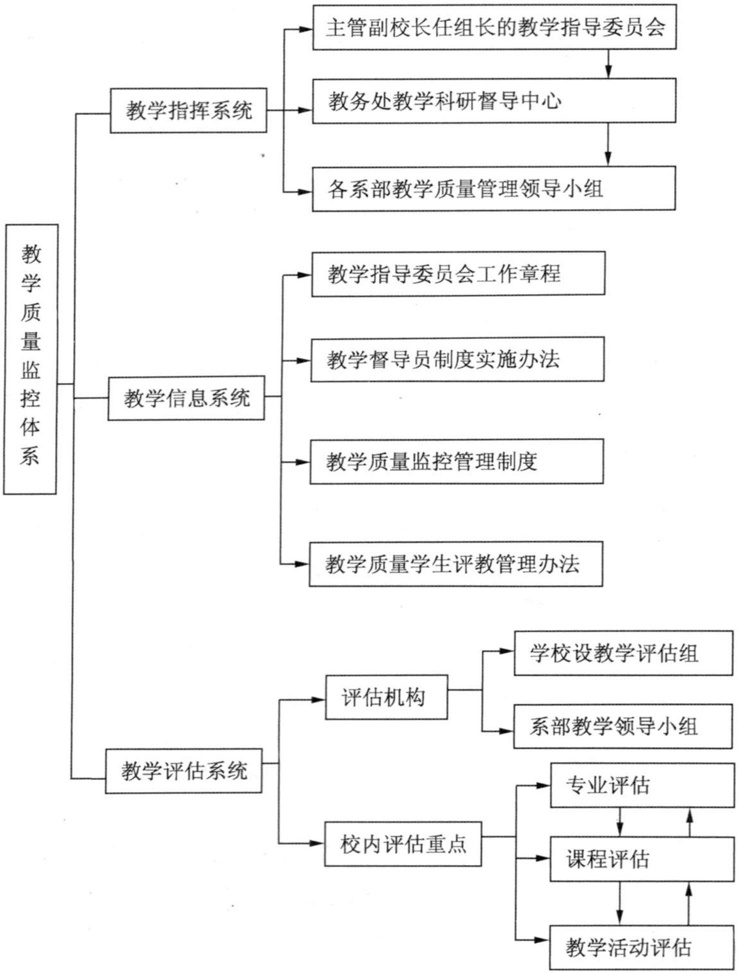

图 5.4　常州艺术高等职业学校教学质量监控体系流程

(一) 教学质量管理的基本要求

1. 教学质量管理是学校教学管理的重要组成部分,它的主要任务是按照人才培养目标的要求和教学的客观规律,科学地组织教学,把好教学过程中各个环节的质量关,以保证培养目标的质量要求。

2. 教学质量管理必须坚持全面发展的观点,坚持职教质量观,在业务水平上兼顾理论教学,突出强化实践教学,加强管理,严格要求,促进教学质量的全面提高。

3. 教学质量管理力求做到反应迅速、反馈准确、措施得力、解决及时,要建立符合学校实际的教学质量管理工作的体系和办法,使教学质量管理科学化,不断提高教学质量管理的水平。

4. 要建立教学质量管理责任制,明确把好各个教学环节质量关的执行人和执行单位,明确监控各个教学环节质量关的监督人和监督单位,通过执行单位和监督单位共同努力,把提高教学质量真正落到实处。

(二) 把好教学质量检查关

教学检查是改善教学活动的管理,提高教学质量的重要环节。教学检查要贯穿教学的全过程,对教学工作各阶段各环节的数量、质量和效果做出正确的判断和评价,分析存在的问题,提出改进措施,督促和指导教师提高教学质量。教学检查的主要形式有:经常性教学检查、定期教学检查、专题教学检查等。教学检查要列入教学工作计划,形成制度。

1. 经常性教学检查

日常教务检查。由教务处安排教务检查员检查全院教学秩序,教师和学生遵守教学常规管理制度情况,汇总后,及时向系部通报情况。经常性教学检查是各系部的主要工作之一。教学主任应随时了解教师备课、讲课、辅导、作业批改、技能训练和教书育人的情况,组织检查性听课或观摩教学等活动,检查教学质量,总结交流教学经验,及时发现和解决教学中出现的各种问题。

2. 定期教学检查

期初检查:主要检查开学前各项准备工作,如教室、实验室、教材教具、课表编排,教师备课等,开学后应检查教学秩序、新生入学后的状况和新生质量特点等。有毕业设计(论文)的学期还应进行毕业设计(论文)工作的前期检查。期初检查一般在开学前二天至开学后一周内进行。

期中检查:结合期中考试情况,检查系部的工作,教师教学进度和教学质量,召开学生座谈会,听取学生对教学及教师的意见。同时检查学生的学习情况,研究分析学生学习态度、学习方法等方面存在的问题,及时提出改进意见,指导和帮助学生提高学习效率。有艺术设计系各专业的阶段课考核和表演艺术各专业的汇报演出的检查。期中检查一般在 9—12 周进行，由教务处统一部署。根据各学期的实际情况检查内容可以有所侧重和变化。

期末检查：主要是检查学期考试工作和学期结束工作，如命题质量、考试组织、成绩登统和分析，检查把好设计系学生作品展和毕业设计质量关，督导检查表演艺术学生的汇报演出和个人演唱会的举办等，通过学期工作总结分析成绩与问题，为总结学期工作做好准备。

3. 专题教学检查

为改进教学工作，提高教学质量，每学期有重点、有目的地进行一项或几项专题教学检查。专题教学检查内容列入学期教学工作计划。专题教学检查在教学主管副校长领导下，由教务处教学科研督导中心组织有关人员进行。

4. 周期检查

每届学生按教学计划完成学习任务后，由各系组织毕业生对教学计划执行情况、培养目标、课程设置、教学内容、教学方法、教学环节安排、教学管理制度等，进行座谈讨论或向往届毕业生和用人单位发调查函件了解，征求意见、建议。在此基础上，总结经验教训，修订教学计划和改进教学方法。

（三）教学督导机构与组织实施

为了加强对教学工作的监督和指导，促进教学质量的提高，坚持“以督促改、以导助建、导督并举、重在引导”的方针，实现教学督导与教学改革、教学建设、教学管理的有机结合，相互促进，学校健全了督导组织机构，有效组织实施督导工作。

1. 健全督导组织机构

学校实行校、教务处教学科研中心和系部三级督导制度，建立专职与兼职相结合、校内专家与校外专家相结合、教师与学生相结合的督导体系。校级设立教学指导委员会，并建立校内外专家组成的督导队伍，由学校领导担任组长。设立教学科研督导中心，承担督导委的日常工作，指导系级督导工作，负责督导的组织、协调工作。系级督导由各系部成立督导组，由系部主任任组长，系级督导员由系主任聘任，系督导组在校督导委员会和校督导中心的领导下开展工作。教学督导人员聘用的条件一般为热爱教育事业、政治思想素质好、具有奉献精神、办事公正、高职院校教学与教学管理经验丰富、具有副高及以上职称的教师等。

2. 有效组织实施督导工作

具体组织实施督导工作（包括听课、看课、教师说课、召开师生座谈会、个别访谈、查阅资料、教学测评、检查备课、作业批改、成绩评定、学生毕业论文指导等），定期召开会议，评价学校督导工作状况，提出具体改进措施。系督导组的职责：根据学校的统一部署，结合本系实际，制订工作计划，组织实施督导工作。督导人员的职责：列席被督导部门的有关会议；对被督导部门进行现场考察，对违反学校有关规章制度的行为，有权予以制止；督导工作报告将作为校系决策的重要依据。总之，督导工作职责是通过实施对学校教育教学工作的检查、监督和指导，肯定成绩，发现问题，为改进教风、学风，提高教学质量提出好的意见和建议。

适度确定督导内容。督导内容一般可分为五个方面：一是教学管理工作的督导。如对教学工作的目标管理、计划管理、组织管理等工作进行督导。二是教学活动督导。主要包括教师备课、上课、布置和批改作业、课外辅导，以及学生成绩评定、第二课堂、教学实习设计、毕业环节等方面的督导。三是教师教学质量的督导。其重点是开展对课堂教学质量的督导。如教师的教学态度是否端正、对教材的内容是否熟悉、教学方法是否恰当、是否利用现代教学手段、教学过程中理论是否联系实际、讲课是否生动、普通话是否标准、课堂气氛是否活跃、学生纪律是否良好、课堂教学效果怎样等。其方法主要通过听课和评课来进行。四是对学生学习质量的督导。学生学习质量主要看学生掌握必备知识的程度、学生的专业基本技能及英语、计算机等级考试通过率，学生的基本素质等。五是对教风、学风的督导。在实际工作中，由于人力和精力有限，我们只有适度确定督导的范围和内容，抓住重点开展督导，才能达到理想的效果。

改进督导方式方法。好的方法往往会收到事半功倍的效果，因此不断改进督导方式方法尤为重要。如学校在日常的督导工作中实行了“日督、月评、期析、年结”的工作模式，即每天都有督导人员在校园内进行教学巡查、听课等日常督导；每周对一周的督导情况向学校有关领导和教务处进行通报；每月召开督导工作专题分析会，分析、评价学校督导工作状况，并提出具体改进措施；每学期末，召开督导委员会会议，分析、评价学校一学期来的督导工作，有针对性地布置下一学期的工作；年末对一年的学校督导工作进行全面的总结，肯定成绩，指出不足，规划来年。

三、在校企合作方面

为了落实国务院、江苏省关于大力发展职业教育的决定，认真贯彻江泽民同志在党的十五大报告中提出的关于“深化科技与教育体制改革，促进科技教育同经济的结合”的精神，进一步加强我校产学研合作教育工作，促进学校人才培养模式的创新，切实提高人才培养质量，贯彻执行中央领导“走产学研结合道路”的有关指示精神，深刻理解并领会上级政府部门、教育行政主管部门及其有关领导讲话精神，深入贯彻学校办学指导思想，积极探索产学研结合教育的新方法、新模式，为把学校建设成为省内有影响力的艺术高等职业学校而坚持走产学研结合的发展道路。

（一）提高认识，加强领导和组织建设

在总结学校以往办学经验的基础上，为使学校产学研结合工作逐步走上正轨，学校要成立相关行政职能部门，并要建立由校领导及相关行政职能部门负责人，相关专业、系负责人等组成的产学研结合教育工作一级管理网络，研究确定学校产学研结合的重大事项。

在学校产学研结合教育工作一级管理网络的基础上，要组建由系主任、专业带头人、骨干教师等组成的产学研结合教育的二级管理网络，围绕学校产学研结合总体思路，研究制定本系的产学研结合工作的政策、计划并负责实施。

要积极聘请相关行业、企业的工程技术人员、校外专家参与到学校的专业建设、课程建设、产学研基地建设等一系列人才培养过程中来，各专业要组建由一定数量校外专家组成的专业建设指导委员会，为学校培养人才出谋划策。

（二）转变观念、搭建平台，建立产学研结合的运行机制

1. 在提高认识的同时，尽快转变观念，更新理念，突破中职教育模式，积极探索适合学校产学研结合工作的新思路、新办法、新模式、新机制。

2. 在学校新的管理模式、新的办学理念引导下，制定出一系列适合学校产学研结合教育工作的、符合学校总体发展要求的相关配套政策和办法。以建章立制为抓手，搭建好政策平台，营造氛围，积极引导，加强管理，努力推进学校产学研结合教育工作的深入开展。

3. 在抓好软件平台的同时，要拓展思路，加大投入，注重硬件平台建设。

在原有校内产学研基地（实训基地、实训中心、实验室）的基础上，在新校区内要以依靠自身力量，重新调整、规划、建设好一批新的校内产学研基地，利用3～5年时间建设一定数量的、具有自我特色的、符合专业发展要求的、能为教学方法改革提供保障的校内产学研基地。

要充分利用社会资源，依靠社会力量共建一批科技机构、培训基地等新型产学研基地，使学校在办学过程中能及时准确地了解到相关行业、企业的技术进步。充分利用共建基地，一方面更好地培养学生的创新能力，另一方面提高学校为社会提供服务的能力，促进产学研结合模式的创新。

要以企业为学生提供实训实习、企业人员参与人才培养、学校为企业培训员工、教师为企业提供服务等合作方式为切入点，以提高教师和学生工程实践能力为目标，努力开拓校外产学研基地的建设。校外产学研基地的建设要根据学校发展，培养人才需要，涵盖学校开设的所有专业，并在合作过程中不断调整，层层推进，以此形成校企之间相互依托、全面合作的产学研合作新局面。

要以提高教师科研能力、学生创新能力、学校为社会提供服务能力为目标，围绕专业建设和改革，建立一批校内科研机构，积极引导教师、学生参与科学研

究和知识创新。

（三）加强队伍建设，促进产学研结合教育能力和质量的提高

在抓好软硬件平台建设的同时，还要加强队伍建设。逐步培养一支研究队伍，研究方向主要体现在教学、教育方法、教育管理、新技术的应用与开发、学校管理等方面，最终要体现在具有学校自身特色产学研结合教育模式的创新、质量和能力的提高上。要鼓励培养一支能支撑产学研结合教育的“双师型”教师队伍，建设一支高素质的“双师型”教师队伍要作为学校头等大事来抓。

从制度上保证。在教师培养、职称评定、教师考核、工资晋级等方向制定相应的规章制度。从经费上保证。学校要拿出专项科研基金、教师培训专项经费，鼓励教师参与科研、技术开发和技能培训，特别要引导教师到企业中寻找课题，加强横向课题（项目）的研究，并给予相应的政策鼓励。注重从社会上引进具有丰富实践经验和精湛技艺的专家，充实“双师型”教师队伍，鼓励教师以各种形式到校内外产学研基地进行工程实践的锻炼和培训。

（四）充分运用产学研结合的软硬件平台，组织好产学研结合教学工作，加强产学研结合人才培养模式的探索和实践

要坚持办学指导思想，通过边学习、边实验、边训练，达到强化学生知识、技能、能力三者融会贯通的目的，实现“知行并进”的目标。通过学生在各类产学研基地中实训、实习、实验、劳动与课堂理论学习相互交替进行，培养学生较强的职业动手能力，要让学生在真实的生产环境中接受专业思想教育，感受专业方向和工作任务，感受职业环境和企业文化，为使学生成为一个真正意义上的职业人打下良好的基础。

各系、团委要组织学生开展艺术创作和制作活动。学校要提供资金，各专业系组织，专业教师负责指导，积极参加各级各类科技比赛、技能比赛等，开发学生智力，培养学生创新和创造能力，提高学生学习的积极性，使之融入产学研结合教育中去。

（五）要不断总结，逐步提升，形成特色

在开展产学研结合教育过程中，要不断总结经验，完善制度，推动产学研结合模式的创新、层次的提高。校外产学研基地要针对学校重点建设专业，选择一些在行业内起带头作用的企业作为重点基地来建设。产学研合作范围要进一步扩大，校企合作的依托程度要越来越强，合作要向纵深开展。一方面要注重产学研结合教育模式的创新，另一方面要注重校内外产学研基地建设的模式创新，目标要向“高起点、高标准、先进性、示范性、综合性”方向发展，形成特色鲜明的产学研结合教育模式。

声乐教研室产学研工作。在与企业联合办学的过程中认识到，依托行业办学必须互惠互利，不仅企业为学校提供方便的教学条件，学校也要加强自身科研工作水平，为企业提供科研项目解决生产技术问题，力求在校企之间建立一种互利的机制，从而保证学校和企业之间的结合能够长期、稳定并深入发展。通过对高等职业教育理论的学习，充分认识到产学研结合是办好高等职业声乐教育的必由之路，是保证职业技术教育质量和发展的根本途径。通过学校、企业及行业主管部门及行业协会的紧密结合，做到资源共享、互惠互利、优势互补、共同发展。

积极与企业建立联系，建立广泛的校企合作基础。根据高等职业声乐教育的办学特点，积极与本专业相关企业联系，为学校和企业接触建立广泛的联系平台，使学校增加和企业联系的机会，能够及时与企业交流教学中遇到的问题，发现和交流企业生产中出现的技术问题，指导专业教师科研课题的选题方向。广泛地与企业建立联系，也有助于企业全程了解学校的办学过程，及时提出办学中教学内容与企业岗位要求脱节的地方，使学校及时进行调整，保证办学的先进性和传授知识内容与实践技能的先进性与实用性。

进一步完善声乐专业人才培养模式及课程体系。为了谋求本专业的长期发展，培养出具有职业特色的合格毕业生，密切与企业和专家商讨声乐专业学生的培养模式，开辟有专业特色的人才培养体制和体系。经过多次论证，初步形成了较为完善的课程体系。

与部分企业进行深度合作，大量开展学生企业实践活动。在本年度，学生和本专业教师与常州歌舞团一起共同参与了常州市首部舞剧的演出，另外还参加了一系列对外的包括常州旅游节、武进旅游节、常州残疾人运动会开幕式等多次对外实践演出，拉近了企业和学校的距离，增进了学生的就业竞争力。教研室还与部分产学研合作单位如南山竹海演出公司开展了服务工作，进一步加深了产学研合作的深度，为产学研工作向更高的目标发展奠定了基础。

加强校企合作，扩大就业市场。高职教育就是就业教育，办好高职教育提高高职学生就业率是一个重要标志。学校一直都重视学生就业工作，一直都把就业作为第一位的工作来抓。通过学习和社会调查也发现，提高学生就业率，一方面要苦练内功，抓好教学质量；另一方面，还要主动出击，加强与企业的密切联系，积极向企业介绍学生，征求企业对人才的需求规格，有针对性地为企业培养人才。每年都到企业走访，了解企业和行业发展的趋势，行业技术的走势，及时调整教学内容，有针对性地将企业需要的专业知识教给学生，使学生到企业后很快进入角色，缩短后熟期，受到用人单位的好评和欢迎。通过大量与企业接触，使学校了解了企业对人才的需求，同时也将学校介绍给了企业，特别是一些演出团体急需像该校这类一线的专业性应用人才，以前他们与这类学校接触较少，了解也不多。通过宣传，扩大了学校的社会影响，也为企业选拔人才提供了一个广阔的平台，达到了互惠互利的双赢目的，也为学生提供了更广阔的就业选择空间。

加大外聘兼职教师力度，积极拓展与社会行业的联系，突出高职办学特色。今年，本专业聘请了几位具有丰富实践教学经验和企业管理经验的专家到学校任客座教授。通过外聘教师讲课，使学校的教学内容更贴近社会行业技术前沿，使学生不仅学到了专业知识，还学到了企业文化，树立了适应企业生存的理念。客座教授为在校生做如何适应社会、适应企业生存的主题报告，这些内容对学生毕业后提高就业成功率帮助很大，这种形式受到学生的欢迎。

总之，产学研结合是办好高等职业声乐教育的必由之路，也是办好高等职业声乐教育的有效之路，是保证高等职业声乐教育质量的有效途径。今后一定坚定不移地继续走好产学研相结合的道路，为培养优秀的合格人才做好工作。产学结合、校企合作为学校和企业的发展提供了共同的基础和条件，以学生的实习、就业为载体，学校与企业相互融合，资源共享，集中学校与企业的各自优势，这是办好高等职业声乐教育的根本保证。学校和企业在互惠互利的基础上共同发展，产学结合、校企合作，是高职声乐人才培养的基本途径。

四、在人才培养模式方面

表演艺术专业声乐方向人才培养方案。随着时代的进步，各项社会事业对人才的规格要求日益提高，因此，必须培养高素质、高技能的高级应用型艺术表演人才，才能适应时代进步和满足社会发展的需求。必须清醒地认识到，只有不断了解社会的需求，高瞻远瞩地把握方向，才能使职业教育获得长足的发展。因此，学校在办学中不仅自己在不断地摸索，进行课题研究，开展教学改革，还积极与市场联系，保持与各种演艺团体进行校企合作，通过对开办专业的市场调研，请行业专家、用人单位进行论证，制订出目前的这份既满足学生就业需求，又适应行业对人才需求的人才培养方案。

声乐演唱主要还是以舞台为主体，市场经济的发展给声乐表演带来了广阔的舞台。电视传媒举办的各种星秀活动，形形色色的艺术类晚会、大大小小的声乐比赛以及太多太多的演唱会，给我们的生活带来了全新的色彩，同时也给传统的声乐表演行业带来了巨大的冲击。与市场紧密结合，与企业合作推广，这就是现在声乐表演的情况。随着经济水平不断发展，人民艺术欣赏能力的不断提高，我国文化演出产业面临着很大的机遇和挑战，为表演艺术团体、企业机构培养具有商业艺术管理理念、开拓的专业技术性复合型艺术人才显得尤为重要，培养能全面适应市场需求的综合艺术表演人才前景广阔。

用人市场的需求：江苏省包括市、县、乡级现有文化艺术单位100余个，国办文化事业单位55个，艺术团体（包括私立艺术团、企业下属艺术团）50余个，大小培训中心几百个，有一定影响力的文化传媒公司30余个，各种艺术团体都需要声乐演唱的人才，从事声乐演唱职业工作的人员达万余人。声乐类学生就业非常宽泛，有文化馆、歌舞团、演艺公司、乡（镇）文化工作站、各区文化馆、企业下属艺术团、艺术培训中心等。

根据市场对技能型人才需求确定就业岗位。随着社会对实用性艺术人才需求的增加，社会基层对文化事业发展的重视越来越高，声乐表演也获得更多的岗位需求，但是对能力的要求比过去更高，所以目前社会对声乐演唱的艺术人才需求已不仅仅是普及性和大众性，而是需要具备高超的演唱技术水平和较强综合能力的优秀表演人才。涉及的主要就业岗位有：

声乐表演：歌舞团、艺术团演员，演艺公司签约歌手等。

声乐创编：各区文化馆、文化工作站音乐工作者等。

声乐教学：少年宫合唱队、艺术培训中心声乐教师等。

音乐策划：文化传媒公司演出策划、音乐编辑等。

学校将上述就业岗位的需求及职业岗位技能要求，作为制订本专业方向人才培养方案的主要思路。

1. 人才培养方案的特点

声乐演唱以培养技能型演唱人才为根本任务，以市场需求为导向，根据专业培养目标和人才培养模式，在专业建设指导委员会的指导下制订了切实可行的人才培养方案，其特点是形成表演艺术专业声乐方向活模块的课程设置。

根据对学生演唱能力培养的需要和各实践教学环节的进程对各类知识技能的需求进行重新组合，几个模块包括：公共基础课模块（基本素质模块）、专业理论课模块（基础能力模块）、专业必修课模块、专业选修课模块（个性拓展模块等）。其中专业必修课模块和专业选修课模块要根据就业岗位能力要求，组合成更为细化的课程模式。

确立必修的技术技能课的地位。人才市场的竞争和信息时代的到来，要求职业学校的毕业生必须掌握起码的现代劳动技能和基本素质，这是职业学校适应形势需求从教学上必须调整的内容。必开的技能课有英语口语、计算机基础、职业道德等。

根据市场需求的变化对专业进行融合。社会艺术演艺市场越来越倾向于对复合型人才的需求，因此对表演专业声乐方向的课程设置进行了调整，对各课程的界限实行融合，课程之间实行互相服务。

积极引入项目化课程内容。这个教学理念的渗透体现在学校对课程的改革上,要求运用项目化教学的理念,将每个声乐演唱的曲目开发设计为一个独立的项目,教学场地除了声乐工作室外还要到舞台上实践,强调舞台表演知识的综合化,每学期教学结束后安排汇报演出。

根据声乐艺术教育的特点,遵循循序渐进的原则,纵向和横向相联系,分为基础能力训练阶段、基础能力提高阶段和综合能力培养阶段。如声乐表演模块中,声乐主修课四年一贯到底,每周 1 节课,学生从第一年声乐集体课开始逐步提升,到第四年达到完成比较大的声乐演唱作品,尝试完成一些音乐剧的片断。专业理论课的教学从第一年开始,在乐理、视唱等课的基础上加入音乐欣赏让学生打下扎实的专业理论基础并提高音乐审美能力,从第 2、第 3 年开始逐渐进入合唱课、声乐剧目课的训练,逐步提升学生的演唱能力和综合音乐素质。

考证课程的设置,目的在于推行专业互通,鼓励职高生"一人多证"。学生在学好本专业技能的同时,鼓励他们学习和掌握其他相关或相近专业的技能,并获得多种职业资格证书,这样他们才具有更强的社会适应能力和就业竞争力。

表演艺术专业声乐方向人才培养方案。招生对象与学制:招生对象为初中毕业生,学制为五年。办学层次为专科。本专业培养目标是德、智、体、美等全面发展,与我国社会主义现代化建设和文化事业发展需求相适应,能够在第一线从事表演和教学的高素质技能型专门人才。本专业所培养的学生应具备以下素质、知识和能力:

素质:1) 具备良好的政治思想素质、道德品质和法律意识。2) 具备人文科学素养,形成稳固的专业知识和良好的生活态度。3) 具备吃苦耐劳、积极进取、敬业爱岗的工作态度。4) 具备良好的人际交往能力、团队合作精神和客户服务意识。5) 能严格遵守岗位操作规范。6) 具有正确的就业观和创业意识。

知识:1) 掌握本专业必备的语言表达、应用写作及其他文化知识。2) 掌握艺表演基本理论知识。3) 掌握艺术表演基本技能技艺。4) 掌握艺术表演创编的专业知识。5) 掌握艺术教育的相关知识。6) 掌握艺术策划的相关知识。

能力:1) 具备较强的团队合作精神和组织协调能力。2) 具有群众文化活动策划的能力。3) 具有社会艺术培训教学的能力。4) 具有音乐舞蹈作品的创作能力。5) 具有一定的科研和实际工作能力。6) 具有良好的沟通和协调能力。

主要就业岗位为:1) 艺术表演。2) 艺术编导。3) 艺术教育。职业分析状况如表 5.1 所示。

表 5.1　表演艺术专业声乐方向职业分析

职业岗位	工作任务	知识、技能(能力)和素质的要求	开设课程
艺术表演	声乐独唱和合唱	具有表演基础理论与技能,并具备一定的表演能力与技巧,有一定的专业理论修养。	声乐演唱、器乐演奏、钢琴等
	器乐独奏和合奏		
艺术编导	节目编排	具有表演基础理论与技能,并具备一定的表演能力与技巧。掌握艺术表演创编的专业知识。	剧目、表演理论与技巧等
	节目编创		
	节目创意		
艺术教育	学前艺术教学	具有表演基础理论与技能,并具备一定的表演能力与技巧。掌握艺术表演创编的专业知识,具有社会艺术培训教学的能力。	合唱与指挥、合奏与指挥等
	小学艺术教学		
	社会艺术培训		
艺术策划	节目制作与包装	具有表演基础理论与技能,并具备一定的表演能力与技巧。掌握艺术表演创编的专业知识,具有群众文化活动策划的能力。	实践演出、舞台美术等
	企、事业单位演出宣传策划		

教学活动时间如表 5.2 所示。

表 5.2　表演艺术专业声乐方向教学活动时间表(按周分配)

学期	学期周数	理论教学		实践教学						入学教育与认知实习	军训	劳动	机动周
		授课周数	考试周数	技能训练		课程设计大型作业毕业设计		企业见习顶岗实习					
				内容	课时数	内容	周数	内容	周数	课时	周数	课时	
一	20	17	1	基础能力模块 专业(实训)模块	180					18	1	18	1
二	20	18	1	基础能力模块 专业(实训)模块	180								1
三	20	18	1	基础能力模块 专业(实训)模块	180								1
四	20	18	1	基础能力模块 专业(实训)模块	180								1

续表

学期	学期周数	理论教学		实践教学						入学教育与认知实习	军训	劳动	机动周
		授课周数	考试周数	技能训练		课程设计大型作业毕业设计		企业见习顶岗实习					
				内容	课时数	内容	周数	内容	周数	课时	周数	课时	
五	20	18	1	基础能力模块 专业(实训)模块	252								1
六	20	18	1	基础能力模块 专业(实训)模块	252								1
七	20	18	1	基础能力模块 专业(实训)模块	216								1
八	20	18	1	基础能力模块 专业(实训)模块	216								1
九	20					毕业设计	20						
十	20							实习	20				
合计	200	124	8		1656		20		20		1	18	8

注：① 本表实践教学内容除具体列明集中实训项目外，其他课程实践教学主要在课程教学中穿插进行。② 实践教学时间安排不仅限于课堂内，应注重课外的延伸和实验实训设备的开放。

五、在实习实训方面

表演专业声乐方向实习计划。实习任务和要求：

第一阶段以熟悉实习单位业务或其他事务工作特点为主。在这一阶段要养成根据实习单位的要求按时上下班习惯，按照实习单位的任务做好工作，并从中了解实习单位的具体工作要求和内容。

第二阶段参与实习单位业务工作。这阶段要求尽可能参与和开展具体工作，譬如实习单位的培训或演出任务等都必须积极参与，作全过程的跟踪学习，并带有任务地开展具体工作。

第三阶段独立或协助实习单位开展业务工作。这一阶段要求尽可能多地参与实习单位的具体活动，有条件的可独立工作，或者共同参加，更多地熟悉实习单位的各项工作内容、性质、目的等。如表 5.3 所示。

表 5.3　表演专业声乐方向校外实训场地与内容

实习基地名称	指导教师	合作单位	具体实施
常州市歌舞团	李国富、宋之卉	常州文化艺术学校、常州市歌舞团	从2001年以来一直与常州市歌舞团保持了密切的往来，输送了部分优秀的声乐专业人才到歌舞团实习、工作，积极锻炼学生的舞台实践能力，参与歌舞团社会演出达到上百场。
南山竹海旅游基地	梁斌	常州高等职业艺术学校、溧阳天目湖旅游公司	在溧阳南山竹海的实训基地，不仅拓展了学校校外实训基地，而且是学校声乐专业实习时间最长、锻炼能力最好、实习效果最佳的一次。
海澜集团艺术团	彭军	常州高等职业艺术学校、张家港海澜集团	海澜集团是一家以服装制作为主的大集团，其艺术团是密切贴合市场需要的。因此，该实习基地成为走在市场最前沿的一个实训基地。学校的学生不定期输送到海澜，进行全方位的实习，内容不仅仅涉及声乐专业表演，还有集团的一些前台业务需要学习，使学生掌握了专业以外的一些知识与能力。
无锡三国城影视表演基地	李国富	常州高等职业艺术学校、无锡三国城	自2006年与无锡三国城签订学生实习项目以来，已经陆陆续续有几十位学生不定期参与进去。三国城影视表演基地拥有以声乐歌舞为主的对外表演团体，每天安排固定的表演场次，学生根据专业需要被选拔进行实习。

表演艺术专业声乐方向实践教学主要目标：培养学生扎实的基本功及综合的演唱能力。培养与我国社会主义现代化建设相适应的，具有良好的职业道德、职业理想，德、智、体、美等方面全面发展的，在文化艺术第一线工作的高素质技能人才。具体目标在人才素质方面，主要包括政治素质（努力学习马列主义、毛泽东思想、邓小平理论、“三个代表”重要思想和科学发展观理论）、职业素质（爱岗敬业、诚实守信、团结协作、公民意识、良好的人文艺术修养、基本礼仪规范、厚德重能）和身心素质（健康体魄、健全心理、良好卫生习惯）。在职业知识方面，主要包括专业理论（乐理、音乐欣赏、视唱练耳、艺术概论、音乐史、和声）和专业实践（声乐主修、钢琴副修、舞台表演、形体训练、化妆）。在职业能力方面，主要包括基础能力：掌握音乐基本理论及音准、节奏，科学发声方法的系统练习，各种歌曲（艺术歌曲、民族民间歌曲、歌剧选段、流行歌曲）的演唱，在钢琴方面掌握一定的即兴伴奏技巧；表演能力：具有声乐表演基础理论与技能，并具备某种歌

曲演唱形式（美声、民族、流行或者民通、美通、民美等）的表演能力与技巧；就业能力：了解熟悉时下声乐发展的动态及方向，具有一定的音乐鉴赏能力和音乐修养，能在专业艺术团体、艺术培训机构、企业及社区从事表演、艺术教育与管理，能适应现代文化产业市场发展需求。如表5.4所示。

表5.4　表演艺术专业声乐方向的实践方案

阶段名称	教学引导目的	能力	学期	课时量
一年级	培养学生初级的发声练习，了解声乐科学发声方法。	声乐五至六级水平	2	140课时左右
二年级	通过一对一的教学让学生对发声方法有一个更深入的了解，并在这个基础上逐渐形成自己的个性。能演唱一些初级的曲目。	声乐六至七级水平	2	210课时左右
三年级	通过学习能够演唱一些艺术歌曲以及流行歌曲，并能够对歌曲做出分析，对歌曲的作者以及背景有一定了解。	声乐七至八级水平	2	420课时左右
四年级	能够演唱一些中级以及高级的曲目，对歌曲要有情感处理，对歌曲的理解要有自己的见解。	声乐八级水平	2	210课时左右
五年级	通过最后一年的学习以及实习期的训练，对歌曲的处理有自己的一套方法和见解。	声乐九级水平	2	315课时左右

六、在课程设置方面

在表演专业课程设置、课程内容的细化、实施计划的安排上要突出实用性、职业性，注重技能及审美素质渗透性要求。五年制高职整体教学过程的设计，既从整体上把握对学生知识能力、素质等各层面要求的系统性，又根据学生身心成长发展及“知、情、意”等非智力因素逐渐丰富、成熟的阶段性特点和规律，进行阶段区别、整体性有机穿插的科学布局与策划制订，并配套相应的考核与评价体系，特别是形成性过程的评价与修整调优。同时，掌握该专业所对应的行业前沿发展信息，灵活运用已有教材编写来自一线的动态而实际的校本材料，丰富的文字、声、光、像及表演示范等各种鲜活的教学信息载体来配合课程标准和计划及教学操作过程的实施。切实加强教学过程的监控督导与评估工作，以江苏省联合职业技术学院专业建设标准为核心指导，辅之以表演艺术专业所特有的教学规律，加强实时督导调控，保证了计划的制订与实施能围绕既定的培养目标落到实处。

学校以专业课程建设为核心推进专业建设,组织新课程改革方案的研讨与论证会,根据表演艺术行业发展状况,拟订了本校表演艺术专业核心课程与训练项目的实施计划,积极探索构建"以能力为本位,以实践为主线,以项目课程为主体的模块化教学"专业课程体系。

(1)通过对演艺行业的调研,了解到目前行业对从业人员的需求信息,借鉴国外先进的教学理念,对相关专业知识和技能要素进行筛选和整合,设计核心课程和训练项目内容,以提高职业教育的实用性和实效性。

为加强专业建设与行业发展状况的联系,自 2002 年开始,组建了由常州市歌舞团和常州市及溧阳锡剧团专家和相关企业代表参加的学校专业指导委员会,探讨了新经济条件下陶瓷行业的发展对从业人员的岗位需求,形成了演艺行业从业人员的人才标准。这为专业课程的校本开发奠定了基础。

(2)根据演艺行业对从业人员的需求,在专业课程体系建设中,精心制订各专门化方向的实施性教学计划和核心课程的课程标准,将单科独进、理论实践分离的教学安排改变成以能力培养为本位,理论实践交叉融合的教学安排,从教学组织上保证核心课程与训练项目的有效实施。

在核心课程的部分教学单元中推行理论实践一体化教学法,即打破理论课和训练课的界限,将某门课程的相关教学环节相对集中,由同一教师主讲,教学场所直接安排在琴房和舞蹈房。彻底改变理论、实践教学分离的传统教学方法,课程结构和内容既能保证理实一体化等先进教学方法的实施,又可为全面客观地评价教学质量提供操作平台。

改革教学质量评价体系。强化过程考核,尤其核心课程,以各技能训练项目的考核成绩和理论考试成绩按权重综合评定。逐步推行学分制管理,开设选修课(含技能选修),鼓励学生通过自选课程、参加职业资格认证等多种途径获取相应的学分,从而最大限度地调动学生学习专业技能的积极性。

(3)在专门化方向下的核心课程教学实践中,以继承和弘扬民族文化为宗旨,引导学生将声乐、器乐、舞蹈等专业知识与技能糅合起来,实现作业向创作转变、向作品转变,引导学生向专门化、个性化发展。

在教学实践过程中,积极贯彻"艺术的生命在于创新"的思想,指导学生在学习传承传统的基础上进行创新,学生通过学习,提高了文化、艺术素养和创作能力。学生在专门化方向的核心课程实践中,实现了对艺术作品创作过程的探索与创新。

(4)以项目化教学为载体,把教学内容设计成具体技能的训练项目,根据项目组织实施教学与考核,使表演专业人才培养的能力目标得以实现。课程项目化的教学目标是对高职学生职业意识与职业技能的综合培养;课程教学内容是与专业密切联系的企业(剧团)项目与任务;教学方法强调学生自主性、师生互动性与成果应用性紧密结合。课程项目化是传统的课堂教学模式的重大变革,它不仅使课堂教学气氛变得更加活跃,而且从职业人才的角度使学生得到专业化训练,使职业技能与职业意识的综合培养找到了一条切实可行的途径。

课程项目化是造就高职师资队伍的需要。教师只有通过课程项目研究开发、项目教学与成果转化才能做到与行业接轨。教师在课程项目化过程中自然需要与企业建立密切的联系,才能做到"教最新的",保证让学生"学有所用"。课程项目化是提升人才培养质量的需要。学校学生的职业综合能力的培养是通过具体的课程以及课程项目教学来完成,而课程项目化就是提高教学质量的重要途径。课程项目化也是高职教育服务当地社会经济的需要。学校拥有大量的专业人才与丰富的人力资源,有条件进行课程项目化开发与成果社会化应用,从而服务于企业和行业,促进社会经济发展。

在项目化教学的过程中,学生成为教学的主体,教师不再灌输知识,而是培养学生获取知识并运用知识解决实际问题的能力。随着项目课程的开发,生化系的项目化教学将会加深课程项目化,是指根据职业能力培养的需要,密切联系地方产业发展实际,将专业基础课程和专业课程紧密结合。

专业课程建设的探索、核心课程的理实一体化教学和教学实践中的创新教育,促进师生的共同发展,也促进专业品牌的提升。如该校声乐教师张朵儿获得2007年度中国金唱片入围奖,2002级声乐学生王金清在江苏省文化厅举办的"艺术学校学生专业技能大赛"中获得民族声乐金奖,2005级学生孙香获得2007年文化部组织的"蒲公英才艺大赛"声乐青年组民族唱法金奖。声乐组宋之卉老师2007年获得首届常州市"职教能手"称号。

七、在办学特色方面

表演艺术专业作为学校的省级示范专业,其多年的办学历史就是"依托行业,走紧密型产学研结合之路"。通过专业的发展和历史沉淀,本专业坚持改革、大胆探索、锐意创新,在始终走紧密型产学研结合的专业建设和改革之路上,于2006年与常州武进区泰村达成共同建设社会主义新型文化村的协议,形成了鲜明的专业办学特色。专业办学特色项目是:依托行业,走紧密型产学研结合之路;服务农村,建设社会主义新农村文化。专业办学创新项目是:实行任务驱动、项目导向教学新模式,"订单式""工学结合"的人才培养模式。

（一）专业定位清晰，人才培养目标明确，专业教学内容体现时代性和科学性

表演艺术专业舞蹈方向的学科定位根据当前我国文化演出产业的需要，随着经济水平不断发展，人民艺术欣赏能力的不断提高，过去的教育理念培养出的专业人才已不能完全满足新时代的需要，培养兼顾舞蹈专业和艺术经营和管理的复合型人才前景广阔。所以本专业方向相应地将人才培养目标定位为：本专业培养德、智、体、美等全面发展，与我国社会主义现代化建设和文化事业发展需求相适应的，具有在第一线从事表演和教学的高素质技能型专门人才。

除此之外本专业方向还形成了校内外专家结合，学校与行业、企业紧密合作的教学人力资源团队，确保本专业方向在学科知识体系构建上的时代性和科学性。

（二）形成了理论先导、项目驱动、层次渐进，“三个阶段层次技能型人才培养”的专业人才培养模式

为实现这个培养目标，适应不同地区对舞蹈人才的需求，根据市场实际情况，以及学校的实际情况和江苏省的社会经济发展对人才需求的特点，制定了表演艺术专业舞蹈方向人才培养方案，合理设置课程体系，按基础公共课、专业核心课、选修课、集中实践环节结构设置，循序渐进。

“理论先导”就是指专业培养以理论教学为先导，为后续专业课程的学习奠定理论基础，培养具有专业基础知识的高等人才。

“项目驱动”就是指强化舞蹈项目开发流程每一个环节的培训，熟悉开发形式、开发方法等实践环节，培养动手能力，力争让学生从多层次、多角度等各个方面切入舞蹈艺术的各个岗位，并拓展到相关行业的应用知识，拓宽就业渠道。

“层次渐进”则是指我们在实施培养目标的过程中，按培养目标层次渐进，注重培养学生的应用技能和解决实际问题的能力，重视实践环节的教学，面向基层的应用型高等专门人才。制定如下三个层次人才要求渐进培养的目标，这三个层次的目标基本都建立在较强的实践和应用技能、动手能力之上，即：

基本阶段目标：“基本可用的人才”，即掌握本专业基本理论、基本知识，具有舞蹈表演基础理论与技能，并具备一定的表演能力与技巧，有一定的专业理论修养，能进行基本的舞台表演。

中级阶段目标：“动脑工作的人才”，即在达到基本目标的基础上，掌握舞蹈表演创编的专业知识，具有能够分析、解决常见技术和业务问题的能力和初步的管理能力，具有社会舞蹈培训教学的能力。

高级阶段目标：“创造工作的人才”，即在中级目标的基础上，掌握舞蹈产品的开发、应用，了解本专业新的技术，具有群众文化活动策划的能力，具有较强的

分析问题、解决问题的能力。

（三）探索任务驱动、项目导向教学新模式，课程模块化设计、教学资源与教学过程设计体现人性化

为体现表演艺术专业“以服务为宗旨、以就业为导向、以能力为本位、以质量为根本”的原则和实现职业能力培养的目标，我们在课程设计中体现了培养职业技能型舞蹈艺术人才的职业能力培养的要求，表演艺术专业舞蹈方向学生素养从四大模块来进行建构：基本素养、舞蹈技术业务知识、技能素养与管理能力素养。项目课程模块之间以并列式和过程式逻辑关系构建为主，并将项目课程各模块的教学实施与实验实训室的建设有机结合起来，体现课程实施的真实性、针对性和有效性。

教学中，以强化实操技能为目的，以项目开发为主线，从知识技能、过程方法、情感态度价值观提出要求，充分利用企业或是社会举办的一些项目来引导设计我们的教学，只要是工作岗位技能需要，都是必须要掌握的。注重学生的学，强调学习的过程和方法，着眼让学生学会学习。重视学生解决实际问题的能力、知识的综合应用能力，以及学生交流沟通能力、团队合作能力的培养。

实践教学中，提出了“过程 + 作品的考核模式”，实践演出类课程，在考核方案设计过程中，注重对学生实际演出过程、舞台表演能力和演绎作品结果的考核。注重项目过程训练、岗位技能训练等几个方面的综合考核。本课程教学以实践指导教师指导学生舞台实训为主，着重于技能的训练，课程的考核形式以考查为主。考核采用以形成性考核与终结性项目验收考核相结合的模式。

（四）大力推进校内外实习（实训）基地建设工作，加强实践性教学，突出职业技能培养

立足岗位职业技能需要，实施能力培养工程，按学生就业需要把学历教育与职业教育打通，一切围绕学生就业来开展实践性教学环节的教学工作。学校建设了不同类型舞蹈艺术的实践基地，突出学生职业技能培养，截至 2008 年 10 月，与企业合作已建成校外实习、实训基地 6 个，校内实践基地有 12 个排练厅、1 个星空间实践剧场。实习（实训）基地的建设，极大地推进了本专业的工学结合教学改革。

在整个实践教学计划中安排了毕业实习 36 周，保证实践实操能力培养的需要。另外在专业基础能力模块中设计了职业资格证书考证课程，实现了学历教育与职业教育的沟通。

在教学过程中推行“校企合作，工学结合”的教学模式，开创了“在真实的现场环境中进行课程设计、实习设计、毕业设计”的实践性教学模式改革和通过企业实际项目开发完成实践课程教学内容和课程成绩考核的改革试验。例如：

2007年20名学生到常州市动感传媒有限公司,2008年20名学生到常州市歌舞团、50名学生到溧阳南山竹海演绎基地进行"工学结合"、"顶岗实习"的实践性教学。

（五）开展校企合作办学,实施订单培养、双证毕业

本专业方向选择与职业舞蹈艺术密切联系的歌舞团、传媒公司及演绎基地为实习实践基地,开展校企合作办学,帮助学生向企业推荐就业,就业率高。学校与常州歌舞团、常州锡剧团合作,开办演出项目,共建专业、订单培养、协议就业等,培养常州精神文化产业的舞蹈艺术人才。

建立校企合作的人才培养机制,实行"订单"式教育与培训新模式。实践教学是培养职业能力的主要途径,而在企业进行的现场实践又是其中的关键。必须建立学校与企业双赢互动的新机制,使企业全面介入职业教育的全过程,并依照"订单"方式优先录用合作专业的毕业生。充分利用企业的可利用教育资源,建立校企合作的人才培养能动机制,实行"订单"式培养和培训的新模式,树立学校和企业共同承担培养责任,对学生实施学校、企业双主体教育的新理念。进一步加强专业的实用性,使其符合市场需要。与企业联合建立内容丰富的培训和实践基地,使企业项目建设与校内的实践实训室形成优势互补和资源共享,实现校企合作办学。

（六）面向农村,建设社会主义新农村文化

建设社会主义新农村,是我们党在提出科学发展观与构建和谐社会这两大战略思想后做出的重大决策,也是十七大提出的重大决策。加强农村文化建设,是树立和落实科学发展观、构建社会主义和谐社会的重要内容,是建设社会主义新农村、满足广大农民群众多层次多方面精神文化需求的有效途径,对于促进农村经济发展和社会进步,实现农村三个文明协调发展,具有重大意义。在这个背景下,常州市武进区泰村率先提出要打造社会主义现代文化村的口号。而学校于2006年搬迁至泰村,与泰村实验小学处于同一校区内,在这个契机下泰村依托学校表演艺术专业优势,表演艺术专业依托泰村这个环境,双方达成了共同创建常州市乃至江苏省第一文化村的协议,并且以此为基础不断地进行辐射,与武进邹区等多个乡镇府进行了合作,成为本专业的一个强势特色。

学院充分认识到,新农村的文化建设,既是农村精神文明建设的内在要求,也是推进新农村建设的精神支撑和动力源泉,发展和繁荣农村文化,是全面建设小康社会的内在要求,也是满足广大农民群众精神文化需求的有效途径。中央把农村文化建设提到与经济建设、政治建设、社会建设和党的建设同等重要的高度,为进行新农村文化建设提供了一个新的契机,但同时也提出了如何把表演艺术专业的优势转化为新农村文化的核心内容这个难题。

首先,学院认真研究制定和落实农村文化事业发展规划,表演艺术专业教师和学生依托泰村的龙头企业乔裕集团,开展多种形式、生动活泼的文化演出活动,满足农民群众多层次、多方面的精神文化需求,使社会主义先进文化牢固占领农村阵地。

送文化下乡活动确实活跃了农民的文化生活,但已远远不能满足当代农民对文化的需求,对当地农村文化建设也不过是杯水车薪。我们要变"送"文化为"种"文化,变"输血"为"造血"。农村的公共文化事业发展滞后是客观存在的,但农村不是文化的荒漠,农民不是没有文化的人群。广大农村蕴藏着极为丰富的乡土文化,农民中间卧虎藏龙。建设新农村,首先要培育一支与之相适应的新型农民队伍。这支队伍不仅勤劳淳朴、诚实善良,重要的是要具备一定的文化素养,追求健康进取的生活。"富了口袋、穷了脑袋"的农民不是新农民,况且我国还有不少农民的口袋还没有富起来。只有脑袋富裕了,文化素质提高了,思想境界提升了,才能加快新农村建设的步伐。为此,要着力培养农村文化人才,比如土生土长的乡土艺术家,他们的艺术养分直接来自于农村,在新农村文化建设中显得十分重要;要鼓励农民自编自演,丰富农民群众的业余文化生活;要积极扶植农村文化队伍,努力提高农村文化工作者的思想道德素质、科学文化素质和专业素质;要重视维护农民的文化权益,尊重农民的精神追求,从广大农民最关心的问题入手开展文化活动;要大力发展先进文化,支持健康有益文化,改造落后文化,抵制腐朽文化,倡导科学、文明,克服愚昧、落后,促进农村物质文明、政治文明、精神文明协调发展。

第三节　优秀毕业生成长案例

下面将以若干名高职院校优秀毕业生成长的案例,分析总结高职院校的人才培养模式。

一、常州艺术高等职业学校优秀毕业生

(一) 1992 届滑稽专业毕业生张怡

张怡,国家二级演员,常州曲艺家协会副主席,现任常州滑稽剧团团长。1989 年考入常州戏剧学校(常州艺术高等职业学校的前身)滑稽表演专业。由于他学习成绩优秀,在校期间经常参加常州滑稽剧团的演出,毕业后便分配到该团做了一名滑稽演员。如今的张怡非常怀念在学校学习的时光,他说:"学校给我记忆最深刻的是高度关注我们这批学生成长。不仅配备了最优秀、最有责任

心的老师，还不惜重金聘请上海滑稽名家为我们训练说、学、逗、唱基本功，学习各地方剧种的唱腔和方言，传授了多个滑稽戏传统名段，开设了表演理论课、舞蹈课、形体课、文化课。”

张怡十余年来主演了《一路平安》《阿拉美丽苑》《钱粮师爷》《城市荣誉》《与火打交道的人》《天地良心》《红线》等一系列大型滑稽剧，多次参加常州市的大型晚会，连续四届获得了江苏戏剧节优秀表演奖、滑稽戏优秀表演奖以及中国现代戏展演优秀配角奖。他的表演给了观众“深度的微笑”。作为常州曲艺家协会副主席、滑稽剧团团长，他既要做好全团的工作，对振兴曲艺还要有更多理性的思考。

（二）1996 届装潢设计专业毕业生张树人

张树人，现任北京清华同方股份公司投资发展部总经理，1993 年考入装潢设计专业，她说：“在常艺那段时间有很多师生之情很值得我感恩与回味。正是由于当年常艺老师们的‘用心良苦’，才使我 1996 年离开常艺踏上社会后满怀信心。”

1996 年张树人毕业来到了当时很红火的本市日资企业“中山胶印”，不久她又到了英才广告公司就职。她认为：英才是使她踮起脚看得更高更远的重要基石。1998 年，张树人放弃了英才承诺的优厚“干股”待遇到上海戏剧学院深造。毕业后她放弃了国际知名的 4A 广告公司就业机会，选择了传媒行业，到“中华网”下设的亚洲传媒公司从事广告制作，频繁接触到了国外知名企业，使她在沟通、统筹、提案等方面的能力得到了极大提升。为了接收更为规范的媒体业务管理，2003 年，张树人被派往香港深造，获得很多全新的运作经验和丰厚的人脉资源。她说：“很多发展机会来自于人与人之间的信息沟通，而良好的沟通往往带来意想不到的机遇。”2005 年清华大学控股的上市公司向她发出友善的橄榄枝时，张树人毅然离开了上海，做出了到北京发展的决定。这次跨领域、跨专业的转变，使张树人获得了重新发掘自身潜能，接受更大挑战的最佳机会。2005 年至今，张树人带领着她的团队，完成了公司对外第一轮的环境基础建设投资。在国内东北、华南、华东设立了五个投资平台，总资产达 15 亿元人民币，为公司取得了很好的回报与收益。张树人回顾自己的这段经历，不无感慨地说：“人，只要有一种信念，有追求，什么艰苦都能忍受，什么环境都能适应。虽然人生境遇各有不同，然而当你身处逆境时请不要放弃，当你面对阳光时请不要驻足。珍视自己的每一天，你获取的一定是经验，而不是青春流失后的叹息。”她感谢常艺所有授予她知识的人，并说“明天又是新的一天”，我会继续努力！

（三）1996 届装潢设计专业毕业生尹海军

尹海军，常州大视野广告公司总经理兼首席设计师。1993 年考入常州文化艺术学校装潢设计专业。在校期间他担任学生会宣传部长、校团委委员、班级团支部书记。他说:“学生就该学习好,这是最重要的事情。”毕业实习阶段尹海军到武进装饰广告公司。由于他的执着和认真,首次设计的大厦外景效果图得到了新疆一家大公司的首肯,并很快促成了一笔大业务。毕业后,尹海军进入到一家广告公司,两年后开办自己的大视野广告公司。十多年来,他注重品牌效应,追求完美设计,用心做好每一项业务,业务范围从常州拓展到整个江苏和上海。尹海军说:“我的公司不以低价招来客户,唯有高质量的设计才能帮助客户提高市场竞争力。”扬州几家医疗器械厂对尹海军的公司做出了这样的评价:你们公司专业化的设计理念、完美的工作态度和对客户的诚信给我们留下了深刻印象。常州互联网有限公司的领导经常请尹海军做讲座。问及尹海军在常艺最大的收获是什么?他说:“母校老师教我学会做人,这对我日后的影响最大。做学生干部的那段经历锻炼了我与人沟通、替别人着想的能力和做事看人的眼光。这些能力在我创业发展的过程中起到了很大的作用。我能为客户着想,最终赢得客户信任皆得力于此。”

二、南京工程高等职业学校优秀毕业生

(一) 1991 届钻探专业毕业生王俊华

王俊华,男,江苏省金坛市人,1991 年从我校钻探专业(后改名工程地质勘查专业)毕业。当时被分配到江苏省地矿局第二地质大队工作,从钻工逐步上升到班长、安全员,成为机台技术骨干。在 1992—1995 年期间,王俊华分队转移到上海,从事钻孔灌注桩工程业务,在经济发达、国际化大都市上海,市场竞争、市场信息及贸易活动,对他的影响越来越大,特别是当时云集在上海的全国各地来的工勘、桩基公司发展迅猛,一些精明、有胆识、竞争意识强的私有个体承包商在上海建设市场大赚一笔,发了大财,对他的影响非常大。在 1995 年底,王俊华因工作需要被队召回,他就萌发了自己干一番事业的念头,于是,与好友合伙于 1996 年在驻地金坛市出资 50 万元,搞起“濑江磁材加工厂”,挂牌正式运营,当时员工十几号人,算是创业的起步,规模较小。由于他与合伙人都精明能干,抓住机遇,生意越做越好,经过近六年的发展,公司的规模达到上百人,资产达到近千万。2002 年 3 月,金坛市“金马稀土材料厂”改制,他与合伙者收购了该厂,与自己的公司合并,成立“华能磁电有限公司”,注册资产 1200 万元。在后几年,公司分别在浙江宁波设立分公司——华泰磁材有限公司;在淮安设立分公司——华东磁材有限公司,购地 30 亩,投资 1000 多万元。最近又在浙江宁波购重型工程车,看准宁波港口城市的建设与发展,把业务拓展到土建工程。

目前,王俊华是公司的大股东,掌控公司的运作与未来的发展,他说感谢母

校老师的培养,也感谢改革开放市场的繁荣使他有了创业的基础与创业的信念。在创业有成后,他没有放弃学习,他说:“越是把公司做大越感到知识、管理经营能力不够的压力。”这一点是值得思考的。

(二) 1997 届建筑工程技术专业毕业生徐良友

徐良友,1997 年毕业以后分到溧水县建筑公司做了一名普通的钢筋工,一干就是两年。在工作中他任劳任怨,得到公司领导的肯定后开始当一个小项目的施工员,因为已经吃了两年苦,非常珍惜这次机遇,凭着自己在学校所学的扎实基本功,在工地现场付出比别人多几倍的时间和精力,全身心地扑在施工现场。工程竣工后被评为市优质工程,在当年是全公司也是全县质量最好的工程之一。从那年开始他连续 5 年被评为公司及县级先进个人,并且一直在公司的重点工程做项目技术负责人。2003 年公司改制以后他一直从事建筑工程预算造价、工程招投标方面工作,预算造价、工程招投标经验在溧水县里有很高的知名度。2007 年创建了江苏海衔建筑工程有限公司,每年营业额在 3 000 万元左右。公司正逐年强大,到目前为止,已经完成了溧水县 2010 年度国家农业综合开发增量资金土地治理项目一标段,农业水利措施项目,新建许村康居小区(二期)——拆迁安置房项目三标段:09#、10#、11#,南京安达泰星电子有限公司厂房工程,新建“工农兵”康居示范,南京中龙重型机械有限公司实验楼、住宿楼、食堂工程,南京中龙重型机械有限公司厂房二,南京金之鸟金属材料有限公司厂房 06114、厂房 070147、加工车间续建工程等多个项目的土建及安装工程,工程质量优良。

回顾以前在学校的三年学习生活,徐良友没有什么轰轰烈烈的事迹,而是一步一个脚印按时按质完成每项学习任务及作业,并积极利用实习机会,不断充实自己。在学习过程中,不断克服种种困难,坚持不懈,同时也很好地处理了理论和实际之间的联系。通过把所学的知识运用到自己的工作中,使得业务水平不断得到提高。

在我们平日的学习生活中,总会遇到难解的困惑、扰人的问题,但要有不放弃的精神,在老师们的帮助下用自己的努力去解决一个个难题,获取更多的知识。对于在所学专业上也要掌握好一个良好的学习方法,多学多看,多理论联系实际。在学习中使自己得到提高。只有端正的学习态度,正确的学习方法和吃苦耐劳的精神,才能使我们更好地做到学以致用。

今天,站在这里回头看看这几年的路,他走得辛苦而快乐,生活过得充实而有意义。他要衷心地感谢学校和学校的老师们,感谢他们的教育和付出的辛勤劳动。由于学校的培养才使得他有今天的发展,由于老师的辛勤劳动才激发了他今天的聪明才智,由于学校的严格要求才使得他在面对各种场面、各种困难时可以一脸从容。

三、常州刘国钧高等职业技术学校优秀毕业生

(一) 2007 届毕业生王鑫

王鑫现为常州华纳软件科技有限公司总经理。2007 年毕业后就职于电脑城海尔专卖店,从事笔记本电脑的维修。在校期间打下的专业基础帮助他很快地掌握了新的业务知识。在日常的工作中,态度积极,敢于迎接挑战,所以很快适应了新的工作环境,并成为公司重点培养的对象。短短半年之后,王鑫被调到新的门店,并担任渠道部经理,承担起更重要的职责。

经过一年的磨砺之后,王鑫不光在计算机专业知识技能上达到了较高的水平,可以在业务上独当一面,而且还在经营管理方面积累了不少经验。其间,王鑫也在是继续做公司的骨干还是自主创业之间进行着艰难的选择。他清楚地认识到,自己现在所处的行业竞争到底有多残酷,对于一个刚工作才一年的新人来说创业的压力是巨大的。自信有闯劲的王鑫最后还是选择了一条更有挑战的道路,他决心要实现自己的理想。

2008 年底,虽然公司极力挽留,但王鑫还是辞去了原来的工作,决定自己创业,开办了明基科技网络有限公司,主要从事明基产品的推销及售后服务。那个时期的 IT 技术高速发展、产品不断更新换代,市场的热度也带来了电脑零售行业的激烈竞争。创业初期的困难和阻力远比想象中的大许多,接踵而来的困难也曾经差点把王鑫击垮,差点让他放弃理想。在苦涩和艰难中坚持下来的王鑫,变得比以前更加成熟,在管理和营销上采用了不少高效且有创意的策略,公司从生存开始渐渐成长。

2009 年,王鑫将公司更名为常州华纳软件科技有限公司,主营品牌有 DELL、三星、GATEWAY,与各厂商和代理商建立了良好的合作关系,并组建了也是 2422 班毕业的吉升龙领衔的技术团队,在激烈的市场竞争中,公司的业务稳步提升,年销售量为 DELL 2000 多台,其他品牌在 1500 台左右,年利润达 50 万以上。涉足该行业时间不长的王鑫,不但能够在市场中生存下来,而且还取得了相当不错的业绩,着实让很多同行刮目相看。在这一年里,王鑫并没有满足现状,为事业的进一步发展,他做起了准备工作,有计划地进行门店的布局,先后又开了三家门市店,一家售后服务站。

即使在同龄人看来已是非常突出的业绩面前,王鑫仍能保持着与他年纪似乎不相符的淡定,他认为,这个市场是残酷的,优胜劣汰是规律,因此只有不断开拓才能让公司始终保持旺盛的生命力。从创业的第一天起,你每天要面对的是困难和失败,而不是成功。每次打击,只要你扛过来了,就会变得更加坚强。

（二）2005 届毕业生鲍芝洁

鲍芝洁，现为常州方汇金属有限公司经理，2005 年从机电专业毕业，因没有考上理想的专业，不甘于上大专的他决定通过自主创业来开创那条属于自己的人生道路。秋日的早晨，他一身运动装，不高的个，却带着自信的笑容。浅浅一笑，酒窝清晰可见。真不愿意相信现在的他是一个小有成就的老板；视线落到他的双手上，我更不愿意相信这是年龄只有 25 岁人的一双手，钝而粗糙。于是突然明白，这 5 年的创业历程，绝对是不可小觑的。

毕业后，经过一番考察和思考后，鲍芝洁决定先通过到工厂学习，来丰富自己的经验和阅历。在戚墅顺演特加工有限公司，鲍芝洁就从操作员开始做起，5 个月的操作工，训练出他严格的时间和纪律观念，他感受到自身职业能力的重要性。他觉得，不能够在单调而少技术含量的操作工的岗位上驻足不前，他需要在更高更好的平台上，提升和发展自己。因为工作中肯学习、善专研、有责任心，鲍芝洁赢得了公司领导的肯定，被提拔为技术员，专门为车间的技术提供服务，他很快地适应了新岗位的要求。那是毕业后的第七个月。

刚踏上社会的鲍芝洁不满足于自己几个月所学的技术，他觉得还要深入系统地学习自己感兴趣的技术，为此，他报名参加了夜校技能班短时间、大容量的强化训练，极快提高了自己的技能。其间他不断调整自己的工作单位和工作岗位，2006 年在新区恒丰公司就业期间，学习了与自己专业对口且感兴趣的数控加工中心和线切割等操作技能。每一年，鲍芝洁都有自己的目标。

作家何飞鹏说过：创业成功的果实很美，但历程凶险无比。2007 年，在外摸爬滚打了两年的鲍芝洁感到，要通过创业这种方式来实现自己抱负，这个想法很快得到了经商父母亲的大力支持。经过商量，在常州市戚墅堰开发区投资办了一家以材料加工为主的小型公司，名称为“常州市万能加工厂”。为了经营好这家工厂，他除继续提高自己的技术水平外，还自费到相关的大学中学习先进的管理经验，在父母的理解和支持下，这个小企业慢慢地顺利运行起来，从洽谈生意接单，到安排加工质检、包装、运送……渐渐地这些起初不熟悉的工作，通过他的努力，成了他得心应手的常规工作。在与鲍芝洁交流的过程中，了解到刚创办公司时的难度，公司刚开始运转时，许多业务和加工要求，对于一个刚刚组建的公司来说，真的难度很大。但是，客户对产品的质量要求、细节要求、加工的效率要求是刚性的，是不可以讨价还价的，对于鲍芝洁来说，唯一要做的是迎难而上，接受挑战，满足客户的各种需求。在给常州华强公司做一笔螺纹加工业务时，对方在螺纹和螺距上有一个特别的要求，他感到，接下这笔业务，如果应用原来的设备和技术是很难有利润的，怎样利用现有的设备设施，来加工这笔螺纹呢？仔细研究，鲍芝洁就在技术上下起了功夫，通过学习、请教、自己摸索、自我调整，使这特殊要求的加工技术逐渐成熟，符合了对方的要求，最后成批的产品不仅给企业带来了可观的利润，更带来了非常好的生产信誉，鲍芝洁说这正是这个小企业所梦寐以求的。而这些仅仅是起步，下面还会有怎样的挑战，谁也不知。

随着公司的正常运转，为了满足生产的需要，他从人才市场上招了七八个技术较好的工人和大中专毕业生。2008 年下半年，对于鲍芝洁来说，绝对是充满"意义"的，与别的企业一样，"常州市万能加工厂"受到金融危机的冲击。开始时，鲍芝洁感到不安，对于"初出茅庐"的创业者来说，金融危机无疑是沉痛且具有改变性的时刻。静下心，他想到危机中应主动调整好战略，转危为安。于是，他调整企业的加工方式和运行模式，把原来加工时间短、客户不稳定的加工方式改变为加工时间长，业务稳定的、高技术的运行模式。2009 年的 7 月，鲍芝洁和合伙人从金融危机的困境中走了出来，生产人员从原来的七八个增加到了 20 多个，在生产经营中他们通过努力赢得了市场，站稳了脚跟，从社会的变化格局中抓住了机会，对生产车间进行了扩建。事实证明，这一步是非常及时准确的，通过这次调整，他的企业得到了又好又快的发展。怎样捕捉到市场商机？如何为客户提供更好的服务？如何在危机中谋求企业的更好发展……鲍芝洁又在为他的企业发展谋划。

转眼间五年过去了，这位年轻的毕业生品尝到创业的艰辛和不易，又收获到累累的创业硕果。五年来，他的企业从年产值几万，突飞猛进到 300 多万。我们有理由相信，他会在创业的道理上，越走越宽，越走越长。

四、常州机电职业技术学院优秀毕业生

（一）1983 级毕业生恽为民

恽为民，男，1968 年出生。上海广茂达电子信息有限公司首席执行官，832 机班学生。1995 年毕业于上海交通大学，1996 年创立广茂达。是国际生物机器人学、教育机器人学创始人之一，发表论文二十多篇，出版专著 2 部。2002 年被美国三一学院授予先进教育机器人学国际领袖奖，广茂达目前是全球面向教育的个人机器人的开拓者和领导者。

在校时任班级团支部书记且各科成绩优秀。由于基础扎实，后续学习能力很强，毕业后考取哈尔滨工业大学并攻读硕士研究生，后又考入上海交通大学攻读机器人自动化博士学位。

现在，他所领导的公司是专门从事机器人尖端科技开发、应用和推广的高科技企业，主要致力于具有人工生命、人工情感的全自动机器人的研究、开发与制造。恽为民博士在全球首次提出了通用行为结构理论，奠定了生物机器人学的理论基础；首先建构了教育机器人学的理论基础。1998 年 7 月 1 日，克林顿总

统访华，恽为民博士作为十二名科技企业家中最年轻的一位应邀参加午餐会，恽博士与克林顿总统的交谈主题是“我的中国梦”。2001 年被美国三一学院授予教育机器人学国际领袖奖。

2003 年 11 月，在学院 40 周年校庆时，他捐资 50 万元与学院合作建设机器人创新实验室，并作为客座教授为学生讲课，为学院的发展做出了较大的贡献。

在由国家科技部、“奥运科技(2008)行动计划”领导小组、第 29 届奥林匹克运动会科技技术委员会组织的“科技奥运表彰大会”上，广茂达因成功营造奥运重大项目——“水立方 LED 艺术灯光景观工程”，荣获“科技奥运先进集体”奖，广茂达 CEO 恽为民博士荣获“科技奥运先进个人”奖。

“水立方”的 LED 灯具，“潜伏”在双层 ETFE 膜结构的夹层中。灯光自下而上照射，光线在各层膜间几经“周折”，绝不刺眼。每支灯具的照射角度都经过精心设计，由 11 万米通讯线，连接到 6 万个节点构成的庞大控制网络中，再通过 10 万行软件代码完成混色、构图、旋转等，最终实现精确到平方米的光影变化。“水立方”照明特设了绚烂模式、常规模式和节能模式。大功率 LED 灯具的集中配置，也使“水立方”的景观照明用电量，较同为膜结构建筑典范的德国慕尼黑安联足球场每平方米减少 2/3。水立方艺术灯光是艺术与全球尖端 LED 科技的完美结合。上海广茂达的 LED 场景编辑系统和 LED 智能控制系统使其在 LED 景观照明工程领域独树一帜。

2011 年 3 月广茂达公司参加福布斯中小企业潜力榜颁奖典礼，这次排行第 26 名，比 2010 年排名 57 名上升了 31 个名次。

(二) 1994 届毕业生翟明圣

翟明圣，男，出生于 1978 年 11 月，现为南京柏康机电科技有限公司总经理。翟明圣走进学校大门，像其他年轻人一样，心中充满了美丽的梦想。在校期间，表现特别出色，出于对电子专业的热爱，加上学习的勤奋扎实，所有的专业课程与实践在班级都名列前茅。作为理工科的学生，他有着非常强的动手开发能力，善于实践操作，精通各种程序硬件软件应用，并且善于钻研，不断探索新知。连年获得学校一等奖学金，多次被评为学校“优秀学生”、“优秀学生干部”，尤其是在学校的各种活动组织中，组织公关能力出色。这为以后工作打下了坚实的基础，也为成功创业积累了丰富的专业知识，做好了技术铺垫。

毕业后，在电子信息产业迅猛发展的过程中，他以专业知识为基础，以丰富经验为起点，瞄准市场定先机，经过多方努力，条件成熟后，他毅然做出决断，以十万元投资为基点，开始了艰辛的创业之路。起步中，他们本来以为，像其他销售商一样，商机无处不在。然而，等他们跑去谈生意时，却到处吃闭门羹，根本不像想象中那么顺利。两个月过去了，他们还没有找到一个客户。尽管像这样的困难经常会遇到,但他与同伴们艰苦奋斗的精神与持之以恒的韧性使事业发展有了良好的开端。公司从两人做起,从手机信号屏蔽器的销售做起,找准市场,抓住合作契机,通过销售中一个个细节部分的实践、记录与推敲,总结出一套针对不同客户的工作程序和工作标准,利用技术开发上的优势,在技术推介中取得了飞跃,终于掘得了第一桶金,事业也开始起步。

2005 年 3 月,凭借丰富的社会经验和敏锐的经济眼光,准确地把握市场发展方向,成功转型于手机屏蔽器智能管理系统、手机信号侦测屏蔽系统等产品的研发、设计、生产,成立南京柏康机电科技有限公司,与中国普天(Potevio)和中兴通讯(ZTE)等大型跨国企业合作,将公司的手机信号屏蔽器、手机屏蔽网智能管理系统等产品广泛应用于南美、中东等诸国的军队、司法、教育等行业。为其提供后台上全方位的立体服务,颇得好评。借助很年轻、很有活力又非常团结的工作团队,不断发展、创新,这几年吸纳了大量的大中专毕业生到团队中来,为很多有志青年提供了可持续发展的舞台。

(三) 1995 级毕业生奚仁宽

奚仁宽, 1995 级(911 机班)毕业生。毕业后他一直从事于各种机械设备用回转支承的产品及工艺研究等工作,并于 2006 年成功创办江苏瑞特回转支承有限公司,任董事长兼总经理。奚仁宽具有敏锐的市场洞察力和判断力,对国内外市场上新产品、新技术和新工艺的出现和发展趋向十分清楚,尤其是对我国大型回转支承行业的市场现状以及未来发展趋势有着深刻的认识和独到的见解,善于把握新兴产业的发展重点和战略机遇。公司成立以来就致力于国内大型回转支承的开发和生产制造,以振兴民族工业为己任,坚持科技创新,努力把公司发展成为国内高性能大型回转支承加工制造技术中心、装配调试中心、现代研发中心和营销中心。目前,公司已由原来单一生产普通回转支承的民营企业发展成为专业从事包括环保设备用回转支承、太阳能设备用回转支承等高新技术产品的综合型高新企业,并向更深层次的领域拓展。经过不断创新,不断突破,形成了"多领域"、"多科学"(常瑞特 R)的特色和"重创新"、"重科技"的发展方向,建立了公司技术中心,配备了较完善的研究开发和生产加工基础实施和设备,健全了公司经营管理制度、生产管理制度和研究开发专项管理制度等,保证了企业的稳定快速发展,并通过 ISO 9001:2008 质量体系认证。

第六章 提升江苏省不同学制高职院校毕业生质量的建议

第一节 明确培养目标 使高职院校学生学有所依

高职教育人才培养目标是指导高等职业教育人才培养的方向，只有首先明确高职人才特点，才能进一步明确高职人才培养目标。

一、高职人才特点

（一）技术性

高职教育培养的是高级技术型人才，必须把技术性知识作为教学的核心内容，教给学生工作知识，尤其是那些隐藏在工作过程中的隐性知识。同时，高职人才是面向市场的高等职业人才，必须提高学生的技术能力。普通高等教育侧重培养学科型人才，中等职业教育侧重培养单纯操作型人才，而高职教育应该侧重培养高技术、应用型人才。高职毕业生的专业理论要实用，动手能力和岗位适应能力要强。

（二）高等性

高职是目前职业教育的最高层次，应充分体现出人才高层次性。高等职业教育的高层次特点就是毕业生完成相应的岗位技能训练、掌握专业基本理论与知识，同时具备未来岗位中获取新知识的能力，综合素质较高、知识面较宽。这是区别于其他形式教育的主要特征。

（三）协调性

高职学生应该既掌握较强的实践技能，又具备相关的理论知识。从知识分类的角度上讲，既拥有陈述性知识，又拥有程序性知识，这样的人才才是真正的高技术应用型人才。这就要求人才培养既重视理论教学，更要重视实践教学，二者缺一不可。首先在课程设置上要保证二者比例恰当；其次要保证理论与实践课程的落实,理论教学要与学生的知识水平相适应,实践教学要结合实际需要加强训练,真正做到理论教学与实践教学统筹兼顾。

（四）职业性

高等职业教育与普通高等教育一样,同属于专业教育,但它不能像普通高等教育那样按学科分类进行系统授课和教学。教学模式首先要以就业为导向,以岗位需求调研为依据,以校企合作为依托,并实行校企双导师制度,给予学生从事某种职业所需要的技能和知识,使学生在相应职业岗位上具有较强的适应性,即实现学生在学校的学习内容与未来应职岗位需求全面对接。

教育部[2000]2号文《关于加强高等职业教育人才培养工作的意见》提出:高等职业教育要培养“拥护党的基本路线,适应生产、建设、管理、服务需要的德智体全面发展的高等技术应用性专业人才。学生应在具有必备的基础知识和专业知识的基础上重点掌握从事本专业领域实际工作的基本能力和基本技能,具有良好的职业道德和敬业精神”。所以,高等职业教育培养目标不是简单的操作工,而是生产第一线的工程师、技师、工艺师等高级专门人才,是能把基础理论化为实用技术的专门人才。

二、高职人才培养目标的定位

高职是具有高等教育属性的技术型职业教育,是培养适应生产与服务一线需要的高技能人才。这些人才从事制造工作,小型产品开发、设计,营销,设备维修等工作,在整个生产链条占有不可或缺的地位。培养目标具有明确特点：首先,要具有全面性。高职人才是直接从事生产、建设和服务第一线工作的应用型专门人才,这种人才不仅要德智体全面发展,而且必须比其他类型的人才具有更宽的知识面,具备更强的技术能力。其次,应具有适应性。高职教育应注重学生校内学习与工作的一致性,探索课堂与实习地点的一体化,推行订单培养,探索工学交替、顶岗实习等有利于增强学生实践能力的教学模式。最后,要具有发展性。高职教育应从一次性的就业教育转向可持续发展的职业教育,这样,不仅可以为区域经济发展提供多种规格和层次的人力资源,还可以为毕业生开辟多条接受更高层次教育的发展道路,为学生终身学习打好基础。

对高职教育人才培养目标的定位就是要服务于社会,培养社会一线所需要的人才。要实现就业导向的人才培养,实现毕业生的充分合理就业,把江苏省庞大人口基数转变为人力资源优势,很大程度上需要依赖于高职教育的发展。高职教育有其自身的特征和发展规律,和普通的高等教育相比,在培养目标上,普通高等教育培养的是学术型人才,而高职教育培养的是应用型人才。由此,高职教育的专业设置应该强调职业导向,课程的内容应该注重应用性。这些都是高职教育特点的本质所在。目前对于高职教育人才培养目标定位强调的正是职业性、应用性及实践性,这是一个总目标。

从高等职业教育发展实际情况来看,问题的关键在于如何根据社会对专业技术人才的要求动态地界定人才培养规格。虽然高职教育有着明确的培养目标,然而在培养目标和人才规格两者中,培养目标通常是静态的,人才规格在一定时期内也是静态的,但随着时代的发展,各种规格人才所具有的专业知识和技术水平都处于动态的变化之中。从目前高职院校毕业生就业的实际情况来看,其培养的人才尚不能完全与社会的人才需求相契合,然而问题的本质并不在于高等职业教育培养目标本身,而在于科技日新月异的发展使社会对各类人才素质要求发生的变化。高职教育必须根据经济社会发展对劳动者素质要求的变化,不断优化自己的培养目标、调整自己的定位,主动适应社会的需求。只有这样,才能使高等职业教育的学生尽快就业,才能使高等职业教育具有吸引力。

科学定位是高职院校适应社会需要、吸引优质生源、提高就业质量的首要环节,是学校发展的关键因素,是职业教育主动服务社会、体现自身功能和特色、实现培养目标的基础性工作,也是高职院校提高自身竞争力的重要途径。与普通高校不同,高职院校的专业是依据职业分工而设置,面向职业岗位的,专业建设以市场为导向,具有鲜明的职业特征。高职院校应当紧跟各行业的人才需求状况设置专业,打造特色性专业,这就要求在进行专业调整和规划时必须深入行业、企业,展开广泛调研,准确把握其现有人才结构状况,对当前及今后相当长一段时期内经济社会对人才的需求状况进行科学预测,并在此基础上结合学校的办学条件拟定出专业计划。高职院校应以增强为区域经济服务功能为出发点,把地方经济建设需要、未来职业发展需要,作为专业设置和开发的驱动力,结合江苏省经济特点、社会需求和自身实际情况,合理设置专业。要注意两个“错位”:一是与普通高等教育的错位,打造高职教育特色,形成自身独特的专业优势;二是与中职教育的错位,专业设置以技术含量高、技能复合性与生产应用性强的专业为主,协调发展。

高职院校办学目标应该紧扣当地人才市场,积极培养符合就业市场需要的具有较强竞争力的毕业生。高职院校应成为就业岗位的创造者,开设的专业要有一定的实用性和前瞻性,在专业创办过程中,要对区域经济、产业结构进行充分调研,当社会需求发生变化时,要善于及时发现新的职业岗位,并在此基础上设置新的专业。高等职业教育只有找准自己的定位区间和发展空间,充分发挥自身优势,才能找到生存和发展的契机,创办一流的高等职业教育,从而以鲜明的办学特色和较高的就业率得到社会的认可和尊重。高职院校必须按照本地经济特点、社会需求和自身实际情况,在培养层次、学科特色、服务区域等方面正确定位,形成多层次、多样化的学校办学模式。充分发挥主观能动性。高职院校应该依据国家高职教育总体发展纲要和区域特色,在广泛的科学调研和科学论证基础上进行长远发展定位。正确定位是高职教育健康发展的前提,定位科学与否,决定教育功能能否真正发挥。高职院校应该按照高职的人才规格和基本特征,将培养目标定位在实践能力强,基础理论适度,适应生产、建设、服务第一线需要的高技能人才。当前,一方面是社会上技能型人才缺乏,另一方面却是高职生就业难问题严重。这种矛盾的现象已充分说明,高职教育远远没有适应社会的需要,而社会需要恰恰是高职教育的力量源泉。高职院校要正确"定位",围绕市场办学,真正能够办出自己的特色,培养用人单位需要的生产一线应用型人才,才能最终赢得社会。例如,江苏汽车技师学院始终坚持"立足行业,面向市场,以就业为导向,以服务为宗旨"的办学方向,学校围绕"保持规模、办出特色、持续发展"的办学目标,以质量求生存,以改革求发展,坚持质量第一的原则,以教学工作为中心,加强专业建设,强化模块管理,采取多种教学手段,使教学过程凸显专业特色,学生实践操作技能明显提高。与省内外大型汽车制造企业、汽车运输企业、汽车销售服务企业、机械制造企业等建立校企合作关系,采用开设"企业冠名班"、建立"学生生产实习和就业基地"、实行"企业订单式培养"等模式,提高毕业生的就业质量。多年来,毕业生就业推荐率持续保持100%、就业率始终保持在95%以上,并以"基础实、技能强、素质高"而受到社会广泛赞誉,呈现出毕业生供不应求的喜人局面。

第二节　调整课程设置　使高职院校学生学有所用

华东师范大学徐国庆教授指出,在近些年的高职院校内涵建设过程中出现的产学合作、就业导向、能力本位等耳熟能详的概念并未触及高职内涵的核心:课程。① 应当承认,由于课程及其设置直接关系到教学活动将遵循什么样的价值诉求以及教育质量,对于课程的改革应成为高职院校内涵建设的重要议题。

廖哲勋认为:"课程设计任务是要把社会发展的客观要求、知识增长的客观趋势和学生成长的客观需要转化为具有适当水准、适当内容和结构优化的课程。"②靳玉乐认为:"课程设计是一个有目的、有计划、有结构地产生课程计划、

① 徐国庆:《职业教育课程论》,上海:华东师范大学出版社,2008 年。
② 廖哲勋:《课程学》,武汉:华中师范大学出版社,1991 年。

分科课程标准以及教材、教科书等的系列化活动。”①高职院校的专业课程既是在专门化的知识、技能等层面为高职学生发展提供针对性发展资源，同时又对高职学生发展给予了专业性和方向性的限制。课程设置是教学活动的核心，是实现人才培养目标的重要手段，是影响人才培养质量的最基本、最直接的因素，是专业建设的实质性内容。

一、国外课程设置模式

作为高职教育改革的核心问题的课程设置研究越来越受到职业教育界的重视。目前，国外最典型的课程设置如，加拿大 CBE 课程设计模式，英国的“三明治”模式和澳大利亚 TAFE 系统的课程设置。它们这些模式特点是：课程设置以培养职业能力为本位，以职业活动为核心；课程编制以基础面宽为基点；课程实施以双元合作为基础；教学活动以受培训者为主体。主要表现在以下几方面：

课程设置强调以能力为中心，倡导终身教育理念。国外实施“能力本位”培养模式的途径多种多样，主要围绕如何处理好岗位的直接需求和教育规律的长远需求的矛盾。这是因为随着科技的发展和社会的进步，职业岗位的变动愈加频繁，高职教育不可能提供一种终结性的教育，这就要求高职院校以此作为课程设置的出发点，增强学生就业的适应性。

注重加强实践教学。科学技术的迅猛发展以及产业结构的调整升级，使得世界上各发达国家高职教育越来越重视实践教学的发展。因为职业技术教育的培养目标是职业性、技术性和实效性，这一终极目标让发达国家在实践教学的认识上达到了一致，办出各具特色、各有所长的高职教育。

注重人才素质弹性化培养。人才素质弹性化是人才适应市场、职业岗位变动的一种可伸缩的综合能力。越来越频繁的岗位变动和职业流动要求就业者对不同的岗位有更强的适应性和就业弹性。

二、明确高职课程设置的方向

江苏现行的高职课程模式主要注重的是学生职业能力的培养，迎合了高等职业教育培养生产、建设、服务第一线需要的高级应用型人才这一职能。但是从现实情况看，在实施的过程中，忽视了学生的全面发展和个性的培养，同时，随着科技的发展，岗位也呈现多样化的趋势。岗位结构也越来越呈现出复杂化和深度化。职业教育课程设置和专业设置的基础及内涵也随之趋于多样化，由此导

---

① 靳玉乐：《现代课程论》，上海：上海教育出版社，1989 年。

致课程设置也多样化。因此,在继承以往课程设置模式的基础上,必须明确未来高职课程体系方向。

(1) 重视价值观教育,开发以能力本位为基础的课程。必须明确能力标准,课程目标也要清楚明了,课程结构要有适当的灵活性,增加能力本位课程评价的信度和效度。从发展的趋势来看,能够体现学生综合职业能力素质的职业教育课程可能成为课程改革的方向。

实施能力本位的高职课程任重而道远,需要各方面的支持。能力本位课程观体现了课程的中心是学生而不是教师,教师成为学生学习的促进者和组织者,根据学生的个体差异,因材施教,开设不同的课程。课程内容包括胜任职业所需的知识、技能和态度,直接反应职业岗位或职业角色对从业者能力要求,一般是经过职业能力分析形成能力标准,再将能力标准转化为课程。采用模块化的课程结构,以职业能力为中心,按照能力单元来开发课程模块。就其自身来说,教师和学生都应该能适应能力本位的课程;重视对学生价值观的教育,更新教育教学管理手段,完善教学管理制度。

(2) 促进职业教育课程、职业培训课程与普通教育课程以及国家课程和地方课程的有机融合,提高学生交流技术的能力。未来社会对多功能复合型人才的需求,打破两者之间的界限,逐步建立起两者结合的制度。因此,在高职课程的改革中,应加强它们之间的融合,这就要求高职院校在管理机制上,建立统一的课程管理机构,以保障课程间的衔接畅通。

(3) 建立理论与实践相结合,以能力为本位、就业为导向的课程体系,逐步完善课程设置的整体性与通透性。高职教育课程的开发应面向所有从业人员。在专业课程的设计和更新方面,均按照企业的特点与实际需要来确定,为不同层次的学习者提供多样化的职业教育服务。课程的设置应使其适应经济和社会发展的需求以及劳动力市场的变化而制定相应的课程内容。

三、高职课程设置的途径

(一) 构建对接性课程体系

对接线课程体系以整体的职业分析为基础,以典型的工作任务特征为课程素材,强调课程与工作对接的重要性。有学者分析并勾勒出工作与课程关系图,如图 6.1 所示。图 6.1(1)为自上而下的工作分析过程,图 6.1 (2)为自下而上的课程开发过程,试图在工作分析过程与课程开发过程各要素之间建立一种对应关系,将课程开发为工作过程系统化的模块课程体系,基本做到了教学内容与工作实际的零距离接轨。

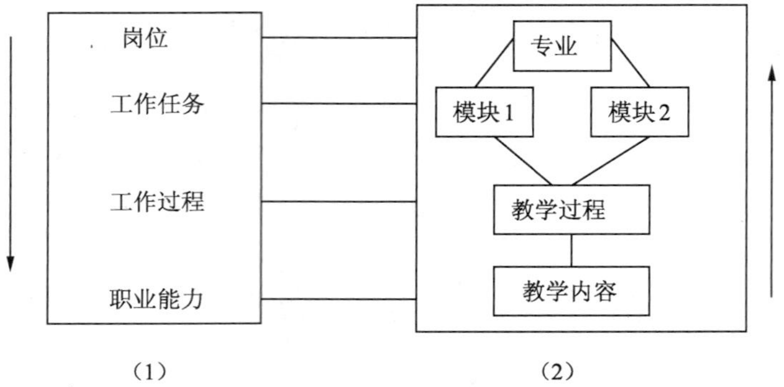

图 6.1　工作分析与课程开发关系

1. 课程设置与岗位任务相对接

如果说专业结构职业分类的有效对接是高职课程与教学模式建构的首要前提，那么课程设置与岗位任务相对接则是高职课程与教学模式建构的基本要求。如前所言，高职课程与教学模式关注的是最终如何通过实践操作、市场竞争、岗位匹配等方式来实现高职教育的教学目标，为了切实保障高职教育课程与教学模式关注的这一教学目标的有效达成，故在建构高职教育课程与教学模式时，一定要充分考虑到课程体系与岗位任务之间的逻辑关系，切实厘清他们之间的对应关联，采取课程设置与岗位任务有效对接的方式来规范高职课程与教学模式的建构进程。

2. 课程内容与职业能力相对接

高职教育所培养的是与现代化经济社会建设相适应、德智体等全面发展的专门人才，这是职业教育的目标之所在。职业教育的这一目标能否有效达到，与高职教育的课程与教学内容是否适切有关，而高职教育的课程与教学内容是否适切，又与高职教育课程与教学模式有关，而要想充分发挥出高职教育课程与教学模式的功能，则需要在高职课程与教学模式建构的过程中，充分考虑到课程和教学内容与职业能力之间的密切关系，认真梳理教学内容体系与职业能力结构之间的关联，进而为教学与职业能力间的有效对接创设情境，以便于确定科学的教学体系。这既是达成职业教育培养目标的需求，也是彰显高职课程与教学模式本质内涵的途径，更是高职教育课程教学模式建构时所应关注的核心因素。

3. 课程情境与工作情境相对接

考虑到高职课程与教学模式注重的是实践、突出的是市场、针对的是岗位，需要为高职课程与教学模式合理建构适宜生长的情境，这是高职课程与教学模式建构的基础。而这一适宜的生长的情境首先必须建立在教学情境与工作情境充分对接的基础上。其次它必须是一种以学生为中心的，围绕学习过程而设置的生长情境。

（二）课程设置模块化

所谓课程设置模块化，就是打破学科式知识体系，不再以传统学科作为知识分类的依据，而是从社会生产实际出发，以学生未来工作岗位为依据、以工作过程为链条，将完成任务所需的知识、技能串成学习内容，最后构成模块化课程。这种模块化课程教学内容与生产实际密切结合，缩短了学生工作后的知识重新整合和适应环境的时间，使教育更贴近职业和岗位，真正体现教育为社会经济服务的宗旨。

1. 建立递进式的模块化课程

按照目前的高职课程设置思路安排课程进程，可能会在不同的时间段进行逐步的开设，学生学完每门单独的课程之后就缺乏整合，使其缺乏整体的学习目标和成就感。换个角度来谈，能否把其最终能力目标分层次地分成几个阶段目标，每个阶段定的目标不同，每个阶段的时间规划到学生学习生涯中，这就需要打破原来的课程积累模式，对不同的阶段目标进行课程的重新组合，内容的调整，以模块式进行向前推进。

2. 教材模块化

教材是学生学习和教师教学的主要资源，模块化教材开发相对较为复杂。首先，要进行工作分析，这就需要根据市场需求和学校发展规划，选择一定的岗位群，以岗位群作为开设专业的依据。其次，制定课程大纲和教学计划。在开发课程模块的同时，要根据实际调研，结合学生学习能力确定课时。明确每个模块的学习、训练目标，结合企业实际和职业资格等级标准，制定考核标准，并明确对教学环境的要求，这样的课程大纲，就为教材的编写定下了基调。同时，为了适应教学规律，节省教学资源，还应将涉及多个岗位的基本知识和技能设计为专业基础模块，最大限度地利用教学资源。最后，编制校本教材。教材是课程大纲内容的具体化，必须将模块课程大纲中要求的职业技能以及相关的理论知识体现出来，涵盖模块教学所需要的全部教学材料，包括模块教学目标、设备、材料及辅助教具清单、学生指导材料，以及组成模块的若干学习内容和模块考核题目。教材要能清晰地表示工作过程，内容表述形象生动，图文并茂，适应学生的接受能力与水平。①

3. 建立与职业对接的模块化课程体系

以往的高职课程以文化课、专业基础课以及实训课等三个为主要课程结构。现在有研究者认为，应该结合职业资格证书培训项目的内容，在高等职业教育院校形成公共基础课、职业基础课、专业课、综合素质选修课、职业实训课等五大教学模块。同时调整课程开设的先后顺序、时间，使整个计划更加科学合理，实现课堂教学与职业资格证考试内容最大限度的对接。

---

① 张文才：《技师学院模块化分层次培养模式探索》，《交通职业教育》，2008 年第 2 期。

（三）发挥精品课程的示范作用

高职院校要打造自己的精品专业就必须在精品课程的建设中实现从“知识本位”向“能力本位”的转变，从学科性向职业性的转变。正是因为有了这些转变，才使得职业教育发展局面生机盎然。例如，江苏经贸职业技术学院实施核心课程精品化工程，逐步建立了涵盖如下三方面的精品课程体系：专业核心课程建设较好地体现现代教育思想，符合国内外同类课程改革趋势和建设方向，体现传授知识、培养能力、提高素质相结合。新兴专业课程建设适应江苏现代服务业加速发展的需要。针对社会上新的发展需求，新的行业、新的职业和服务岗位在不断涌现的实际情况，专业建设积极面向区域社会经济的发展，面向现代服务业，构建服务类专业群，寻求专业发展点和增长点，完善和建设一批新兴优势专业；根据现代服务业对复合型人才的需要，设置复合型专业和专业方向，形成与现代服务业链环环相扣的新兴专业链，与江苏省重点发展的十大现代服务业行业达到高度契合。在精品课程建设中也优先开发建设新兴专业。重点素质教育课程严格按照国家精品课程标准着力建设。建设重点在精选教学内容，改革课程教学模式，突出教学内容的先进性、实用性，教学手段的现代化。财务会计类专业课程和教材的建设必须要与新准则相衔接，与行业考证相衔接和同步。同时国际贸易实务专业利用校园网，以进出口流程课程为试点，将模拟实训内容挂到服务器上，每个学生可以在任意时间、校园内任意地点通过任何一台终端访问服务器，进行自主学习。①

例如，常州工程职业技术学院大力推进课程建设，开发了一批专业课程体系及校本课程，建设了一批院级精品课程和精品教材，建设了一批省级、国家级精品课程和精品教材。为了更好地实施教学模式改革，推进课程改革，学院成立了以党委书记和院长为组长、教学副院长为副组长、各相关部门参加的课程改革领导小组，全面指导学院教育教学模式改革、课程改革和精品课程的建设。在课程改革领导小组的领导下，实施了包括教师职业教育能力培训和测试工程、课程项目化设计和改革工程、工作过程系统化的课程体系改革工程、精品课程建设工程等一系列的改革措施。

在实施一系列的教育教学改革工程的过程中，常州工程职业技术学院始终坚持立足常州，面向江苏，辐射长三角，服务区域支柱和新兴产业，抓住高职人才“素质”与“能力”两大核心要素，结合技术领域和职业岗位（群）的任职要求，参照相关的职业资格标准，坚持育人为本、德育为先，把立德树人作为根本任务，着力职业道德和职业精神培养，强化职业技能训练，促进学生全面发展。通过多年努力，形成了“素质基础、能力核心、工学结合”的人才培养模式，形成了具有学

---

① 王兆明等：《经贸类高职课程改革和建设的探索与实践——以江苏经贸职业技术学院为例》，《中国高教研究》，2007 年第 9 期。

院特色的素质基础、能力核心、行动导向、项目载体、任务驱动、工学结合、教学做一体的项目化课程教学模式，课程内容、教学方法和手段的改革得到全面提升。为了保障课程改革的深入贯彻，在领导小组的指导下，先后制订出台了《常州工程职业技术学院课程改革实施方案》《常州工程职业技术学院精品课程建设实施方案》《常州工程职业技术学院教学成果奖评审办法》《常州工程职业技术学院教师教学质量评价办法》等一系列政策保障文件，保障了“以学生为主体，以能力培养为目标，以职业活动为导向，以工作任务为驱动，以项目训练为载体，以素质教育为渗透，努力实现理论与实践结合、教学做一体化”的课程改革指导思想和原则得到深入贯彻，使课程改革的目标、内容、步骤、措施进一步制度化、规范化，促进了课程改革与建设的顺利实施。

2008 年，常州工程职业技术学院启动了课程体系改革工程，选择了 12 个专业作为工作过程系统化的课程体系改革试点。12 个试点专业从行业、企业调研入手，进行了深入的社会调研，在企业、行业的合作和支持下，对工作岗位、典型工作过程、工作流程、岗位工作要求，对学生的能力、知识、素质要求、专业培养目标、专业教学项目、项目教学要求等做了全面的调研和设计，对专业教学内容按工作过程进行了重构，完成了 12 个专业的调研报告、专业开发报告和人才培养方案，其中精细化学品生产技术、工业分析与检验、工程造价、高分子材料加工技术、汽车检测与维修技术、计算机信息管理、市场营销、生产过程自动化技术等 8 个专业在 2009 级学生中进行课程体系改革试点，全面实施项目化课程教学改革，并收到良好的效果。试点专业的改革，同时带动了专业群的改革和建设，带动了全院其他专业的教学模式、教学内容、教学方法手段的改革和建设，使学院专业建设水平提升到了新的高度。课程体系构建过程如图 6.2 所示。

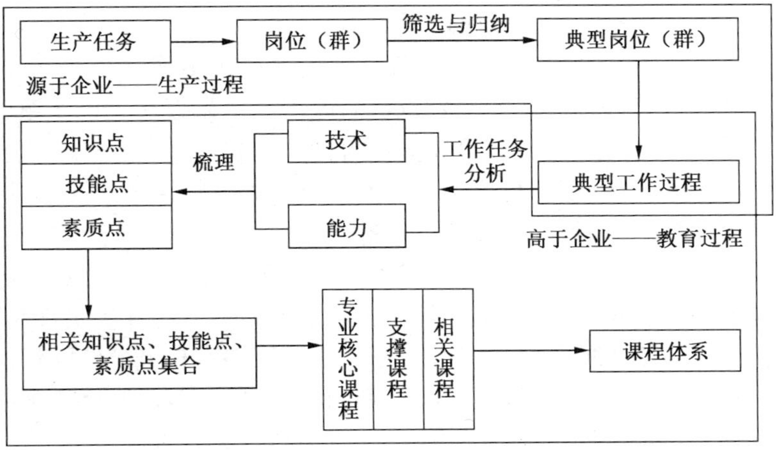

图 6.2　课程体系构建过程

常州工程职业技术学院材料工程技术专业深入开展了课程体系重构与课程教学内容改革探索，创新了“双线并行、三段交替”的人才培养模式。该专业深入企业调研，进行岗位分析，确定人才培养规格，结合职业成长规律与认知规律，重构了课程体系，创建了以素质养成、能力培养为主线，课内项目与课外项目“双线并行”，第三学期进行生产操作性训练，第五学期进行综合性生产实训，第六学期进入企业进行顶岗实习的“三段交替”人才培养模式。

常州工程职业技术学院精细化学品生产技术专业，按照化工职业岗位通用能力、专项能力和关键能力的培养来设计工作（学习）项目，形成了“夯实基础期、技能训练期、实战演练期、顶岗磨合期”，凸现职业性的“四段渐进式”工学结合人才培养模式。在专业课程教学中，以企业真实产品生产作为载体，以实际工作过程为基础来构建教学情境，设置教学项目，并将相关知识点分解到项目中，通过项目实施来体现基于化工产品生产过程的教学，让学生深刻领悟精细化工生产特点和“安全、健康、环境、质量”（SHEQ）的企业管理要求，养成“整理、整顿、清扫、清洁、素养”（5S）管理习惯，培养学生专业能力、社会能力和良好的职业素养。该专业先后与江苏苏利精细化工集团、常州佳尔科药业集团、常州晃隆聚酯材料有限公司、江苏中能硅业集团、江苏晨光涂料有限公司等单位签订了订单式校企合作合同，探索了校企合作“订单式”人才培养模式。

常州工程职业技术学院焊接技术及自动化专业实施工作过程系统化课程体系改革，构建基于“素质基础、能力核心、工作过程、双证融通”课程体系，形成了以学院“素质基础、能力核心、工学结合”人才培养模式为基础，结合企业工作岗位知识、能力、素质要求，焊接职业资格要求，学生认知规律和可持续发展要求，形成“三轮岗、三进阶”工学交替人才培养模式，通过学院—企业三次轮岗，实现学生从入门—合格—骨干三进阶的能力提升。

常州工程职业技术学院以“质量工程”为重点，立项建设了一批精品课程和精品教材，形成了院级—省级—国家级精品课程和精品教材建设体系，教学模式、教学内容、教学方法、教材建设等方面得到全面提高，取得了显著的改革成效。学院教学成果有1项获高等教育国家级教学成果奖一等奖，1项获江苏省高等教育教学成果奖特等奖，2项获江苏省高等教育教学成果奖二等奖；建成江苏省特色专业3个、全国化工职业技术教育示范专业2个，国家级精品课程3门，江苏省精品课程4门，教育部高等学校高职高专教学指导委员会精品课程10门，院级精品课程53门；校企合作开发了项目化课程300余门，制定了100多个项目化课程新标准，公开出版了12本项目化课程教材；编写出版“十一五”规划教材33本，其中国家精品教材2本、江苏省精品教材11本。

教学单元设计（教案设计）。对每一次课进行细化设计，包括本次课要完成的任务、上课的时间和地点、教学目标(能力目标、知识目标和素质拓展目标)、案例、重点难点及解决方法、使用工具材料及教学步骤等。教学步骤按时间顺序对学生和老师各自的活动进行设计,包括任务布置、收集信息、制订工作计划、决定实施办法、实施工作过程、交流和检查工作成效、训练深化、知识归纳、工作效果评价等。

目前,常州工程职业技术学院有200多门课程实施项目化教学,改变了传统的学科教学模式,教学做一体化的教学模式得到进一步推广,学生的学习自觉性、积极性得到极大提高,图书资源利用率、实训设备利用率得到极大提高,新的项目化教学方法和手段受到学生的普遍欢迎。

常州工程职业技术学院"高分子物理"课程重点研究高聚物的结构与性能,是高分子材料加工技术专业和复合材料加工与应用技术专业的骨干课程之一。课程设计以工作过程为导向,项目为载体,任务为驱动,教学过程以学生为主体,将能力考核、知识考核、素质考核融合于项目完成过程之中。通过30个A组项目和B组学生自选项目的完成,使学生能熟练掌握碳链高分子材料、杂链高分子材料及特殊用途高分子材料的各种制品所用高分子材料的结构与性能,进而能对各种高分子材料制品原料进行合理的分析、合理的选择、合理的改性。课程考核按平时项目(课内项目)完成情况累积分(占总成绩的75%)+B组项目(自选项目)成绩(占总成绩的25%)。其中平时项目主要考核项目完成的情况,主要包括:完成项目的态度、项目报告质量(材料选择的结论、依据、结构与性能分析等)、资料查阅情况、问题的解答、团队合作、应变能力、表述能力、辩解能力、外语能力等。B组项目的内容是由学生自己根据市场的调查情况,完成一个与复合材料、高分子材料相关的具体项目。B组项目主要考核项目确立的难度与适用性、报告质量、面试问题回答等内容。"高分子物理"课程已经在材料系高分子材料加工技术专业与复合材料加工与应用技术专业实施两届,效果突出,得到校内外专家、企业及学生的好评。

常州工程职业技术学院"无机化工产品检验"课程建立了"一体化、五合一、工学结合"的教学模式,对能力训练、课程内容、课程项目、课程实施进行一体化的设计,即"职业技能—职业核心能力—职业能力"一体化训练,"理论—实践"一体化教学,课程项目按"入门—主导—自主"进行一体化设计,项目实施场所进行一体化管理,构建"一体化、多层次、开放式"项目教学体系。从重视项目成果和成果的价值、效益、正反两面工作结果的角度,精心选取来自于企业实际的项目加工成教学项目,将职业道德、素养、八大职业核心能力渗透到各个项目的教学中去。教学过程中做到"车间与教室、学生与学徒、教师与师傅、理论与实践、作业与作品"五个合一,设置项目的企业工作场景,变换教师与学生的角色,让学生真正融入工作岗位角色扮演中，一切以企业质检员的标准要求自己，使学生在校学习与实际工作的角色一致。设计与实际工作一致的学习情境，将职业岗位的工作任务与课程学习任务相融合，选择4个项目作为载体，设计项目工作任务，以任务驱动、带着学生做事来对学生进行整体行动能力训练。采用多形式的考核评价方式，采用闭卷笔试、开卷笔试、半开卷半闭卷、口试、操作考试、演示考试及笔试、课业＋X（X为“笔记＋活动”、“笔记”、“案例分析”、“口试”）等多种考试形式，既注重结果又注重过程，避免死记硬背，培养学生的综合应用能力。操作技能考核参照职业技能鉴定标准，设计技能操作考核评分表，每个项目训练后，学生按照评分标准自检、互检、教师检，从而保证公平、公正评价学生的学习。通过课程改革，本专业学生在连续三届的全国职业院校学生化学检验技能大赛（国家二级赛事）中，获得全国高职组团体一等奖2次、二等奖1次，个人全能一等奖6个、二等奖2个、三等奖1个。

第三节　改革教学模式　使高职院校学生学有可得

职业教育要真正贴近市场、服务社会，必须构建适应经济发展需要、有鲜明时代特色的教学模式。教学模式是指在一定的办学条件下，为实现一定的教育目标而选择的教学样式。它主要包括教学设计和方法、培养途径等构成要素，回答的是怎样培养的问题。高职院校通常根据学校专业设置的不同而开发校本课程以及专业教材。高职院校应该坚持“以人为本”、“以生为本”的校本课程开发思路，结合地方产业结构、企业对人才的需要、学校师资队伍特色，以及学生个性发展的适应性，关注学生差异性，最终开发能够为满足学生实际发展需要为服务目标，充分体现学校自身特点的个性化校本课程。同时，更应该形成以人为本——即“以学生为中心”的教学文化，教师在注重培养学生岗位能力的同时，更应注重学生的人格培养，注重教学中学生非智力因素的作用，尊重学生的个人发展需要等。

一、建立校企合作的教学模式

实施递进式“三阶段”人才培养方案，即在校企合作专业指导委员会的指导下，根据学生职业成长规律，构建递进式的“三阶段”教学模式。在教学进程的每个阶段都有企业不同层次地参与。第一阶段：一年级在校内完成“职业基础课＋职业认知＋职业基本素质”的职业通识教育培养，以学校为主，企业参与。第二阶段：二年级主要是在“教学做”校内实训中心或校外实训基地进行“专业技能课＋岗位操作能力＋职业资格证书”的工学结合专业技能培养，主要由企业一线的工程技术人员承担专业实践教学和指导，在学校与企业之间交替进行，由学校和企业共同完成。第三阶段：三年级主要在校外实习、实训基地进行“顶岗实习＋职业经验积累”的就业技能和综合素质培养，以企业为主，学校参与。在校企合作过程中，合作管理体制和运行机制至关重要，学院注重找准与企业互动的利益平衡点和持续合作的激励点，转变观念，始终抱着搞好服务，提高人才培养质量，提升学院内涵的诚信态度。在校企合作管理体制和机制等方面进行深入有效探索。一方面学校要主动了解企业，适应企业，要在以企业人员为主的专业建设指导委会指导下开展专业建设，进行教学改革，要始终为企业培养最急需的人才。另一方面政府要通过政策引导企业参与学校人才培养过程，与学校共建实训基地，并为学生顶岗实习提供便利。

例如，江苏农林职业技术学院立足校内平台，实行产学结合；凭借职教集团平台，实施工学交替；依托校外企业平台，推行顶岗实习。积极探索“产学结合”、“工学交替”、“顶岗实习”等教学模式及其相应的管理制度，形成长效的运行机制，全面提高学生的职业素质和能力，增强他们的就业竞争力。

江苏农林职业技术学院作物生产技术专业按照本专业人才培养规格的要求，创建“2－3－3”三位一体工学结合教学模式。第1学年安排2个学段，进行公共文化课和专业基础课教学，并安排专业综合实践。第二学年安排3个学段，第一、三学段以校内实训基地为依托，进行项目式教学，完成作物生产过程第一轮回的学习与实践；第二学段进行专业课程教学。第三学年仍安排3个学段，第一学段依托学院“中江种业有限公司”、农村种田大户和社会主义新农村建设点，进行生产性实训，完成作物生产过程第二轮回的学习与实践；第二学段进行专题讲座和拓展课程教学；第三学段到有关企业进行岗前集训、顶岗实习，并完成毕业论文。通过以上“认知实习、理实结合、综合运用”的学习过程，不断提升学生的职业能力。

江苏农林职业技术学院园艺技术专业实施“夯实基础期、技能训练期、实战演练期、顶岗磨合期”凸现职业性的四段式三位一体工学结合人才培养模式。具体做法：一年级学生在基础课程学习期间，参观职教集团中的现代农业企业，接触和参与生产认知实践，树立专业思想，规划职业生涯。二年级学生通过校内专业知识学习和专业技能“进阶式”训练，掌握园艺岗位必备的专业知识和技能；通过职教集团单项任务和技能的反复训练，提高职业意识和技术操作熟练程度。三年级学生通过工学结合，校内承包经营，实战演练1个生长季，检验学习成果；或者通过职教集团承担工作任务和轮岗训练，学习和提高专业知识和技能的综合应用能力，由此过渡到校外实训基地顶岗实习6个月，实现“走出校园，融入社会”。

江苏农林职业技术学院林业技术专业建立“五段递进式”三位一体工学结合教学模式。

第Ⅰ段（第1—3学期）：单项实训。围绕种苗生产、林木培育、林木保护等三个岗位职业技能，利用校园、农林科技示范园、园林植物栽培教学工场、植物工厂化育苗实训中心等校内实训基地，进行基础技能和专业技能单项实训。

第Ⅱ段（第4学期前4—6周）：专项实训。利用阳光生态农林开发有限公司、句容林场等职教集团成员企业，围绕林木生产经营技术开展生产性专项实训。

第Ⅲ段（第4—5学期）：综合实训。围绕森林资源清查、林业经营管理以及岗位拓展模块等所涉及的岗位职业技能，利用校内实训基地，进行综合实训。

第Ⅳ段（第5学期后4—6周）：岗前实训。安排在阳光生态农林开发有限公司、句容林场等职教集团成员企业进行。

第Ⅴ段（第6学期）：顶岗实训。利用学院签约的20家校外合作企业，根据学生的就业意向开展顶岗实训。

江苏农林职业技术学院园林技术专业实行“四目标岗位”三位一体工学结合教学模式。第一阶段在第一学期，在校内实训基地接受统一的教学和实训，通过任务驱动训练掌握基础技能。第二阶段在第2—4学期，根据“四目标”岗位技能要求继续在校内实训基地接受统一的教学和实训，通过项目训练掌握专项技能。第三阶段在第5学期期末3周，采用专业安排和学生选择相结合的方式，在农林职教集团内的江苏绿苑实业总公司等园林企业完成，结合岗位要求训练综合技能。第四阶段在第6学期，完成顶岗实习，任务到人，明确职责，实行严格的绩效考核。每位学生毕业前取得与就业相对应的工种证书，并引导学生就业后参加国家执业资格考试（如建造师、监理师、造价师、规划师等），使学生在专业上有所发展。

江苏农林职业技术学院畜牧兽医专业实行“四段式”三位一体工学结合教学模式。将三年教学全程划分为4个学段，实行递进式分段教学。

第Ⅰ段：第1—2学期，学习文化课和部分专业课，在校内实训室及实训基地进行基础技能训练，掌握基础技能。

第Ⅱ段：第3—4学期，学习专业课程，结合专业课程在校内实训基地和农林职教集团组织学生进行轮岗实训，掌握不同岗位的专业技能和综合技能。

第Ⅲ段：第5学期前两周，学生根据预就业岗位选择实训项目，在校内基地和农林职教集团进行岗前集训，同时组织学生参加与技能证书相关的考核。

第Ⅳ段，第5—6学期，到校外企业预就业岗位顶岗实习，掌握预就业岗位综合技能,实现与就业岗位职业技能"零距离"对接。①

二、构建项目导向、任务载体的教学模式

以未来岗位职业能力要求为起点,把企业真实业务以项目任务形式外包承接下来,基于项目任务设计教学思路,将学习过程按照工作流程分解成工作的多个步骤,将实际工作任务引入教学中,设计出多个基于工作步骤的教学方案。在教学过程中,教师是学生工作任务实践的指导者、引领者。学生也不仅仅是理论知识的接受者,而是在教师的引导下对工作任务进行分析,寻找完成工作任务的方法,并完成工作任务。其目的是将理论知识和实践教学有机结合,充分挖掘学生的动手能力,从而培养学生解决工作任务中问题的技能。

例如,常州工程职业技术学院生物制药技术专业构建的基本素质、职业能力与素质、创新创业教育三个平台,支撑着实现"课内与课外、理论与实践、教学与创新"相结合的基础课程、工作过程系统化课程、学科理论拓展课程、开放式课程四个系统教学,实施第二、第四、第六学期的生产岗位操作训练,生产性综合项目,顶岗实习三个阶段工学交替的生产性实践训练。专业(实践)教学体系在第一、第二学期实现学生由新手到合格操作员的转变,第三、第四学期实现由合格操作员到熟练操作员的转变。第五学期则为学生今后工作中从操作员晋升为技术员奠定基础,同时完成毕业设计;第六学期通过顶岗实习培养学生生产实践和创新能力,为就业和创业打好基础。精细化学品生产技术专业根据职业目标和岗位要求,依据职业成长规律和学生认知规律,开发了适应职业岗位要求的"1221"专业课程体系,即一个化工职业岗位通用技能模块,精细化工职业岗位工艺组织运行和产品开发两大职业专项技能和综合职业技能,创业创新能力与化工相关职业能力两大拓展能力。

三、构建一体化教学模式

以适应职业岗位需求为导向,加强实践教学,着力促进知识传授与生产实践的紧密衔接,首先在部分专业实施一体化教学模式。深入开展项目教学、场景教学、模块教学,突出理论实践一体化教学这一主线,探索学生"做中学,学中做"的实现形式。

通过一体化教学模式真正实现教学内容由知识的传递向知识的运用转变,学生由"被动型"向"主动创新型"转变,体现职业教育的实践性、开放性、实用性,把学生培养成为适应市场需求的"成品"。具体来讲,建立以职业活动为导

---

① 李振陆:《以重点专业建设为载体　创新高职人才培养模式——江苏农林职业技术学院国家示范校建设实践》,《江苏广播电视大学学报》,2009 年第 6 期。

向，以国家职业标准和岗位需求为依据，以培养职业能力为核心，以实际工作任务为主线的课程体系；强化职业道德和职业精神培养，努力构建以职业素质为核心的教育体系和以职业技能为核心的实践教学体系，促进学生知识、技能、职业素养协调发展。以任务引领的一体化教学方式取代传统的课堂教学模式，全面实现工作过程导向的教学模式，力求使学生的课堂学习过程变成学习工作的过程。大力实施一体化教学模式改革，根据人才需求规格的变化调整课程内容，共建教学实践环境；努力实现课程开发、实施和评价模式的稳定；以国家职业标准为依据、以工作任务为导向、以综合职业能力培养为核心，实现理论教学与技能训练融通合一、能力培养与工作岗位对接合一、实习实训与顶岗工作学做合一。各专业在这一人才培养模式的统领下，根据各自专业特点，分别探索这一模式的具体实现形式。

例如，江苏省常州技师学院从理念入手培育一体化课改土壤。江苏省常州技师学院创新教学组织形式，第一，规范一体化教学流程为：布置学习任务—指导和组织学生讨论并制订工作计划—指导和组织学生修订工作计划—指导和组织学生实施工作计划—实施过程控制—组织开展工作成果评价的教学过程。第二，总结并提炼出“以学生为中心”的教学组织新形式，即以工作页为引导，采用小组讨论、个人展示、集体评价、教师点评等多种形式的教学组织形式。第三，创新一体化教学新教法。将班级 30 位学生分成 6 个小组，围绕工作，各小组按工作要求，讨论确定模具零件的加工方法、加工所需工量具及设备、小组成员任务分工等内容，最终形成模具制造工作计划。教师对各小组制订的工作计划，组织学生进行成果展示、交流对比和评价，各小组对工作计划进行优化。构建符合一体化教改要求的多元教学评价体系，通过学生自评、小组互评、任课教师评价等方式，全面考核学生的专业能力、方法能力和社会能力等，突出体现对学生综合能力的培养。

四、构建“大类平台 + 专业课”教学模式

从实践情况看，在国企改革迅猛发展的今天，企业用人变化也非常快，带有一定的随机性。目前的教学模式不能完全适应社会发展对人才需求的规律，因此，应建立一种新的具有较强适应能力，比较灵活的教学模式，即“大类平台 + 专业课”的教学模式。

新方案在课程设置上建立倒“T”字形课程结构。依据不同类别，建立各自的大类专业基础平台（大平台），平台包括文化基础模块、技术基础模块，是必修内容。基础平台实现宽口径，在课程设置和教学内容的安排上实现相近岗位的拓展和渗透，即面向岗位群需求设置。在专业课程设置上，突出专业培养方向和

专业特色,进行课程的整合,形成少而精的专业课程体系。增强实践教学的针对性,将毕业实习、毕业设计与专业课教学融会贯通,使学生能掌握所选专业当前最先进的专业理论知识和实践操作技能。

两阶段教学采取“静”、“动”相结合的方式进行。大类平台教学以“静”为主,即以校内课堂授课及校内实验为主;专业课教学则以“动”为主,除必要的课堂教学外,更多的是强化现场教学与实践,让学生走出校门,到现场岗位参与生产实践活动,紧密结合生产岗位组织专业课教学。在专业课教学阶段,实行“导师制”。选择专业造诣较深、威望较高的主要专业课教师担任导师,每一名导师带20~30名学生,负责对所带学生专业课程学习的全程指导。指导内容不局限于所授课程本身,而是全部专业主干课程,也不局限于工作时间,而是在任何时候。这一措施不仅可以强化教师与学生之间的联系,提高教学效果,而且可以使学有余力的学生在专业学习阶段获得更多的知识,培养能力更强的高职人才。

第四节 强化实习实训 使高职院校学生学有所长

实习是为了了解某种技术或了解某种工作方法而进行的实际演练活动,主要是学生在校内实习场所或校外生产、服务现场从事模拟或实际的工作,以获得有关的知识和技能,养成独立工作能力和职业心理品质。实习在职业教育实践教学中占有一定的比例,主要包括企业见习、专业实习(生产实习)和毕业实习。在实习培训中,给予学生在工作中学习的经验,不仅指短暂的实习、参观,而且是指一个更为深入广泛的工作本位学习。

实训是为了熟练掌握某种技术或技能而在真实或仿真的环境中进行反复训练的活动,主要包括对学生进行单项能力和综合技术应用能力的训练,也包括职业岗位实践训练,其目的是使学生熟练掌握职业技术技能,并培养学生的职业素质。实训在实践教学中占有很大比重,是实践教学的主要形式,主要包括基本职业技能训练、项目设计、毕业设计等环节。

如果学生在实践中接触与本专业相关的岗位工作,他们就能够将书本上的知识与实际生产实践紧密地联系起来,增强感性认识,培养和锻炼综合运用所学基础理论、技能和专业知识的能力,提高独立分析和解决实际问题的能力,培养实践动手能力。

大多数高职院校的实习实训环节还存在很多漏洞和缺陷,比如,岗位数量不足,专业不对口,与实习单位缺乏沟通与协调,对实习管理不到位等问题,导致实习实训只是走过场,真正从中学到本领的屈指可数。建立有效的实习实训教学质量保证体系，对提高教学质量有着重要意义。实习实训教学是理论联系实际的重要教学环节，目的在于培养学生的应用能力和素质，获得生产、建设和服务知识，提高独立工作能力。加强实习实训教学，实现学校与用人部门结合、理论与实践结合，是高职人才培养模式的基本特征之一。

一、实习实训教学原则

实习实训教学目标确立以后，要让学生知晓才能实现目标。为了完成高职实习实训教学目标，培养熟练的专业人员，实习实训教学要遵循以下原则：

（一）开放式教学原则

目前高职实习实训教学还是封闭式教学，即传统的课堂式教学，以教师讲授为主，学生完全受教师操控。行动导向则要求开放式的教学，学习环境开放，学习过程开放，教学主体开放，学生在完成工作任务和解决问题的过程中学会技术知识。学生的学习资源不是一个封闭系统，学生学习的伙伴不仅有班内的同学，还可以包括企业的员工等，这样就能了解企业正在发生的变革，与社会保持密切的联系。

（二）间接教学原则

行动导向的教学以学生为中心设计教学方法，教师并不直接教给学生知识，强调以学生获取直接经验的形式来学习。高职实习实训教学要采用以学生活动为主的项目教学法、角色扮演法等开展教学。以高技能型人才为培养目标，要求学生具备较强的动手能力，这就决定了教学方式要转变为以间接教学为主。

（三）合作教学原则

行动导向的教学要求合作学习，因为高职实习实训教学目标是完成基于工作过程的“产品”，是学生小组共同的目标，任务的完成与组内每一个学生是分不开的，他们需要彼此合作，这就决定了学生只有通过合作学习才能达到目标。合作学习要让学生在完成工作过程中，学会交流、学会分享。

二、实习实训教学改革思路

实习实训教学改革具体表现为教学内容的改革。实习实训教学要体现应用性和适度性，其理论讲授应为学生实训打下良好的基础。对于高职教育的学生而言，理论应以够用为度，绝大多数学生的着眼点在于技能的掌握，因此教师需要先改革自己的教学思路，调整教学内容，改革教学方法，因材施教。

转变实践教学环境，创新人才培养模式。高职院校都在不断尝试和积极探索适应自身发展特点的校企合作人才培养方案。高职教育中校企合作的人才培养模式创新是培养高技能应用型人才的根本保障，直接影响到高职院校的人才培养质量和整体办学效益。校企合作的办学模式是真正体现高职教育人才培养模式特色化的重要手段和方式。但是目前状况是:一方面企业急需的各类技术型高职人才,花费很大力气仍难以找到;另一方面相当多高职院校由于在专业设置上的趋利性或短视性,使得未适应社会需求的毕业生就业难度逐年增大。造成这种现象的根本原因就在于高职院校办学机制与企业需求严重脱节背离,在学生专业技能和实践经验培养上,高职院校跟不上企业人才发展需要。

三、基于校企合作的实习实训

根据“资源共享,优势互补,责任同担,利益共享”校企合作原则,主动争取社会、企业的支持,主动适应市场的变化,不断调整办学的方向、办学的层次定位,主动实施校企合作,加快实习实训进程。

(一) 建立校企合作委员会

由学校牵头,有关企业相关人士参加,成立实习实训校企合作委员会,办公室设在学校。委员会实行例会制度,主要研究学校技能型人才校企合作培养的问题。委员会的主要职责是:根据企业实际需求以及学校资源现状,制定校企合作实习实训发展规划;明确双方的权利和义务,搭建实习实训对接平台。

(二) 建立实习实训校企联合工作委员会

建立由企业管理者、人力资源师、企业培训师、专技人员等组成的“实习实训工作委员会”,并制定相应的工作章程。实习实训委员会从组织机制、运行管理机制上得到保证,定期召开工作会议,并进行不定期的磋商。

(三) 建立校企合作实习实训培养制度

实行校企合作培养技能型人才,实训实习可以分为技能实训和生产实习两个阶段。基本技能和综合技能实训主要在学校进行,生产实习主要在企业进行,企业制定实习场地使用、实习指导教师配备、实习安全管理、联合课题攻关等规定,并提供较为先进的设备设施,同时注重培养学生的职业道德、安全生产、劳动纪律和团结协作意识。

近年来,江苏省扬州商务高等职业学校在校企合作实习实训教学改革方面做出了一些成绩,学校建立健全了学生实习的规章制度和管理机制,组建指导教师团队,加强学生实习的过程管理;推行实习责任保险,购买意外事故伤害保险,建构实习责任保险体系;加强与实习单位的工作联系,提高学生的实习报酬,学生月实习津贴一般都保持在900元以上,实习生满意度年平均为83.39%,满意率为98.05%。学生就业率保持在98%以上。目前,学校已是“三部”(中共中央组织部、中华人民共和国外交部、中华人民共和国铁道部)、“二委”(中华人民共和国国家发展和改革委员会、中共中央纪律检查委员会)、“一厅”(中共中央办公厅)、"一堂"(人民大会堂)、"一会"(中国人民外交友好协会)、"一办"(中央人民政府驻香港联络员办公室)的人才培养基地。学校践行"校企一体"原则,与企业共建实训室,与大三美容美发有限公司合作,组建"美容美发研发中心";与扬州玉器厂合作,兴建了玉器研发中心;与三羊玉苑公司合作,建设了三羊玉苑车间;与皓月动漫公司合作,建立了动漫设计实训室;与中国移动合作,组建淘宝公司。创办了近20个冠名班级,每年吸收近10万企业资金,作为优秀学生奖学金。学校连续三年荣获"江苏省职业院校技能大赛特别贡献奖"、"江苏省职业院校技能大赛先进学校"。

四、细化顶岗实习制度

顶岗实习的实质是与人才规划、就业发展紧密相连的,并不只是单纯的实践环节。如何将企业对人才的需求与学校教育结合起来,如何将顶岗实习环节与学校的实际教育进程以及学生的就业发展紧密结合起来,是江苏高职院校正在思考和探索的问题,也是一种发展理念。

高职院校开展顶岗实习不仅要得到法律的承认和保障,而且也受到法律的约束。针对目前江苏高职院校顶岗实习无章可循、无法可依等诸多问题,需要相关部门着手完善相关政策。

(一)明确企业参与顶岗实习的权利和义务

校企合作联合培养社会所需要的人才,是当前发展高职教育的必由之路。为此政府要出台具体的政策鼓励企业与高职院校合作办学,对于不同行业、企业的情况要具体问题具体分析,区别对待。把相关政策落到实处,激励企业参与到合作办学的过程中去,提高企业持续参与的积极性。

为保证企业持续参与的积极性,政府要通过立法鼓励企业参与相关职业教育大政方针的制定。宏观上企业可以根据本地区经济形势的发展来规划自身的长远发展,从社会经济发展的实际出发,向地方政府提出一些建设性的建议,直接干预国家职业教育宏观政策的制定和实施。微观上,企业也可以参与到学校的教学活动中去。如参与制定学校的师资培养培训政策、学生实习政策和就业政策等。落实校企合作中的顶岗实习,须要结合学校与企业自身的特点,在遵守已有法规和相关政策的前提下,签订由学校、企业、学生及家长四方公认的"四方培养协议"。在"四方培养协议"当中要保证和明确几点:第一,要保证学习专业与工作岗位的相对一致性,做到高职生工作与学习的有机结合,避免所学非所用的教育资源浪费;第二,要在遵守国家《劳动法》的基础上开展学生顶岗实习的相关工作;第三,要以文件的形式明确学校、企业、学生及家长四方的权利、责任和义务。

(二) 实习管理引进企业管理制度和管理人员

大部分高职生在高职院校所学到的知识和技能均属于通用性的,而一旦到校外实习岗位,学生将学习并需要熟练掌握的将是某个企业专业性的技术,同时还要面临着新的心理体验和对新的环境适应等,因此顶岗实习期间的校企合作管理对高职生转化成为技术人才是至关重要的。

首先,要完善学生顶岗实习管理制度。每个学生到实习岗位第一天就由用人单位选派技术骨干或基层管理者担任学生师傅,具体负责指导技术并每月对其进行考评,同时签订师徒协议,徒弟的进步与师傅的绩效工资直接挂钩。职业学校每学期应召开若干次实习师傅座谈会和企业人事干部座谈会,了解学生顶岗实习期间存在的问题,广泛听取企业对高职院校和学生的意见和建议,不断完善学生的顶岗实习管理制度。其次,高职院校要与企业积极合作组建一支针对顶岗实习的具有自身特色的管理队伍。这支队伍应该由校外实习辅导教师组成,他们主要负责对顶岗实习学生进行职业指导和管理。这些校外辅导教师大多数来自企业,有一定的文化素养和组织管理能力,责任心强,善做员工思想工作。他们的任务是奔波于企业、学校、学生甚至家长之间,关心学生的心理、身体、思想、技能学习等状况,并及时反馈企业的意见和学生实习状况,成为高职院校和企业之间沟通的一座坚实桥梁。

(三) 学生考核评价引用企业标准和考核机制

首先,将高职院校对学生的评定与企业的用人标准有机结合起来,就可以使企业在招聘人员时少走弯路,节约人力资源成本。同时,高职院校对每位学生顶岗实习的过程表现进行评定,这样就能教育学生、约束学生,因为评定结果将直接影响学生毕业后的就业去向,是一举两得的举措。其次,应确定评价项目和人数比例。高职院校在经过反复论证和讨论的基础上,确定操作表现、学习技能、技能水平和能力素质四个方面的评定项目以及A、B、C、D四个评价等级,每个等级的人数比例分别为30%、30%、30%、10%。再次,应公正、公平地进行过程评价。首先汇总每位学生顶岗实习期间的学习、技能等方面的量化成绩,根据量化成绩及规定的等级比例确定每位学生的评定等级,最后在班内公示以示公正。学生评价体系引入企业选择人才的标准,为高职院校对实习生进行过程管理提供了一个很好的抓手,也为学生指明努力方向。

例如,在顶岗实习方面,常州工程职业技术学院十分重视,经过不断实践、总结,提出了"223"顶岗实习模式。多年来坚持顶岗实习与学生就业紧密结合,重视多途径、多方式强化学生的职业生涯规划教育和顶岗实习岗前教育,促进学生顶岗实习与就业一体化,以顶岗实习促进人才培养与就业质量共同提高;坚持顶岗实习评价学校与企业紧密结合,确保顶岗实习质量。学院实行顶岗实习"双指导教师”制度,即每个顶岗实习学生由一名校内指导教师和一名校外指导教师负责指导。校内指导教师主要负责与学生、校外指导教师经常性联系和实地考察,了解学生的实习情况,加强顶岗实习的规范性管理并给予评价。校外指导教师主要负责学生的岗位教育和技术指导,负责对学生岗位实习综合评价。顶岗实习做到“两个全部”,一是指顶岗实习全部覆盖学院现已开设的专业。每个专业人才培养方案中将顶岗实习列入专业必修课程,制定教学大纲、编制顶岗实习指导书,建立充足的校外实习基地,确保为每位学生提供优质的顶岗实习资源。二是第六学期全部时间用于安排顶岗实习,确保学生有不少于半年的顶岗实习时间。顶岗实习实行“三途径”管理模式。一是一对一指导。学院实行顶岗实习“双指导教师”制度,每个顶岗实习学生必须有一名校内指导教师和校外指导教师进行一对一指导,确保每个学生顶岗实习安全高质量地完成实习任务。二是引入网络管理平台。为了进一步加强顶岗实习过程管理,学院自主开发了顶岗实习网络管理系统平台,通过这一平台,学生可以方便上传阶段汇报资料、实习报告、实习日记等实习资料;校内指导教师能够实时、便捷地了解学生顶岗实习完成情况。三是实行“巡回指导”制度。为进一步确保顶岗实习的教学质量,加强学校与企业的交流与合作,学院实行了顶岗实习“巡回指导”制度。各系定期组织相关人员按照顶岗实习单位所在区域,分成若干小组,到实习单位进行检查指导。

五、加强实训基地建设,切实提高学生职业技能

作为高职院校专业教学重要的组成部分,实践教学贯穿于高技能人才培养的全过程,是提高技能人才培养质量、实现高职教育目标的关键环节。因此,实践教学环境的建设是高职专业建设的一项最重要的工作。实践教学环境的建设包括校内实训基地和校外实习基地的条件建设。实训基地是实训教学过程实施的实践训练场所,其基本功能是:完成实训教学与职业素质训导、职业技能训练与鉴定的任务,并逐步发展为培养高等职业技术人才的实践教学、职业技能培训、鉴定和高新技术推广应用的重要基地。

在以专业建设为核心的建设路径下,高职院校应当做好校内实训基地和校外实训基地的合理统筹。校内实训基地应该以承担实践教学和学生职业素质培养,提高学生核心能力为主。校外实训基地则旨在为学生提供与职业技术岗位“零距离”接触、巩固理论知识、训练职业技能、全面提高综合素质的实践性学习与训练的平台。实训基地的建设要紧紧依托行业,加强与产业的合作,形成校企共建型、教学工厂型和校办企业型等多种生产性实训基地建设模式,在教学过程中做到校企互动、学做合一。只有这样,才能抓住市场需求,卓有成效地加强学生的技能,为高职院校实训基地建设提供范式。加强实训基地建设是提高职业

教育质量、解决高技能人才培养“瓶颈”的关键措施，也是高职院校办出特色、提高水平的重要支柱。教育部明确提出，实践教学要改变过去过分依附理论教学的状况。为了保证实践教学的顺利实施，就要加强校内实验室和实习、实训基地建设，要根据高职教学特色，不断更新设备，提高现代科技含量，形成教学、生产相结合的多功能实训基地。同时，要建立相对稳定的校外实习实训基地。要建立高效、稳定的实训基地必须采取多条腿走路的办法，通过政府资助，行业、企业的大力协助和配合，形成高职院校由点到面、由校内到校外的实训体系。

（一）建设校内实训基地

校内实训基地是基础。要按照教育部评估标准要求，努力建立高水准的校内实训基地。其设备的配置要与企业的生产技术水平相适应，以通用、实用为原则，重点解决好数量不足、工位短缺等问题，为学生提供足够时间的高质量的实际动手训练机会。如苏州工业职业技术学院建立“工厂化”的校内实训基地，让学生走出混沌的学习环境，走近严肃的职业环境。设备与工厂实际同步，是真实的能加工产品的机器，实践场所与车间实际相同。

传统高职院校的实验室主要是对理论做一些传统的验证实验，而少有现代高技术的设计性和实施性的实验。校内实习车间大多是一些单一性的操作加工训练，很少有比较前沿的、综合性强的生产训练；校外的一些实习基地虽然能弥补校内实验室和实习车间对学生训练的不足，但其难以接纳批量的学生实习并给以辅导，难以做到以学生为主的技术与技能训练。由此可见，现有的实践条件和形式无法满足高职专业培养目标的要求，急需一种设在校内以学生训练为主，又紧跟现代社会科技、生产、服务发展前沿的实践训练场所即实训基地，它是高职教育发展的必然。

校内实训基地应创造模拟真实的职业环境。校内实训基地的规划设计与建立，应尽可能贴近生产、技术、服务第一线，努力营造和体现真实的职业环境，让学生在一个真实的职业环境下，按照未来岗位对技能的要求，得到与实际工作一致的操作训练和综合素质培养。

高等职业技术专业的设置本身就选择了那些实际操作人才缺乏的高技术和新技术的行业和岗位，与之配套的实训基地的建设也要起点高、定位新。实训基地不仅可以为校内学生提供实践训练的场所，还要为社会上相应行业、岗位的在职人员提供培训。针对我国大量高技术的职业岗位还未实行持岗位资格证书上岗的现状，实训基地最有资格率先成为这些高技术资格证书的指定培训点及考点，它必将推动相关高技术行业持证上岗制度的实施。高职教育是高投入的事业，校内实训基地的建设在考虑其先进性、科学性、实用性的同时，还要考虑充分利用有限资源，最大限度地节约资金，尽可能使所建设的实训基地适用性强，能进行多学科的综合实训，相关专业尽可能通用。

江苏畜牧兽医职业技术学院校内实践教学基地是高职教育培养适应社会经济发展需要的应用性专业技术人才的关键。为此，该学院积极进行实训基地建设的探索与实践，在充分调研了国内外高职实践教学体系和实践教学基地建设成功经验的基础上，对江苏省级高职实训基地的建设、运营及管理等方面进行积极的实践与探索。

校内实训基地食品加工实训中心的运营及管理实践。学院、企业及教师学生三方共同参与实训中心的运营，以“承包经营”的方式形成生产性实体。以学院名义申请注册成立食品公司。学院可根据各个教研室的不同专业，由公司采取招投标的方法与相关专任教师签署承包经营协议。教师有许多教学工作要完成，可以与部分综合能力强的学生签订分包协议。在整个承包期内，学院要加强对实训中心正常运营的监督检查，教师要对分包的学生加强指导和管理。承包相关实训室的教师必须做好实训室设施及设备保养和维护工作，必须优先满足实训教学、科研及培训的需要。在此基础上严格按照食品生产 GMP 规范要求积极组织生产经营，实现经营利润。所得盈利在保证上缴学院的部分后，剩下部分由承包教师负责分配。这样既保证了学生在校期间专业生产技能的学习，又解决了实训基地的运行成本。该经营方式以承包教师为主要生产者和管理者，会承担一些风险，必须既要懂生产懂管理又要会销售。学院丰达实业公司食品厂在完成生产性实训任务的同时，还常年向社会提供风鸭、酱牛肉、香肠、肉酱、酱排骨、酸奶、面包、蛋糕、啤酒等产品。教师有效利用实训基地完善的设施和技术先进的设备开展科学试验。近 2 年，食品科技学院教师先后在食品加工实训中心开展的科研项目多达 10 多项，参与科研工作的教师有 25 人，共发表论文 50 多篇，其中有 3 篇被 SCI 收录。充分利用实训基地完善的设施和技术先进的实训设备进行职业技能培训及开展职业技能鉴定，进行食品检验工、肉品加工工、烘焙加工工、IS09000 内审员、ISO2200 内审员等职业技能的培训鉴定和职业资格认证。每年为 300 多名毕业班学生开展毕业论文（设计）试验提供条件。总之，高等职业教育在遵循一般教育规律的同时，必须切实加强生产性实训基地的建设与管理。生产性实训基地的建设，是学校创建示范院校建设工作的重要内容之一。随着高等职业教育的不断深化和改革，学院作为第二批国家示范建设院校，只有在不断总结经验的基础上深化改革、科学发展、开拓创新，遵循高职办学目标和办学方向，强化生产性实训基地的建设和管理，才能使学院的示范建设和生产性实训基地建设有较大发展。①

① 徐海祥：《高职校内生产性实训基地建设与管理——以江苏牧医学院省级实训基地食品加工实训中心为例》，《新课程研究》，2012 年第 11 期。

（二）建设校外实训基地

高职院校要主动与企业、行业建立长期的合作关系，学校为企业提供实习生，接受实习生的企业可以适当收取实习费，这也可增加企业经济效益。企业为学生提供实习设备和场所，使学生在实践环节中取长补短，做到理论联系实际，在实训中掌握实用的技术、技能。如南京信息职业技术学院，广建校外实习实训基地，借助社会资源培养学生。使学生能够更多地了解和参与岗位实际工作，对学生能直接参加生产和实际工作进行现场培训，进一步缩小与生产岗位实际的技术差别、环境差别和管理差别，建立高质量的紧密结合型的校外实训基地十分重要且十分必要，也是专业能力培养不可或缺的重要而关键的环节。

校外实训基地是校企合作、产学结合，为社会培养合格人才的摇篮。应该根据专业教学计划和实训教学大纲规定的教学内容和要求，在社会上选择符合实训要求，并以合作协议形式确定的、相对稳定的、能够完成实际操作训练的场所，一般应在当地的企业事业单位中选定。学生在校外实训基地实训的优点是：1）学生可以亲临生产、建设工作一线，亲身参与生产和工作实践，直接接触和了解到真实的生产工艺和流程，接触本行业的新技术、新工艺、新产品和新设备，体验工作的真实氛围，体会到所学专业的实际用途。2）为毕业生就业打下基础。学生通过产学结合到企业、单位参加实践训练，个人能力和表现都实实在在地展现在用人单位面前，便于用人单位对学生综合素质和能力的评价和考查，大大增加了供需见面和就业的机会，为学生就业创造良好的机遇和条件。3）可以将学校的教学安排与企业的生产实际相结合，有利于高职教育与企业实现真正的紧密相连，是实现高职教育特色的重要途径。

例如，苏州工业园区职业技术学院汲取了新加坡南洋理工学院的办学理念，组建了先进技术制造中心，融产、教、研为一体，使各企业、研究所和专业系的资源得到充分的利用和共享。借鉴“教学工厂”的职教模式，教学实验设备大都按照外资企业实际使用的要求进行配备，让学生“现在学的”和“今后做的”基本保持一致，尽可能缩短学习与应用之间的差距。建立综合科技教学环境，将理论学习、应用模块和工业项目有机地组合在一间课室中，并按照工业流程或技术发展的过程设计安排实验室的布局。在教学区内部的环境布置上，力求富有企业文化的氛围，让学生时刻感受到企业环境和企业文化的熏陶。

常州工程职业技术学院实训基地建设取得突破性成绩。2010 年，该院各系在“四结合、六合一”实训基地建设理念的指导下，积极做好实训基地建设工作。本年度共审批立项院级实训建设项目 14 项，批准建设经费 749.9 万元（其中 100 万为企业支持，300 万为省级示范建设经费）。申报成功一项中央财政支持高职实训基地“光伏材料加工与应用技术实训基地”，建设经费 360 万（其中学校配套120万)。多年来,学院积极探索实训基地建设模式,逐渐形成了以自主研制建设为特色,校企共建为主体,校政共建为补充的实训基地建设格局。

常州工程职业技术学院首创"四结合、六合一"理念,创新实训基地建设模式。学院积极探索实训基地建设新模式,经过几年的实践与探索,创造性地提出了"四结合、六合一"实训基地建设理念(即校内与校外结合,仿真与实操结合,理论与实践结合,小试与放大结合;车间与教室合一,教师与师傅合一,学生与学徒合一,作业与产品合一,教学与科研合一,服务与创收合一)和"SHER"的实训基地建设原则,即体现安全、健康、环保、真实。目前,学院已建成42个实训中心(基地),260余个实验实训室(场),实践场所建筑面积达12万余平方米。教学科研仪器设备总值约1.01亿元,生均设备值9 585.15万元。在这一理念的指导下,校企合作共建实训基地,创建了实训基地建设新模式,为高等职业教育实训基地建设提供了可借鉴的经验,得到各高职院和各级政府的高度认可。2009年,"化工技术类专业实训基地建设与运行模式的研究与实践"获得了国家教学成果一等奖。

常州工程职业技术学院校内外结合,多途径建设实训实习基地。在"四结合、六合一"实训基地建设理念的指导下,学院提出"三自主、三共建"的实训基地建设模式,即充分利用学院人才、智力优势,通过校企合作,对主体实训装置实行"自主设计、自主安装、自主调试",并采用"多系共建、师生共建、校企共建"的方式进行建设。

常州工程职业技术学院积极申报政府专项经费支持的国家级、省级实训建设项目,加强我院实训基地建设水平。目前,学院新型材料与建筑技术实训基地、光伏材料加工与应用技术实训基地为中央财政支持建设的国家级实训基地;焊接技术实训基地、化工与分析测试实训基地和生物制药生产性实训基地为省级财政支持建设的省级实训基地。以上实训基地实现了为常州市高职院校和中职校学生实训开放共享,每年接待近500人次。实训基地还成为全国化工行业示范性实训基地和职工、职业院校学生技能竞赛基地,教育部高职高专化工教指委教师培训基地,常州市总工会和相关行业协会职工培训和技能竞赛基地。

常州工程职业技术学院积极引进企业资金设备技术资源共建实训基地,共建有校企共建实训室18个,接受企业捐赠资金设备近600万元。其中建筑工程技术系与常州装饰材料市场流通协会共同策划筹建的"装饰建材大型实景样板展示厅"项目获得国家科技部设立的建材流通科技大奖"科学技术进步三等奖"。

常州工程职业技术学院实训基地实行开放、共享的运行管理机制。实训基地实行院、系二级管理,面向校内外开放。系部负责实训基地的日常管理,学院负责实训资源的统一调配,实现实训资源校内共享。值得一提的是,由常州高职园区五所学校共同承建的拥有14个实训基地的现代工业中心(该院承建2个实训基地),由园区统一运行管理,学院每年向园区缴纳200万元作为实训基地的运行费、维护费。各所学校学生经过申请,可以到任何一个实训基地进行实训。这一模式,实现了实训设备资源、教师资源、教材资源等方面的高度共享。每年使用园区共享实训基地的达4 400余人次。

常州机电职业技术学院完善实训条件,在以下两个方面做出了积极的尝试,取得了好的效果。一是建立了国家级示范数控实训基地。为配合“数控技术应用专业领域技能型紧缺人才培养工程试点专业”建设,江苏省财政厅于2004年8月(苏财教004196号文)给予该专业250万元的设备专项经费用于实训基地的建设。建成后的数控实训基地现在拥有机械加工实训中心、数控维修中心、现代设计中心、现代制造中心等13个校内专业实验、实训室,华中数控车床19台,数控铣床14台、加工中心9台,还有电火花、线切割等48台套数控设备,这些设备的先进性与企业保持同步,并配备先进的FANUC、SIEMENS、HASS等系统,高性能数控加工设备为培养学生的数控技术应用能力发挥了重要的支撑作用。二是建立了稳定的校外实训基地。江苏多棱数控机床股份有限公司、常州创胜特尔数控技术有限公司、常州东风农机集团有限公司、常林股份有限公司、江苏常发集团、中国南车集团戚墅堰机车车辆厂六家签约企业已成为数控技术应用专业稳定的校外实训基地。这些企业集团技术含量高,装备精良,管理规范。这些企业每年都要接受学生到岗实习,学生在校外实习基地充当职工角色,进行全方位的综合学习与实践,校外实习基地尤其对提高学生的产品质量控制意识、主人翁意识、实体量化意识、环境制约意识、责任意识、专业职业意识等方面发挥了关键作用。这些企业还为学校提供学生毕业设计的工程课题等,使学生有机会在解决工程实际问题的过程中,提高专业工作能力。该专业还与江苏多棱数控机床股份有限公司共建数控实训基地,与西门子公司共建数控维修中心,与美国EDs公司共建501idEge三维造型设计室,与北航海尔软件公司共建CAxA制造工程师设计室。这些企业的部分工程师还成为该专业的兼职教师,他们为学生授课、指导实习、开设技术讲座等。

苏州工业园区职业技术学院做好实践教学系统设计,在课程体系的建设中,始终把实践能力的培养作为设计的核心,使学生成为具有高素质的技能型人才,设计了“三级”实践教学体系。学院依据职业能力培养过程,明确规定专业人才培养方案中实践类课时不低于总教学时间的50%;通过案例实训、工训、综合实践课程、顶岗实习等实践教学环节,构建由基本技能→专项技能→综合技能的“三级”实践教学体系。一级实践教学,渗透在理实一体课程的教学中。学院大力推行理实一体的教学,积极建设工厂型实训基地,营造真实的生产环境,特别是将企业引进学校，建立了“苏州依维特电器有限公司”、“IVT 锦海捷亚仓储中心”、“顺丰速运 IVT 校园点部”、“IVT－八方 CTP 印前技术培训中心”等“校中厂”，为学生的实践教学提供好的教学条件。在教学中，采用 24 人小班制教学，积极推行行动导向教学法，以来自企业的鲜活工业案例为载体，使学生在基于案例的工作过程中，实施理论与实践的整合，做到教室与实训室合一、实训作业与产品合一、教师与师傅合一、教学过程与生产过程合一，保证了“做、学、教”三者合一。对于技能性强的课程还安排专门的工训周，加强学生实践能力的培养。目前，学院实践教学占课时比例的 50% 以上，生产性实践教学课时比例达到 90% 以上。二级实践教学，为学院学期项目的教学。学院借鉴 CDIO 工程教育模式，开设学期项目综合实践课程，要求每个学生针对每个学期课程模块，设计与制作一个学期项目，从而使学生亲身经历项目全生命周期，培养学生的综合运用知识与解决实际问题的实践能力。近三年，全院学生共完成了 1 852 个学期项目。三级实践教学，为顶岗实习。学生由学院推荐到校外实训基地进行顶岗实习，学生与企业签订协议，以准员工身份进行工作。通过完成企业实际的工作任务，培养学生适应企业文化、掌握生产过程、养成良好职业素质的能力，并以毕业项目为载体，使学生在实际工作中去分析问题、解决问题，促进学生综合职业能力的提高。基于人才培养模式的创新，学院积极开展顶岗实习工作，加强制度建设，改革实习管理工作。在实习时间上，参加顶岗实习半年以上的学生比例达到 100%；在指导上，以“100% 指导率、0 投诉率”为目标，学生满意度达到 96.7%；在管理上，从组织建设、制度建设、网络建设、台账建设等方面完善机制，充分调动实习管理各环节的管理效率，实习管理工作得到顺利开展，企业满意度达到 98.3%。三年来，学院共建设校外实训基地 339 家，建立企业顶岗实习工作站 67 个，实习基地的利用率达到 100%；走访企业 1 012 个次，积累指导老师谈话记录近 15 000 份；80% 的实习生能顺利在实习单位就业，10% 的实习生在实习期间就担任企业主管以上职务，10% 的实习生被实习企业派往国外进行“技术研修”，其中朱浩同学在企业实习期间就被任命为企业副总经理，负责德国安通·海瑞恩中国公司的业务管理工作。总之，在双主体人才培养模式的指导下，该院实习管理工作取得了较大的进步。

第五节　增加就业岗位　使高职院校毕业生有业可就

客观世界中的任何事物都不是孤立存在的，而是与其他要素间有着错综复杂的联系。有学者指出，高职教育与劳动力市场需求协调问题应置于社会、经济、科技、人口等背景下进行系统分析，协调发展对策的分析研究也需要基于对各子系统间复杂的非线性关系有较为全面和准确的把握。鉴于高职教育与劳动力市场需求之间的复杂联系，将从系统的视角构建高职教育与劳动力市场需求系统的动态模型。见图6.3。

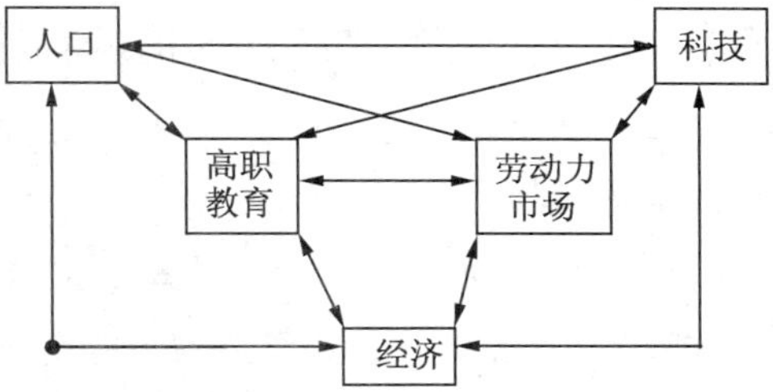

图6.3　高职教育——劳动力市场动态模型结构

毕业生就业形势总体上是受经济发展变化的影响。保持国民经济持续、快速、健康发展，是促进高职毕业生充分就业的核心保障因素。只有经济保持快速健康发展，才能创造更多的就业岗位。在保持经济增长的过程中，特别是在知识经济已见端倪的情况下，如何处理好发展知识密集型产业、资金密集型产业和劳动密集型产业的关系，提供比较充足的就业机会十分重要。

随着科学技术的进步，在经济增长的要素投入中，知识和技术要素替代劳动力要素是一种必然的趋势。江苏实施"科教兴省"战略，大力发展高新技术产业，奋力赶超国内外先进水平的同时，如何充分利用江苏劳动力资源丰富和成本较低的优势，大力发展劳动密集型产业和劳动资本双密集型产业。在推进工业化过程中，从省情出发，处理好技术进步、结构升级、经济增长和扩大就业的关系，实现经济与就业同步增长。

一、促进各区域之间的协调发展，整体增加就业岗位

由于历史和各方面的原因，过去30多年苏南地区经济发展很快，这些地区先富起来，带动了整个江苏经济的发展。但是，苏北相对滞后而产生的不平衡，制约了江苏经济的持续、快速、健康发展。因此，为了缩小区域之间的经济差距和促进经济整体发展，江苏省政府出台了加大对苏北欠发达地区的扶持力度，促进区域经济协调发展的政策，按照适度发展、集中开发、严格保护的原则，发挥自身资源优势，积极推进工业化，大力发展特色产业、资源加工业和劳动密切型产业，实现苏南与苏北共赢发展。这是扩大就业、促进劳动力流动和提高劳动力素质的极好机遇，也是解决江苏高职院校毕业生就业问题的理想选择。

政府要通过宏观调控改善经济环境，调整产业结构，促进经济的增长。要加

快苏中、苏北地区的发展，大力推进苏北的工业化进程，实施区域共同发展。经济环境的改善必然使企业效益有所提高，企业就会增加用人需求，这样可以相应增加高职毕业生的就业机会。同时也有利于缩小地区间的经济差异，吸引更多毕业生到苏中、苏北寻找就业机会。

二、调整所有制结构，大力发展私营经济，拓展就业岗位

20世纪90年代以来，江苏省就业的所有制结构发生重大变化。原来国有经济是主要就业渠道，近年来，国有经济实行减员增效，就业人数减少，新增就业岗位绝大部分是私营企业提供的。股份制经济、集体经济、个体经济和其他经济的投资增长幅度基本上都快于公有制经济的投资增长幅度。江苏省私营经济向依靠体制创新、技术创新和管理创新转变，提高综合实力和竞争力；向全面进入高附加值先进制造业、基础产业和新兴服务业转变，提高私营经济的产业层次和发展水平。努力提高私营企业的自主创新能力，努力提高私营企业的整体素质和经营管理水平。江苏私营经济转变的实现，将为高职院校毕业生提供广阔的就业空间。

三、调整产业结构，积极发展第三产业，扩展就业领域

高职毕业生大量去第三产业领域就业，是高等教育大众化时代高职毕业生就业的一个显著特征。因此，调整产业结构，积极发展第三产业，既是产业结构变化的客观要求，也是实现江苏高职院校毕业生充分就业的基本途径。从20世纪50年代到90年代，法国、德国、意大利和英国在第三产业就业的高校毕业生比50年代显著增多，同期就业于第二产业的高校毕业生呈现程度不同的下降趋势，而在第一产业就业的比例急剧减少。从投入产出效果看，每投资100万元提供的就业岗位，重工业是400个，轻工业是700个，第三产业是1 000个。第三产业每增加1个百分点的就业比重，就能够增加1 000万个就业机会。

当前江苏就业人口正逐步从第一产业转向于第二、第三产业，开始形成“二、一、三”逆转的劳动力产业配置格局。但根据世界发达国家或地区经济发展经验来看，江苏第三产业还有很大的发展空间。因此，借鉴发达国家的经济发展经验，江苏今后将进一步调整产业结构，扩大第三产业的比例。就目前江苏高职院校毕业生就业去向的实际情况来看，在第三产业就业的比例越来越高。进一步发展第三产业是江苏今后经济发展的一个努力方向，要通过加快重点行业和行业中重点项目的发展，带动整个第三产业发展。重点发展第三产业，尤其是第三产业中新的经济增长点的产业，如旅游业、新型流通业、社区服务业、信息服务业、广告业、文化产业、展览业、体育产业、科技服务业和金融业等劳动力密集

与知识密集相结合的行业，实现经济发展与增加就业岗位的双赢。

四、积极发展中小企业，努力拓展就业领域

中小企业作为劳动密集型企业，今后将是高职院校毕业生的主要择业领域。在抓好大型企业发展的同时，积极促进和支持中小企业的发展。大型企业和大型企业集团，特别是高新技术产业的大企业，在国民经济发展和提高技术水平方面起着主导作用；另一方面，又不能忽视中小企业的发展对促进经济增长的重要作用。以同样产值计算，中小型工业企业吸纳的就业容量为大型工业企业的1.43倍。从同样固定资产投资来看，国有小企业占国有企业数量的85%，占用国有资产仅17%，吸纳就业却为74%，吸收的就业容量为大型国有企业的14倍。显然，中小企业在增加就业机会过程中处于十分重要的位置。据统计，中小企业是江苏省劳动就业的主要领域，尤其随着市场经济的发展，中小企业在增加就业机会方面的作用越来越大。为此，国家颁布了《中小企业促进法》，旨在做好对中小企业的扶持、引导和服务工作，努力为中小企业的创立和发展营造良好的环境。《中小企业促进法》提出，一方面要加快中小企业中劳动密集型行业的发展，要运用现代经营理念和方式改造商贸物流、交通运输、市政服务等传统服务业，提高传统服务业的服务质量和经济效益；大力发展对劳动力吸纳能力强的商业、餐饮、旅游、娱乐等传统行业，以及居民服务业和家政服务、社区服务业等新兴行业，不断拓宽人口的就业领域。另一方面还要广泛吸引资本，放开投资领域，建立和完善相关的市场服务体系法律法规，维护中小企业及就业人员的合法权益，通过完善体制及环境促进中小企业的健康发展。

五、高职院校加大力度，拓展就业机会

一方面向各行业协会的知名企业定向推荐毕业生，由就业职能部门牵头、各部门配合，做好校友联络工作，建立优秀校友数据库，通过校友推荐优质就业岗位。另一方面要定期开展家长联谊会，借助学生家长的社会资源，提高毕业生就业签约率和就业质量，并与专业机构合作开展市场推广，在高档写字楼投放广告等吸引知名企业来校招聘。再一方面要完善就业信息库，不断积累知名企业资料，及时整理更新企业数据库，并形成长效机制。

与此同时，高职院校还应引导毕业生放眼未来更为广阔的就业市场与环境，只有这样，才能充分发挥个人的潜能，实现人生的价值。当然，毕业生在择业时，如果不能权衡好社会需求与人生价值的关系，就会影响到个人职业理想的实现。社会是展示个人的优势和特长，实现自我价值的平台，个人的优势和特长要在满足经济的发展和社会需求的前提下，才能充分实现其价值。

随着中国社会主义市场经济体制的确立和不断完善，毕业生通过主动积极寻找就业目标市场实现就业，已经成为高职毕业生实现就业的必然趋势。在这种条件下，用人单位和毕业生之间通过双向选择，找到适合各自需要的人才和岗位，即用人单位通过劳动力市场上的信息选择符合企业需求的劳动者，毕业生也通过劳动力市场上的信息选择适合自己未来职业发展的岗位。因此，高职毕业生在择业的过程中，应该做好竞争的思想准备，主动寻找就业目标市场，努力培养自己的就业竞争能力和社会适应能力。

例如，常州工程职业技术学院坚持“走出去，请进来”的方式，拓展就业市场，积极举办每年一度的大型招聘会，确保大部分学生顺利就业。积极筹划组织毕业生供需洽谈会，前期结合专业特色，广泛联系和搜集省内外新老用人单位需求信息，尽力邀请用人单位来院参加就业洽谈会，努力为毕业生提供就业机会。保持与用人单位的长期合作，建立长效机制。近年来，学院一直与扬子石化、华润包装材料有限公司、上海大众公司、宝洁公司等单位保持合作，定期收集信息，征求用人单位的需求意见，与他们建立起了实习、就业一条龙相对稳定的就业基地，使学生在实习中锻炼，用人单位在锻炼中选人。积极搭建网络平台，为学生提供更多机会。进一步完善和更新就业中心网页——“就业信息网”，及时将用人单位招聘信息公布在网站上，为毕业生就业创造条件，增加毕业生就业机会。各系部还通过飞信和QQ群及时给学生发送招聘信息、就业指导等内容，实现信息最快传达。

连云港中医药高等职业技术学校立足连云港，放眼“长三角”。学校地处黄淮海平原上的连云港市，比邻“长三角”就业高地。在就业工作中，学校一方面针对毕业生中本地生源比例较高且连云港市医药工业比较发达的现状，立足连云港为学生寻找就业岗位；另一方面，面对连云港经济社会发展相对落后、就业机会相对较少的社会现实，学校走出连云港，到“长三角”经济发达的苏州、无锡、常州、南通、泰州、南京、上海、杭州等地为学生谋求出路。通过长期的沟通，部分医院、企业对该校的毕业生已有较高的认可度，每年都有多家企业、医院接纳该校的学生以就业的名义参加实习，降低了学生的就业风险，有效提高了毕业生的就业率。每年，学校通过信函、致电、走访等手段广泛向用人单位宣传学校和毕业生，收集用人信息，并及时举办不同专业、不同规模的校园招聘会。对重点用人单位，则为他们组织专场招聘活动。针对2011年毕业生，共举办各种规模的校内毕业生供需见面会近20场，现场提供就业岗位近1 000个。每场招聘活动都精心组织、热情服务，努力让用人单位领导满怀希望而来，携着满意而归。

第六节　改善就业环境　使高职院校毕业生有业乐就

就业环境主要是指影响高职院校毕业生的宏观社会环境，包括政府的就业政策与就业市场建设等。

一、江苏高职院校毕业生就业环境存在的问题

江苏高职院校毕业生就业由统包统分走向自主择业阶段，也使高职院校毕业生就业市场由无至有、由不成熟逐步走向成熟、由不完善逐步走向完善。完全的市场化阶段应该是这样的一个概念：高职院校毕业生在国家法律、法规、政策的指引下，借助劳动力市场这个平台，采取自主择业的就业方式。高职院校毕业生凭借个人能力及综合素质到劳动力市场中公平地参与竞争，用人单位凭借其工作条件、福利待遇和发展前景吸引毕业生。毕业生和用人单位之间本着平等、互利、公平、自愿的原则，签订就业合同，并依法履行合同所规定的各项权利与义务。当前江苏高职院校毕业生就业体制改革还没有完全到位，还存在比较明显的计划经济色彩，高职院校毕业生的就业依然存在体制性障碍。一是市场配置水平比较低。毕业生自主择业政策的实施，启动了毕业生就业市场，而市场的形成，改变了传统计划经济体制下毕业生人才资源的行政配置方式，取而代之的是以需要为主导的市场配置方式。市场配置就是在建立人才市场的前提下，使市场对人才资源的配置起基础性作用。由于江苏高职院校毕业生就业市场的建设和规范不够，缺乏统一的高职院校毕业生就业市场体系。从横向来看，目前是劳动部门举办劳务市场，人事部门举办人才市场，教育部门举办毕业生就业市场。由于就业市场信息不顺畅，毕业生与用人单位的有关信息传播和反馈均存在一定程度的短路现象，致使用人单位又难觅满意的毕业生。这种条块分割、互不联系的人才市场，使毕业生就业的资源信息无法共享，招聘有效性低，就业成本高，人力资源难于做到有效配置，对高职院校毕业生就业缺乏有效的调控和引导。

二是户籍制度改革滞后。长期以来，高校招生一直实行档案转入高校管理的制度。由于江苏区域经济发展不平衡，苏南地区的就业需求和薪酬水平明显高于其他地区。比较而言，苏南地区对高职毕业生更具有吸引力。不但本地生源的高职毕业生愿意留在这些地区就业，而且非本地区生源也想方设法争取到这些地区就业。为保护当地毕业生的就业利益，地方政府继续沿用一系列计划经济遗留下来的政策，如以户口为核心的就业方案管理、人事指标审批管理、人事档案管理、报到证管理等，其实质是继续捍卫计划经济时代遗留下来的毕业生

分配管理思想。其实,对于因户籍制度而影响高职院校毕业生的就业问题,国家早已认识到,并就此做出了相应的规定。如规定省会及省会以下城市要取消进人指标、户口指标等限制,毕业生跨省、跨市(地)就业,允许毕业生在2年内寻找工作期间自由选择将档案、户口保留在学校或生源所在地等。但在现实上,真正打通毕业生进入城镇基层、农村和非全民所有制等领域渠道,在执行层面上还存在许多体制和机制上的障碍。现行的人事制度尚不能与毕业生就业市场化的择业机制相协调,一些毕业生好不容易找到了合适的单位,但却在协议的签订、报到手续的办理、档案关系的划转等方面得不到人事制度的认可和支持,重要原因是受到户籍关系的制约。还有,虽说是允许毕业生可以自由选择将档案、户口保留在学校或生源所在地两年,但许多高职院校却仅仅保留少数毕业生的档案和户籍,而将大部分毕业生的档案和户籍推到了生源所在地。另外,现行的人事制度对人才流动也产生严重束缚。所以,一些毕业生宁可选择待业或失业,也不匆忙就业。这些制度上的束缚和障碍直接影响着高职院校毕业生的就业质量。

三是劳动力市场分割的影响。江苏省劳动力市场的分割主要表现为城乡劳动力市场分割和不同地区劳动力市场之间的分割。城乡劳动力市场的分割使毕业生就业市场范围受到很大限制。高职毕业生通常只愿意在城市就业,其结果是高职毕业生在城市就业越来越困难;由于城乡差别、户籍制度等的影响,毕业生一旦到农村就业就难以回到城市,导致了一部分高职毕业生宁愿在城市暂时失业也不愿意在农村就业,从而增加高职毕业生失业的人数与比例。不同区域毕业生就业市场之间在一定程度上也是分割的,高职毕业生在不同区域之间的流动是受到户口等诸多因素限制的。这样,也就难以实现不同地区教育资源和毕业生资源的优势互补。

二、江苏高职院校毕业生就业环境优化对策

总体来看,江苏高职院校毕业生要想实现真正的自主择业,须要拥有适宜的就业环境。但江苏高职院校毕业生就业环境还不尽如人意,突出地表现为体制性障碍,如市场配置水平比较低、户籍制度改革落后、劳动力市场分割。因此,要想实现江苏高职院校毕业生的充分就业,必须完善其就业环境。根据发达国家或地区的成功就业经验,可以从以下几个方面着手改善就业环境。

(一)完善就业制度

高职院校毕业生就业制度不完善直接影响着高职院校毕业生的就业。在影响江苏高职院校毕业生就业的制度方面,主要表现为人事和户籍制度改革滞后及执行不到位、就业激励政策力度不够。因此,须要采取有针对性的措施予以解决。

深化人事制度和户籍制度改革,放宽户籍控制,加大毕业生择业在地域上的自由度。凡是毕业生找到合法、稳定的工作岗位,所在地应允许落户,人事管理按市场体制要求加以改革,通过法律法规的健全加以规范,以合同或协议方式来规范毕业生与用人单位的关系,在法规的框架下实现毕业生择业的自由,破除束缚人才流动的壁垒和限制。简化毕业生报到程序和落户程序,为毕业生创造更加宽松的就业环境。苏北经济欠发达地区、中小企业和民营企业都是未来吸纳高职院校毕业生的重要区域和领域,这些地区要形成科学合理的毕业生就业体系来吸引各类人才。

在国家政策规定范围内,切实落实用人单位的用人自主权。省会及省会以下城市取消进人指标、户口指标等限制,以利于高职院校毕业生就业畅通。取消限制高职院校毕业生合理流动的政策规定,允许高职院校毕业生跨地区就业。改革户籍和劳动人事制度,健全人才流动机制,建立统一人才市场。彻底打破在计划时期形成的传统身份观念,促进毕业生向职业技能岗位就业,不要千军万马去挤公务员、管理层的"独木桥"。要把毕业生的就业纳入政府新增劳动力就业保障体系,对半年以上未能就业的毕业生实行失业登记制度,按社会保障制度给予基本生活补助和就业培训。

在就业政策方面,应进一步改革毕业生派遣制度,为毕业生就业创造有利条件。在户籍管理方面,要做到能使毕业生和用人单位放开户口包袱,真正实现双向选择。在人事制度方面,要加大对用人机制、单位编制等的改革,打破地区、部门、行业壁垒,允许合理流动;要逐渐建立和完善与毕业生就业相关的社会保障体制,将失业的毕业生纳入社会保障系统,促使毕业生愿意到各种所有制单位就业,解除毕业生到非国有单位工作的后顾之忧。

改革档案管理制度。改革档案管理制度的可行办法是建立像美国的社会安全号码一样,在全国建立一个毕业生档案管理中心,对毕业生的档案进行电子化管理。用人单位可以根据需要通过互联网查询大学毕业生的档案,为全社会创造一个灵活、自由、流动的人才发展空间,从而有利于毕业生就业。

(二) 完善就业激励政策

为鼓励高职毕业生到特定的地区就业或从事特定的职业,实施高职毕业生人力资本投资收益的补偿机制是国际惯例。美国的补偿措施就包括联邦政府贷款减免政策、各州贷款减免计划、军队贷款偿还计划(激励毕业生到军队服役)、美国护理教育贷款偿还计划(受益的护士在护士短缺地区合格的机构提供服务等)。例如,美国 FEEL 贷款项目规定,"联邦政府对于连续 5 年在指定的小学或中学作为全职教师从事低收入家庭学生的教学服务工作的大学生可以享受贷款免除的政策,最高免除额可达完成 5 年教学工作后未偿总额中的 5 000 美元"。

帕金斯贷款项目规定,“在教师短缺地区全职从事数学、科学、外语、双语教育或其他领域的全职教师,在以上条件下,大学生最高可以免除100%的贷款。如果毕业生参加美国军队并在敌对或高危地区服役,最高可免贷款50%”。美国护理教育贷款偿还计划(NELRP)规定,所有该计划的参加者必须签订合同同意在护士短缺地区合格的健康机构全职就业2-3年。该计划将为工作2年的毕业生偿还60%的贷款,为工作3年的毕业生偿还85%的贷款。

从江苏省近年出台的大学生就业激励政策来看,其优惠政策倾斜力度还不够,对大学毕业生的吸引力不是很大。如宏观要求提得多,具体优惠政策提得少;优惠政策定性提得多,定量规定的少。省政府可以在现有优惠政策的基础上,出台进一步的倾斜政策,对高职毕业生的收益进行合理补偿。如对到苏北地区基层工作的毕业生,给予工资待遇、定级方面的优惠,给予房屋补助,或安家费、生活费、岗位津贴等方面的补贴。这不仅是解决高职生就业和苏北地区劳动力转移带来优质人才稀缺的问题,也是锻炼高职毕业生、为国家培养储备人才的战略举措。

在激发社会企业吸纳高职生就业的积极性方面,目前的利益驱动机制还比较缺乏。从整体上看,激发社会企业吸纳高职生就业的动力普遍不足。因此,建议江苏省政府在利益机制上多做文章,出台鼓励企业吸纳高职生的税收减免政策,真正给社会企业一定实惠,最大限度地激发社会企业吸纳高职生就业的动力。社会企业有动力了,高职生就业障碍就会少得多。

与此同时,像发达国家或地区一样,在高职生创业方面出台激励政策。建议江苏省各级政府设立高职生创业基金,向希望创业并具备创业项目的学生提供贷款或优惠政策支持。协调各有关单位(如财政局、工商局、税务局、人事局、社会劳动保障局等),制定并实施一系列的优惠政策和措施,诸如简化开办公司审批手续、设立小额贴息贷款、实行减免税收政策等。由地方毕业生就业中介机构代理工商登记、公司注册等一系列手续,积极扶持毕业生自主创业。对于到农村地区创业的高职院校毕业生,政府给予政策激励。如可以根据当地农村产业结构和产业化经营方向,扶持毕业生成立经销公司;也可以鼓励支持毕业生到农村建立科技创业示范区;还可以支持毕业生加入农村科技推广服务体系,成立农业民营科技咨询企业,通过合法经营去创业发展。

(三)加强就业市场建设

高职毕业生就业市场是当前高职毕业生实现就业的重要形式。高职毕业生在就业过程中表现出就业时间相对集中、就业压力大等特点,由此建立统一、完善的高职毕业生就业市场显得十分紧迫。就业市场是在某一时间内把用人单位与毕业生组织在某一场所,为双方进行交流和双向选择提供的就业平台。目前高职毕业生就业市场建设大体分为四个方面：1）办好以学校为主体单独举办的毕业生就业市场。2）建立学校联办的毕业生就业市场制度。这主要是指由两所或若干所高职院校联合举办的就业市场。这种就业市场最大特点是，集中各高职院校用人单位的资源，优势互补，参会的单位也比较多，涉及的招聘专业也比较齐全，具有一定的代表性。3）政府应组织好地区性、区域性的就业市场。如各地方教育主管部门或各人事局举办的为本地毕业生就业服务或为本地用人单位招聘服务的就业市场。这种形式的就业市场最大的优点在于能够比较准确地反映出这个地区或区域性的人才需求趋势。4）重视企业的专场招聘会，也称宣讲会。完善的就业市场能够使用人单位与毕业生双方的信息保持充分的畅通，减少双方搜寻的时间与费用。当前江苏高职院校毕业生就业在一定程度上存在着结构性和区域性的困难，因而地方政府需要进一步培育毕业生就业市场，进一步加强毕业生就业市场建设，以缓解毕业生结构性和区域性矛盾。根据江苏高职院校毕业生就业市场运作现状，笔者认为江苏高职院校毕业生就业市场的建设，可以从如下几方面给以加强，以改善毕业生的就业环境。

1. 加强就业市场的法规建设

就业市场建设的一项重要任务就是建立一整套适应江苏经济社会发展需要，有利于形成公开公平的就业环境法规。就业市场法规建设主要包括三个方面：一是建立就业市场的法规，确立市场秩序，规范就业市场参与者的行为，维护各方的合法权益。政府制定法规，使企业成为适应市场的法人实体和主体，确保用人单位真正享有用人自主权，成为就业市场的主体。在确认高职院校毕业生的劳动力完全归毕业生个人所有的基础上，保证他们在就业市场中享有完全的择业自主权，政府逐步取消在就业范围、就业方向上的种种限制，使他们在更广阔的范围内择业，使他们的择业自主权得到充分实现。针对目前部分用人单位存在“人才高消费”的不合理现象，政府像制定最低生活保障标准一样，根据各地区劳动力成本和各专业人才紧缺程度尽快制定出各层次人才的月薪或年薪标准，来引导用人单位根据劳动力成本和劳动效率录用相关人才。二是制定就业工作程序，明确市场参与者的权责和分工，使就业工作标准化，提高就业工作效率。三是建立就业市场的监督和仲裁机构，以便及时处理就业市场运作过程中产生的各类纠纷。政府制定规则约束用人单位在招聘过程中的不规范行为，如性别歧视、户籍歧视、学历歧视和关系歧视等，强化签约规则，反对毕业生的“违约失信”行为。

2. 加强就业市场的信息网络建设

江苏信息技术比较发达，但在毕业生就业市场中发挥的作用还不大，其主要原因是毕业生就业市场的信息化建设滞后。加强信息化建设，打造一个共享的供需信息平台越来越显得必要。目前，人事、劳动、教育等部门都分别建立了各自的网络信息平台，但是，出于部门利益考虑，相互封闭，未能实现互联互通、信息共享，导致信息渠道不畅通、岗位信息利用率低。信息网络系统是个无形市场，它高效、准确地收集、筛选、分析、评估信息，使信息资源实现共享，信息量得以扩大，信息管理标准化、规范化，最终实现就业信息的综合利用，实现人才资源的优化配置，更好地发展和完善毕业生就业市场。因此，江苏省政府可以建立一个集信息发布、信息查询、信息交流等多功能于一体的就业信息平台，加强信息服务，使大量的信息交流能在网上进行，减低就业成本，提高就业效益。各高校就业指导服务机构与各级人才交流服务机构、公共职业介绍机构合作，共同加强与用人单位的沟通，逐步建立起统一的高职毕业生就业服务信息网络，实现高职校与省两级就业网的联通和就业工作的信息化，及时发布需求信息，为高职毕业生与用人单位搭建方便、覆盖面广、资源丰富的信息平台。建立以高职为中心的辐射型信息网络。兼顾不同区域，大跨度、全方位、定点、定线地与校友联系，通过大众传媒源源不断地收集各地的人才需求信息，了解历届毕业生的工作情况，增强高职教育在市场经济条件下的适应能力。

所以要加快劳动力市场信息管理系统的建设，建成现代化的劳动力市场信息网络体系，尤其是要加快建立“双向沟通，四级互联”的“高职教育—劳动力市场”信息网络平台，从而既可实现信息资源的共享，又可通过提供信息平台等方式把管理寓于服务之中，加强对劳动力供求结构调整的宏观调控。总之，信息网络系统的建设，有助于实现高职教育与劳动力市场需求的协调发展。

此外，政府部门应针对就业市场中还存在着一些秩序混乱、缺乏监督的情况，加强调控和管理力度，出台相关管理办法和规定，统一规范高职毕业生就业市场，保证市场秩序。要将毕业生招聘会纳入政府的公共服务之中，以为毕业生服务为宗旨，尽可能组织大量专业化、多样化、小型化的供需见面会，提高招聘的成功率。充分运用现代化网络手段，构建互联网上的信息平台，并与用人单位和高校之间的网络体系连接。

3. 建立通向农村的就业机制

从目前情况看，广大农村主要需要农业科技人才，与农村工业化建设相适应的技术、管理与经贸人才，与农村城镇化建设相适应的各类人才，教育与文化工作者，医疗卫生人才，公共管理人才。随着农村及小城镇邮电通信、房地产、金融服务、交通运输等行业的发展，网络服务、经纪人、金融、物流等方面的人才将会有大量的需求。江苏农村各级各类人才严重匮乏的现状与实现农村小康对各级各类人才的巨大需求不相称。如何适应全面建设小康社会的需要，引导大学毕业生走向农村，在加快农村发展的伟大实践中成才立业，解决好江苏高职院校毕业生就业结构性与区域矛盾性，缓解毕业生就业压力，优化江苏人力资源配置，真正把毕业生引导到农村就业，需要从以下几方面采取措施：

一是政府采取优惠政策，鼓励和扶持高职生到农村就业。对于到农村工作的毕业生，政府可考虑减免助学贷款、择优保送深造等措施；也可在社会保障、子女升学等方面对他们进行帮助，解除他们的后顾之忧。

二是政府可考虑制定新政策，鼓励和扶持高职院校毕业生在农村经济发展的新需求中自主创业。如根据农村产业结构调整和产业化经营方向，扶持毕业生组建中介服务公司，培养一支高层次的农业经济人。地方有关部门可以把高职院校毕业生组织起来，聘请专家对他们进行系统培训，在此基础上出台倾斜政策，从资金、场地、税收等方面鼓励和扶持毕业生成立经销公司。毕业生通过公司与市场上的各种采购签订合同，开展以产前预约为主要内容的中介服务，既促进农产品的销售，又可以从中获益；鼓励毕业生到农村承包荒山和荒地，建立科技创业示范园区，发挥毕业生专业技术特长；支持毕业生加入农村科技推广服务体系。在农村结构调整的过程中，广大农民在生产经营中出现了许多新的技术需求。有关部门可以出台优惠政策，鼓励高职院校毕业生在国家许可的范围内，围绕种子、农药、化肥等农业生产资料等方面的需求，聘请农业院校资深教授为顾问，成立民营科技服务和咨询企业，开展多种形式的经营服务。高职院校毕业生参与农技推广体系建设，不仅可以提高农技推广水平，扩大农技服务面，而且通过合法经营解决自己的就业问题，在农村闯出一片新天地。①

总之，各相关部门要加大改革力度，加强高职毕业生就业市场的研究、探讨和实践，积极培育规范、健康和法制化的各级劳动力就业市场；深化人事劳动、户籍、档案、社会保障等制度的改革，制定灵活优惠的政策，鼓励高职毕业生的合理流动。各级部门要紧密结合实施扩大内需，促进经济增长的措施，千方百计扩大就业空间。

第七节　培养就业能力　使高职院校毕业生有业能就

就业能力是个人所拥有的技能与劳动力市场所要求的技能之间的适应关系。Thijssen 将就业能力的定义划分为核心定义、广义定义和泛化定义三个层级水平。其中，核心定义是指个体的一种在既定劳动力市场上成功从事某种职业的潜力；广义定义是决定个体将来在劳动力市场上位置的所有特征；泛化的定义

---

① 罗三桂：《广东高职院校毕业生就业问题研究》，厦门大学博士学位论文，2007 年。

则包括了各种相关因素和教育因素，是指决定个体在劳动力市场上的所有个体特征和其他相关因素。谢志远认为，大学生就业能力是大学生在校期间通过学习和实践而获得的工作能力，包括保持工作以及在工作中获得晋升的能力。本节中的就业能力便是指高职毕业生找到工作的能力，可主要从就业指导、职业资格制度和创业教育三个方面进行分析。

一、加强就业指导

加大就业指导力度，实行就业指导全程化、全面化与全员化。高职院校应该通过各种形式对学生进行就业指导教育，提供全方位就业指导服务。

1）全程化。在学生刚进入学校就开始就业指导，以三年制高职为例，具体来说，第一年着重进行职业生涯规划，让学生了解当前社会对高职人才的需求状况，了解高职毕业生的优势，准确定位。第二年着重基本技能的培养，加强专业基本能力和实践动手技能的训练。第三年着重开展择业技巧的辅导，指导毕业生如何有针对性地开展双向选择，顺利就业。2）全面化。不仅对学生开展一般意义的指导，还应对学生进行心理咨询和指导，主要是帮学生做好心理定位，并对学生个体特性进行分析，发现学生的优势，引导学生自我分析、树立自信；同时也对学生进行升学指导，帮助其获得科学发展目标的定位。3）全员化。学校要全员参与学生就业，有效整合一切资源，不仅学校的就业指导教师，包括班主任、辅导员及家长，都要参与到就业指导中。学校要与家长取得联系，获得有关学生的信息，这对于了解并帮助学生进行职业规划具有重要作用。因此，高职院校应结合自身的特点，从各方面入手，系统改革就业指导工作。

职业指导课要列入教学计划，系统设置职业指导课程，授课内容与方法要不断创新。要着重开展就业能力训练，要求学生根据用人单位的不同需求做多种准备，并上台演示，让学生模拟面试形式，如结构化面试、非结构化面试、情景模拟、压力面试等，设置不同背景、行业的企业，训练学生的就业应变能力。强化就业指导，对就业工作需要加强。科学合理的职业生涯规划是高职生高质量就业，迈向事业成功的第一步。高职生要主动走向市场，适应市场。从一入学，就要密切关注就业形势的变化，根据社会用人需求的变化，调整自己的知识结构和素质结构，正确设定自己的职业发展目标，并制定行动计划的具体措施。

建立完备的就业指导体系。高职院校、用人单位和政府主管部门均可作为高职毕业生就业指导的主体，它们可以对高职毕业生进行宏观就业形势和就业政策方面的指导，就业指导主体多样化可以保障高职毕业生树立良好的择业价值观。高职院校要主动发挥主渠道作用，在开展毕业生就业指导过程中，应该不断加强与社会机构以及其他政府部门之间的联系，帮助毕业生提高就业竞争力。

政府部门、学校、用人单位以及社会各界人士应该各司其职，充分发挥自身的优势和特点，对高职毕业生进行全方位的就业指导，积极完善和规范就业市场，从而形成更加庞大的就业指导服务体系和就业信息网络，以更好地为高职毕业生提供积极有效的就业指导。高职毕业生要主动出击走进就业市场，去了解就业需求状况，在就业市场中亲身体验和感受就业氛围。

因此，对已经接受高职教育的学生来说，必须早作准备，根据自己的发展目标，对自己的成长做出规划。就业工作是个系统工程，必须进行全程化、系统化、职业化的培训。高职院校要按照不同阶段的不同任务对学生实施有针对性的指导，针对低年级学生，重视他们的职业生涯启蒙教育，举办职业生涯培训，进行系统的职业培训。针对高年级学生，着重进行职业定向指导、创业指导和就业服务，将几个阶段相互贯通，有机连接，从而形成较为完善的就业指导体系。

二、完善职业资格制度

1994 年颁布实施的《劳动法》规定，“国家确定职业分类，对规定的职业制定职业技能标准，实行职业资格证书制度，由经过政府批准的考核鉴定机构负责对劳动者实施职业技能考核鉴定”；1996 年颁布实施的《职业教育法》规定，“实施职业教育应当根据实际需要，同国家制定的职业分类和职业等级标准相适应，实行学历证书、培训证书和职业资格证书制度”；2004 年《教育部等七部门关于进一步加强职业教育工作的若干意见》明确，“完善就业准入制度和职业资格证书制度，积极推进职业院校学生职业资格认证工作”。尽管从政府层面已经出台了一系列规定推进职业资格制度，但是，目前还存在很多问题。

其一是“就业准入”制度没有完全被贯彻落实。目前仍有不少用人单位招用没有经过职业教育和培训的新生劳动力和不具有职业资格的人员直接上岗，没有严格执行《劳动法》和《职业教育法》有关“先培训、后就业”的规定，没有严格按照“从取得职业院校学历证书、职业资格证书和职业培训合格证书的人员中优先录用”的原则录用人员。其二是高职教育与职业资格证书制度脱节。高职院校的培养目标、教学内容与职业资格标准之间缺少对应关系，学校的教学方式与职业能力培养的要求缺乏有机联系。可以从如下几方面加以推进：

一是加强“就业准入”制度的执行力度。社会有关部门严格执行新生劳动力就业准入制，营造“有证能上岗，无证不能上岗”的就业环境，使资格证书制度落到实处。劳动保障、人事和工商等部门加大对就业准入制度执行情况的监察力度。对违反规定，随意招录未经职业教育或培训人员的用人单位给予处罚，并责令其限期对相关人员进行培训。

二是加强高等职业教育与职业资格证书制度的衔接。从近期来看，将职业资格标准与高职教育专业人才培养方案建立对应关系,即职业资格培训与鉴定内容在高职教育专业人才培养方案中体现,以便学生完成职业资格标准和职业技能鉴定大纲所要求的理论与实训内容。各高职院校专业人才培养方案结合相应职业资格标准的要求进行制定,将职业技能鉴定的有关培训内容纳入人才培养方案之中。以职业资格标准为导向,改革现有的课程体系,采用模块式课程结构,整合课程教学内容,进一步突出职业能力的培养,加强实践教学环节,增加实验、实训的时间和内容,做到理论与实践、知识传授与能力培养相结合,将能力培养贯穿于教学的全过程。在编制人才培养方案时,将实践教学环节和职业资格鉴定的实训结合起来。实训课和综合实践课的要求和安排,尽量模拟职业资格标准中的鉴定模块,使学生在获得学历证书的同时顺利获得相应的职业资格证书,增强就业竞争力。

三是建立健全职业资格证书体系。一方面,充实职业资格证书的内涵,使职业资格证书内涵能够反映相对应的岗位所要求的文化素质与技能素质。建立真正意义上的职业资格制度,建立职业资格与学历的对应和衔接关系,提高职业资格证书的地位和声誉,扩大职业资格证书的作用。另一方面,拓展现行职业资格证书的覆盖面,使职业资格证书能够覆盖国民经济主要职业的要求,能够适应在高职院校中推行职业资格证书的要求。

例如,江苏经贸职业技术学院积极引入国家劳动等部门颁发的行业职业标准,根据职业岗位要求将认证教育课程"嵌入"到相关专业学历教育课程体系中,使其课程化。同时,学院还将不同类别、等级的职业资格证书折算成相应学分,纳入总体教学设计中,用证书推动人才培养模式的创新。学院电子商务专业将助理电子商务师资格考试中的"计算机网络基础知识"内容嵌入"计算机网络技术"课程中,将"网络营销基础知识"嵌入"网络营销"课程中,将"电子商务法律法规"嵌入"电子商务概论"和"电子商务实务"课程中,将"电子交易"模块的相关知识嵌入"物流管理"和"电子商务概论"等课程中。国际贸易实务专业根据自身的人才培养定位,通过市场调研,会同专业教学指导委员会专家,对职业岗位群能力进行分析,分解提炼出从事具体职业岗位工作所需的核心职业能力,根据能力要求来设计具体的理论课程和实践课程。引进了含金量高、社会认可度高、需求旺盛的报关员、单证员、报检员、货代员权威职业资格证书,对应这些证书开设了相关证书课程,形成了融课程教学与职业资格认证于一体的国际实务课程体系。

江苏经贸职业技术学院将职业资格证书考试大纲与课程标准相融合,使教学内容与岗位核心能力的要求相吻合,依据企业对电子商务师等岗位要求,本着"实用、够用、能用"的原则,调整相关专业核心课程的内容,使其同岗位核心能力的具体要求相对应，同职业技能的要求有机地融合起来，确保教学内容与资格证书考核内容全面接轨，构建职业资格证书"直通车"。

江苏经贸职业技术学院证书课程的考核可以以职业资格证书的考核作为评价方式，学生取得职业资格证书可免修相关课程，实现课程考核与证书考核接轨，激励学生取得"双证"或"多证"，增强就业竞争力。同时，学院的江苏流通现代化工程实训基地与相关专业的职业技能资格考试系统进行了无缝对接，除上述的电子商务师等考试系统外，还有物流师职业资格考试系统、会计电算化培训系统等，使得教师和学生在实训基地可以自主学习，既可以掌握专业的相关业务知识和技能，及时把握行业发展的新动向，又能大大方便学生参加主管部门统一组织的职业技能资格考试。①

三、进行创业教育

大学时期，学生的心理逐渐走向成熟，世界观、人生观也逐步形成，外部环境将对学生的思想行为产生深刻的影响。因此，在创业教育的开展过程中，要着重加强培养学生的创业心理品质，对学生的心理变化及时把握并给予正确的引导，有针对性地培养学生的创业心理品质。

（一）设置创业情境，激发创业动机

创业动机是引发个体从事创业行为的内部动力，创业动机能够促使创业者的创业行为目标更加明确具体。在培养学生创业动机时要善于利用外部环境激发内在的动机，如设置创业情境。高职院校在设置创业情境中，要考虑创业情境的专业适应性，根据专业设置相适应的创业情境。同时，创业环境的布置要合理，创业教育课程的安排要科学，创业实践活动的设计要合理，能最大限度地激发学生的创业动机。帮助学生分析自身情况，设立切合实际的创业目标。同时，学生已经形成的创业动机要不断得到强化。

（二）树立信心，培养创业兴趣

创业兴趣是创业的最大动力，是能否坚持创业的关键。有了兴趣爱好，就有了努力奋斗的动力，只有这样才能在创业过程中以坚韧不拔的态度迎接挑战，追求事业直至成功。但是，高职院校的学生大多因为高考分数低而对自己的知识、能力缺乏自信心。教育者要帮助学生树立信心。

高职院校可以发动学生组建创业协会，创业协会组织学生开展各种活动，使学生在活动中重新认识自己的能力。如具体的商业案例策划，既锻炼学生的动手能力，又在实践中培养了创业兴趣；邀请创业成功的校友返校畅谈创业心得以

---

① 王兆明等：《经贸类高职课程改革和建设的探索与实践——以江苏经贸职业技术学院为例》，《中国高教研究》，2007 年第 9 期。

及组织观看创业宣传片。通过一系列潜移默化的熏陶,促使学生克服自卑心理,树立自信心,形成正确的认识,以浓厚的兴趣参与到创业教育中并把理论付诸实际行动。

（三）阶段性、针对性培养创业情感

高职院校学生年龄大多在 18 到 22 岁之间,这个阶段属于人的心理发展的特定阶段,具有不稳定性、多维度和多层次的特点。因此,高职院校调动学生的创业情感要有针对性并分阶段开展,及时地给予正确引导。学生健康情感的形成不是一朝一夕可以完成的,学生健康情感的深化提升要通过建设班集体文化和开展各种形式的社团活动来实现。同时,良好的校园创业风气的形成,对创业政策和创业成功典型的宣传,能帮助学生稳定已经形成的创业情感。

（四）开创创新思维,培养创业意志

意志是人有意识、有目的、有计划地调节和支配自己行为的心理过程,是一种非中性的而且是能动的、创造性的反映活动。创业的过程不可能一帆风顺,总是不可避免会遇到挫折和困难,当创业出现反复的时候,急需创业者拥有坚强的意志。可以从三个方面培养学生的坚强意志:第一,建立一套规章制度,这套制度不仅要科学合理约束力强,更要便于实施。在学习方面、日常行为方面、组织和活动方面、奖惩方面为学生制定纪律,这样既可以维护日常教学秩序,也可以在一定的约束力下,规范学生现有的学习行为,督促学生进一步明确学习目的,并把学习掌握技能内化成学生的一种行为习惯。第二,作为校方,积极组织学生参加影响范围广泛的社会活动。如组织学生观看关于创业的励志宣传片、听取创业成功者的事迹报告等,充分发挥榜样的示范引领作用,帮助学生培养深厚笃定的情感和坚强的意志。高职院校要加强宣传,采用网络、广播、宣传板块等媒介,宣传自主创业的优惠政策和创业知识,让学生更加充分地认识了解自主创业这一新兴事物,进而明白现阶段自主创业正处于黄金时期:政府鼓励创业、社会支持创业、媒体舆论重视创业。

高职院校要提供实惠的平台,建立创业基地,给予适当的创业补贴、场地支持以及政策性倾斜。让更多的学生了解创业,参与到创业教育实践中。学生在实践中展示能力,拓宽行业知识,进一步强化创业观念。

江苏联合职业技术学院把五年制高职校创业与就业教育的目的定位于学生的创业与就业素质教育,旨在学生对各自潜能开发与人生终极目标的追求,并以此为出发点,构建一个有理论依据、有较强的可操作性和很明显的实际效果的五年制高职校创业与就业教育模式,并对其整体运行机制作初步探讨。根据对普通五年制高职校创业与就业教育的理性探讨,构建了 3 种基本创业与就业教育模式。其中教学型创业与就业教育模式主要包括教学圈(创业与就业教育课)、文化娱乐圈(创业沙龙、企业家讲座)、社区与家庭圈;比赛型创业与就业教育模式主要包括竞赛圈(班级内比赛)、校级比赛圈(创业与就业节、与创业与就业教育相关的大赛——职业生涯规划大赛、创业梦想、创业基金策划);综合型活动模式主要包括课外活动圈(课外俱乐部、专项协会)、校外活动圈(假期创业与就业教育:自主创业、拓展培训、企业联合、假期社会实践)。创业与就业教育模式的特点要使五年制高职校创业与就业教育体现"创优、创新、创业"三创精神,切实提高高职生的综合素质,要树立现代五年制高职校创业与就业教育的活动观,建立符合现代职业教育发展规律的活动体系,坚持创业与就业素质教育观,变平面教学为立体交叉创业与就业教育活动文化圈,使五年制高职校创业与就业教育活动具有"内外结合,形式多样,联系密切和全体参与"等特性。

五年制高职校创业与就业教育活动受高职校教学体制、实训条件、教学设施等的影响,但创业与就业教育本身独具特性,是指学生参与创业与就业教育要实现课内与课外、校内与校外相结合。创业与就业教育课程教学实行以案例分析、学生参与实践为主,使每一个学生自觉、自主地参与和投入,成为积极的实践者。五年制高职校创业与就业教育课程方面,让学生参与到课外及校外的创业与就业教育实践活动中去。形式多样是针对五年制高职校创业与就业教育活动从内容、方式到教材、项目的使用而言,五年制高职创业与就业教育实践在项目设置上应多样化、在组织形式上要灵活化,针对有创业与就业兴趣和条件的学生进行重点选拔和培养,支持其大胆地创业。联系密切是指五年制高职校创业与就业教育活动本身具有一定层次性、连续性。高层次的创业与就业教育实践活动是在较低层次创业与就业教育实践活动取得明显成效的基础上开展的。通过班级、系级、校级、省市级大赛的参与和锻炼,形成一个由低级向高级渐进发展的创业与就业实践链条,这个链条可以兼顾不同需求的学生。

江苏联合职业技术学院五年制高职校创业与就业教育课程内容须要满足学生的多元化需求,即终身化、社会化、生活化、个性化需求。通过加强师资力量培养,开设创业与就业教育课程供学生选择;开设如职业生涯规划、成功企业分析、企业论坛等课程和讲座。为一些学生提供生涯规划的理论、技能和方法,以便学生早知道、早规划。

江苏联合职业技术学院创业与就业教育教学利用科学的手段与方法让学生掌握创业与就业技能,教学管理借鉴其他学科的管理办法,对项目进行评估和考查,并作为教师评优的标准,保证创业与就业教育课堂教学能让学生树立起创业与就业的意识。以五年制高职校学生掌握创业与就业技能的熟练程度以及参与创业与就业教育课程的次数作为评价的主要指标,建立严格的五年制高职校创业与就业教育质量的考评体系。按类型、分层次地根据学生的情况安排创业与就业教育的教学内容和考核标准,从而让每位学生都有力所能及的目标,激发学习创业与就业的动力,充分调动学生的主观能动性,增强创业和就业学习的探索性。

江苏联合职业技术学院成立创业与就业教育协会或俱乐部并对其进行管理。五年制高职校创业与就业教育俱乐部作为课堂教学的延伸,尽可能开设更多的创业与就业教育项目供学生自主选择,满足学生需要,促进课内外创业与就业教育内容的衔接。在管理上,通过将课外活动纳入创业与就业教育课程,规定学生如果完成创业与就业教育活动可以给予一定的学分,准确地建立项目档案系统,并做好追踪记录,实现对学生参与创业与就业教育过程的精细管理,有效地促进学生参与实践的效果。

江苏联合职业技术学院创建五年制高职校创业与就业教育社团。五年制高职校鼓励成立专项创业与就业教育社团,充分调动学生积极性。从企业的创立,公司的项目策划、融资等都尽量让参加创业与就业教育的学生完成,使他们成为五年制高职校创业与就业教育的发起者、组织者与参与者。学校各部门要给予一定支持,必要时提供一定的经费资助。

江苏联合职业技术学院建设班级创业与就业教育组织。五年制高职校要搞好学校创业与就业教育工作,班级创业与就业教育组织建设是关键。班级创业与就业教育组织定期进行创业与就业教育、赛事组织的培训和选拔,建立起学校各专业、各系部班级活动上报与反馈机制,支持和肯定表现优秀的班级和个人,予以一定的精神和物质奖励。

江苏联合职业技术学院组织开展专门创业教育文化节。首先五年制高职校要设立专门负责创业与就业教育的机构。比如可以考虑通过与学生处、就业咨询室联合成立专项创业与就业教育教研室,为尝试创业的学生建立专门的档案。其次,创业与就业教育部门应该在专门人员的建议下为这部分学生制订创业与就业教育方案,从而保障他们的创业与就业教育权益,还要特别关注有特殊需要的创业与就业教育学生,确保优势学生群体的深度发展。最后,创业与就业指导教师要经常与这部分学生沟通,参与到学生的创业与就业教育中去,促进他们技能的提升。

江苏联合职业技术学院改革与创新五年制高职校创业与就业教育文化节。把创业与就业教育办成学生的创业与就业教育节,大家共同参与,分享创业与就业教育带来的快乐。采用虚拟的创业与就业教育项目,以系别、班级为单位设置团体竞赛项目,积极为学生搭建创业与就业教育比赛的平台,让创业赛事成为学生展示风采的舞台,让创业比赛成为一种校园文化,成为学生未来实现人生价值的梦想。

江苏联合职业技术学院建设五年制高职校创业与就业团队。五年制高职校要通过挖掘校内有创业设想和创业潜质的大学生组建校级创业与就业教育示范团队，进行专门辅导和企业实战练兵，更深入地对少数精英学生进行训练。这样做，一方面可活跃校园文化；另一方面可提高学校知名度，营造出良好的校园创业与就业教育氛围。①

江苏农林职业技术学院依托行业特征、学校特色、专业特点，紧紧围绕现代农业、社会主义新农村建设，创新实施了项目式教育创业人才培养模式，紧扣创业意识、创业知识、创业技能、创业精神四大主题，依托主干专业首批打造了园林绿化设计、无公害蔬菜、宠物保健、食品加工等十大创业项目，形成了农业、林业、牧业、生物技术四大创业教育板块，以点带面，成为学院创业人才培养的示范亮点。学院设立创业教育领导小组，负责规划、部署全院创业教育项目实施工作。下设学院创业教育工作机构院创业教育中心（挂靠在学生工作处），负责制订项目管理办法及实施细则，组织项目申报和评审立项，布置项目中期检查及验收结项等工作。

江苏农林职业技术学院创业教育中心综合分析学院资源，发布创业项目指南，组织申报。项目主持人一般应具有副高级专业技术职称或担任专业骨干课程5年以上教学工作。以3～5人组成的课题组形式（至少1名行业或企业骨干）申报。

院创业教育中心组织项目评审，确定项目经费，并根据专业自然属性来确定项目周期，一般1～2年。各系创业教育中心依据申请书中的项目设计要求（含培养人数、人才培养模式、课程体系改革、双师型创业团队的建设、完成期限、经费预算和成果形式等）进行指导、督促。学院创业教育中心对项目进行监督检查，并对项目的研究和管理工作提出意见或建议。项目经费由学院创业教育领导小组核定，分阶段划拨。实行项目主持人负责制。经费使用主动接受财务、监审部门监督。对成果验收为优秀的项目，予以通报表扬并奖励特殊岗位津贴；对不合格的项目，一律做撤项处理，项目主持人3年内不得再申报。②

常州工程职业技术学院高度重视、扎实推进创业教育。学院认真贯彻党的十七大关于“以创业带动就业”的精神，明确了将创业教育与专业教育、素质教育、社会服务、就业教育相结合，统筹校内外资源，构建创业指导、创业模拟和创业实践相结合的创业教育工作体系，把大学生创业精神、创业方法和创业素质的

---

① 金友鹏：《五年制高职校就业与创业教育模式的设计研究——以江苏联合职业技术学院为例》，《职教论坛》，2011年第36期。

② 苏小冬、毕德全：《农业高职院校创业教育的实践与探索——江苏农林职业技术学院创业人才培养的创新实践》，《创新与创业教育》，2010年第3期。

培养落实到人才培养的各个环节的创业教育工作思路。积极构建第一课堂与第二课堂相结合、必修课与选修课相结合、理论教育与实践体验相结合、校内教育与校外教育相结合的“四结合”创业教育工作网络体系，系统有效地开展了创业教育工作，取得了初步成效。

常州工程职业技术学院经过实践与探索，逐步构建了“四三四”创业教育模式，即创新创业意识培养、创业实务培训、创业素质拓展和创业能力提升的创业教育四大模块，全员性、全面性、全程性的创业教育三大特点，进人才培养方案、进教材、进课堂、进实践的创业教育四条途径。围绕“四三四”创业教育模式，学院着力以下四个体系建设。

保障体系建设。学院成立了以书记和院长为组长的创业教育领导小组，领导小组下设办公室，挂靠学生工作处，具体负责创业教育工作的组织和协调，发布了《关于进一步加强大学生创业教育的实施意见》《大学生创业体验园管理办法》等文件，构建了有效的创业教育工作机制。加强两支队伍建设，一方面通过项目化教学能力水平测试全面转变教学人员的教学观念，增强教学人员创业教育的意识和实践能力；另一方面，加强创业教育指导老师的培训，目前学院有各类创业培训讲师逾 60 人。加大创业教育经费投入，保障经费支持，仅创业园基础设施投入近 20 万元，2010 年学院下拨创业教育专项经费 10 万元。

创业教育与培训体系建设。学院全面推进项目化教学改革，在试点专业的课程改革中，结合专业实际，开发了“创业策划”学习领域，强化创业意识培养和创业技能训练，充分发挥第一课堂在创业教育中的主阵地作用；将《大学生就业创业指导》作为必修课，系统培养学生的创业能力与素质；在全院开设《大学生 KAB 创业基础》公共选修课，着重传授学生创业知识与实务，选修的学生人数到目前已有 843 人；组织有创业意愿的学生参加 GYB、SYB 创业培训，培养学生的创业实战能力。目前已有 300 余人参加了 GYB 创业培训。通过第一课堂、第二课堂和创业实务培训三个层面上的教育，体现创业教育的全员性、全面性和全程性。

在全程的创业教育实施过程中，牢牢把握学业职业生涯规划这条主线，通过系统的生涯规划指导，逐步形成以校本教材《大学生学业与职业生涯规划》的实施为依托，从学院到系部两个层面上完善的工作机制、工作体系和评价机制，为创业教育的实施提供了有力的支撑。

创业教育实践平台建设。建立大学生校内外创业实践基地、大学生创业体验园、创新创业工作室等，着力提升大学生的创业能力。2010 年约 1 000 平方米的大学生创业体验园改造完成，正式投入使用，目前已有 10 个学生创业团队进驻；各系与专业结合分别设立了创业工作室；学院与常州武进新天地通信市场合作建立大学生校外创业基地,20 个学生创业团队已入驻。

创业文化氛围建设。学院已连续多年举办大学生创业计划大赛、职业生涯规划比赛、大学生实践创新训练项目等活动,取得了较好的效果。积极扶持创新创业社团,目前,仅材料工程技术系就有创新创业社团十几个,学生创新创业社团建设在学校已蔚然成风。同时,树立创业典型,如建筑工程技术系陈伟同学设计的环保购物袋不仅获得专利,而且进行了技术转让,具有很好的示范作用。

第八节　转变就业观念　使高职院校毕业生有业快就

一、高职毕业生就业观念落后

高职毕业生就业难,一个突出的问题就在于面临严峻的就业形势,高职毕业生的就业观念未曾大改观,就业期望普遍过高,与本身的工作能力和职业适应能力水平不相符。高职毕业生普遍存在"高不成,低不就"的择业心理,对未来的期望过于理想化,对就业形势认识模糊,过分注重单位的规模、经济效益以及追求个人的物质利益。大部分高职毕业生都非常期望能在国家公务员岗位或大型企事业单位就业,究其原因主要是缺乏吃苦耐劳的敬业精神。只要寻觅不到自己满意的职业,宁可在家依赖父母,也不愿屈就到小企业或是基层岗位就业。现在相当多的高职毕业生不清楚自身的优势所在,从而导致无法选择适合自己的职业岗位,或者是无法选择自己能适应的职业岗位,导致在择业过程中竞争失败或者因就业满意程度偏低而不愿就业的特殊现象。部分高职毕业生的就业观念比较模糊,对自己定位不当,存在过高的心理预期。从江苏高职院校毕业生的就业观来看,还存在着一些偏差,概括而言,有如下一些表现。

(一)就业观狭隘

许多毕业生把眼睛盯在大城市、大单位或高收入、高地位的工作单位,其就业观表现出一种狭隘性。有劳动能力的人从事某种社会劳动并取得报酬或经营收入的人即为就业者或就业人口。对于高职毕业生来说,只要具备就业的条件,无论到全民所有制单位、集体所有制单位、外资企业、私营企业工作,还是从事个体经营;无论其工作地点在哪里;无论其工作是固定性职业,还是临时性职业,都属于就业。

(二)坚持"选择工作岗位"的观念

从目前来看,由就业教育转向创业教育,已经是世界高等教育发展的总趋势,也是我国高等教育改革与发展的必然选择。1998 年 10 月联合国教科文组织在巴黎召开的世界高等教育大会上强调指出，毕业生将愈来愈不再仅仅是求职者，而首先将成为工作岗位的创造者。高职毕业生是整个社会中充满活力、富有创造力的群体，理应是创造工作岗位的积极群体，在积极解决自己就业问题的同时，还可以为社会其他青年人的就业创造机会。江苏高职院校毕业生仍然倾向于“选择工作岗位”，“创造工作岗位”的行为依然偏少。

二、转变就业观念的对策

高职毕业生要对自身所面临的就业形势有一个足够的认识，在择业时要考虑自己所学专业，了解社会对该专业的需求状况，要根据自己的职业兴趣、专业特长、实际能力去确定就业期望值。同时要不断调整就业期望值，一旦出现理想与现实不符的情况，就业目标难以实现时，就应及时重新定位，使就业意向和社会需求相吻合。

当前，高职毕业生的择业观念正处于一个新旧交替的转折时期，新的成熟的择业观念尚未真正确立，高职毕业生对择业的评价、选择比以前任何时候都变得复杂和多变。对于高职毕业生择业观的教育，必须结合思想政治教育进一步完善择业观教育的目标，构建教育的内容体系，创新教育的主要方法，优化教育环境，追求教育最佳效果。

择业观是对选择职业的看法和观点，它指导着高职毕业生职业道路的方向，对个人的职业成长有着极其重要的意义。加强高职毕业生择业观教育要坚持基本原则，正确认识和把握好个人价值和社会价值相统一、享受权利与承担责任相统一、自我理想与社会理想相统一的关系，确立到基层、到祖国最需要的地方去建功立业的理想。因此，高职院校应该进一步加强就业指导，帮助毕业生树立正确的就业观，调整就业期望值，以国家和社会利益为重，自觉到祖国最需要的地方去建功立业，最终达到有业乐就的境界。具体来讲，应该从以下几个方面入手。

（一）树立正确就业观

江苏高职院校毕业生应与时俱进，改变精英高等教育的就业观，树立起大众化高职教育的就业观。其实，随着高等教育大众化的推进，接受高职教育的人数逐年增加，就业竞争更加激烈。此外，为适应市场经济发展，江苏的产业结构正在进行大规模调整，国家机关、事业单位精简机构，国有企业减员增效，许多富余人员下岗分流；大量农业劳动力向非农业转移，造成目前和今后一个时期许多社会机构吸纳员工的能力下降。面对新的就业形势，高职毕业生要改变狭义的就业观，树立起广义的就业观，即只要有一份工作，有一份相对稳定的收入，只要是通过劳动取得合法收入即为就业。

（二）树立动态的终身择业观

精英高等教育阶段的就业观认为，读了大学，就应该一次择业定终身。而在高等教育大众化阶段，随着市场经济的不断深入，社会就业形势不断发生新的变化。人事制度的改革，竞争上岗、人才流动和再就业已成为普遍现象。科学技术日新月异，产业结构调整加快，知识更新、产业高级化趋势加速，传统产业逐渐被新型产业代替，就业岗位在不断地发生变化，就业者也在不断地被优化。市场经济条件下企业的生存与发展充满风险，均会导致部分劳动者失去工作岗位。高职毕业生虽具备专业知识的优势，但由于部分毕业生动手实践能力不强、缺乏工作经验等原因，就业情况不容乐观。在市场经济不断深入发展的背景下，没有职业的稳定，只有技能的稳定与更新。在新的就业模式中，不会再有"终身职业"，取而代之的应该是人人拥有就业的机会。因此，高职学生要树立动态的终身择业观。

（三）树立创造工作岗位的观念

1998 年世界高等教育大会宣言第七条明确指出："为方便毕业生就业，高等教育应主要关心培养创业技能与主动精神；毕业生不再是求职者，首先将成为职业岗位的创业者。"从目前来看，由就业教育转向创业教育，已经是世界高等教育发展的总趋势，也是江苏省高职教育改革的必然选择。目前江苏高职院校毕业生仍然倾向于选择工作岗位，创造工作岗位的毕业生比例依然偏少。这种自主创业行为的缺失，与高职院校教育中缺乏创业教育相关的内容有关。长期以来，高等职业教育教会学生如何去寻找一个工作岗位，而不是增强他们创造工作岗位的潜能。

高职毕业生就业观念的形成是多因素综合作用的结果，作为毕业生所在的高职院校，需要通过加强就业指导来进行。就业指导是联系学校与社会的纽带，是使高职毕业生顺利走上社会、完成教育向社会职业转变所必要的手段，也是使高职毕业生在适合的岗位上更好地发挥才能，为社会做出贡献的重要保证。具体来讲，一是适应新形势发展需要，更新就业指导观念。高职生就业指导不仅仅是高职院校就业指导者的工作，而且是全体人员的事情。美国伊利诺伊州东北大学的教育学院便调动校内外所有涉及和关心大学生就业工作和职业发展人士的热情参与，如与校友建立联系网络，以沙龙或小组的形式分行业进行经验与信息分享；与用人单位建立学生假期实习基地，提供职业体验；邀请用人单位的人力资源主管和部门主管定期进行演讲与咨询等。专业教师、学校行政人员、学生会组织、政府部门及就业指导学者等都关注学生的就业指导。利用网络联络各界校友，经常把这些校友请回母校举办讲座，为在校生和毕业生提供职业方面的指导。二是满足大众化高等教育发展的要求，提升就业指导水平。高职生就业指导是一项专业性很强的工作,它充分体现高职院校的教育职能。就业指导从经验化走向专业化是必然的趋势。就业指导者是就业指导的骨干力量,承担着学生职业道德教育、求职技巧教育、求职心理教育,以及择业、就业与创业等相关教育的重要任务。如此目标的实现,需要就业指导者具备较强的专门知识、能力和素质,需要就业指导者素质全面、市场意识强。从目前江苏高职院校就业指导人员的素质来看,还不能适应大众化高等教育发展的需要。可以从两个层面加强对高职院校毕业生就业指导人员的培训:一是对从学校其他岗位转入就业指导工作岗位的老师进行培训;二是对具有一定就业工作经验、对职业指导工作具有浓厚兴趣的人员,进行职业指导师培训,帮助他们获取相应的职业指导资格证书。

例如,连云港中医药高等职业技术学校转变学生就业观念。学生在就业前普遍有对社会认识不足、对自身定位不准等情况,一旦踏入社会、走上岗位面对残酷的社会现实时就会因心态不正、准备不足而茫然失措。所以加强就业指导,让毕业生树立正确的就业观,对学生走上工作岗位后面对社会现实大有帮助。学校牢固树立"以人为本"的思想,以科学的理论和人才测评技术作指导,以专业队伍作支撑,以系统的辅导为途径,分阶段、分层次帮助学生进行个性化职业生涯发展规划,形成了"一个目标、四个阶段、四个体系"的"一四四"辅导系统,即以学生的成长成才为目标,按年级分别制订了适应与定位、学习与准备、行动与实践、评估与检验四个阶段的生涯规划与辅导方案,通过专业课程和理论教学体系、行为训练和实践活动体系、个体咨询和团体辅导体系、心理测评和就业测评体系,帮助学生正确认识、了解自己,培养正确的成才意识,明确成才方向。学生在专业教师的辅导下,针对自己的个性特征和职业能力倾向,通过系统的学习和训练,提高自己的综合素质,培养就业竞争力。最终使毕业生在择业过程中能够做到扬长避短,减少盲目性,使自己的就业选择更加符合个人和社会实际。

自 2000 年以来,连云港中医药高等职业技术学校就将就业指导课作为必修课,并逐步在所有在校班级开课。同时,学校就业主管部门工作人员也选择部分专业和班级开展就业指导专题讲座。通过就业指导课和专题讲座,向学生介绍社会现状、分析就业形势,指导学生如何准备材料、如何应对面试、如何面对挫折和失败,教育学生转变就业观念,合理调整期望值。学校在 2006 年年初创办了《就业导报》。《就业导报》的创办,目的在于弥补学校就业指导力量和就业指导课开课率的不足。通过《就业导报》来宣传就业形势、就业政策、就业技巧,指导学生树立正确的职业理想,调整就业观念;宣传用人单位和毕业生成才典型,帮助学生顺利实现就业或自主创业。同时,将每期《就业导报》分发到各个在校班级和各实习点,努力让最大量的学生能接收就业指导信息,力争做到就业指导全程化。

总而言之,江苏省不同学制高职院校毕业生质量比较研究是一个非常有意义的课题,相信经过不断的理论探索和实践,江苏一定能根据经济社会发展和优化教育资源配置的需要,坚定不移地推进高职教育发展,培养一大批技能型实用人才,形成具有江苏特色的高职教育办学模式,走出一条持续健康发展的道路。

参考文献

[1] 毕结礼:《技师培养课程开发探索与实践》,北京:中国劳动社会保障出版社,2007 年。

[2] 国家示范性高等职业院校建设课程开发案例汇编编写组:《工作过程导向的高职课程开发探索与实践:国家示范性高等职业院校建设课程开发案例汇编》,北京:高等教育出版社,2008 年。

[3] 蔡怡、张义平、宋现山:《高职院校"双师型"教师队伍建设的困境与对策——基于江苏高职院校师资发展的现实考察》,《国家教育行政学院学报》,2011 年第 6 期。

[4] 查筱菲:《江苏高职院校动画专业工作室教学模式特点分析》,南京艺术学院硕士学位论文,2012 年。

[5] 崔仁泉、黄远飞:《广州模式:现代技工教育体系探索》,北京:中国劳动社会保障出版社,2011 年。

[6] 戴士弘:《职业教育课程教学改革》,北京:清华大学出版社,2007 年。

[7] 邓泽民、张扬群:《现代四大职教模式》(第 2 版),北京:中国铁道出版社,2011 年。

[8] 耿洁:《职业教育校企合作体制机制研究》,天津大学博士学位论文,2011 年。

[9] 耿金岭:《中等职业教育与高等职业教育衔接研究》,合肥:中国科学技术大学出版社,2008 年。

[10] 胡德虎:《是哪些学生在读高职院校》,华中科技大学硕士学位论文,2007 年。

[11] 黄尧:《职业教育可持续发展战略研究》,北京:高等教育出版社,2011 年。

[12] 蒋留生:《五年制高职和三年制高职质量与效益状况的对比研究》,《徐州师范大学学报(哲学社会科学版)》,2012 年第 6 期。

[13] 金辉:《高等职业教育深化校企合作的应然路径》,《教育研究》,2010 年第 4 期。

[14] 金友鹏:《五年制高职校就业与创业教育模式的设计研究——以江苏联合

职业技术学院为例》,《职教论坛》,2011 年第 36 期。
[15] 靳玉乐:《现代课程论》,上海:上海教育出版社,1989 年。
[16] 李雄杰:《职业教育理实一体化课程研究》,北京:北京师范大学出版社,2011 年。
[17] 李振陆:《以重点专业建设为载体 创新高职人才培养模式——江苏农林职业技术学院国家示范校建设实践》,《江苏广播电视大学学报》,2009 年第 6 期。
[18] 廖哲勋:《课程学》,武汉:华中师范大学出版社,1991 年。
[19] 林润惠:《高职院校校企合作:方法、策略与实践》,北京:清华大学出版社,2012 年。
[20] 刘福军:《高等职业教育人才培养模式》,北京:科学出版社,2007 年。
[21] 吕红:《澳大利亚职业教育课程质量保障研究》,北京:外语教学与研究出版社,2011 年。
[22] 罗三桂:《广东高职院校毕业生就业问题研究》,厦门大学博士学位论文,2007 年。
[23] 马能和:《五年制高职教育发展及实证研究》,南京:江苏教育出版社,2011 年。
[24] 马晓阳、朱琪:《关于江苏建设高职强省的探讨》,《教育理论与实践》,2013 年第 9 期。
[25] 孟凡成、李忠旭、周勇:《高职高专学生职业发展与就业创业指导》,北京:北京理工大学出版社,2012 年。
[26] 潘懋元:《当前高等职业教育发展的几个主要问题》,《高等职业教育》,2003 年第 6 期。
[27] 饶水林、申菊生:《高等职业院校特色办学的研究与实践》,北京:高等教育出版社,2012 年。
[28] 阮先会:《职业教育教学质量监控与评价》,北京:光明日报出版社,2010 年。
[29] 苏小冬、毕德全:《农业高职院校创业教育的实践与探索——江苏农林职业技术学院创业人才培养的创新实践》,《创新与创业教育》,2010 年第 3 期。
[30] 王磊:《江苏高职创业教育现状调查与建议》,《中国高校科技》,2012 年第 6 期。
[31] 王兆明等:《经贸类高职课程改革和建设的探索与实践——以江苏经贸职业技术学院为例》,《中国高教研究》,2007 年第 9 期。
[32] 吴全全:《职业教育"双师型"教师基本问题研究:基于跨界视域的诠释》,

北京:清华大学出版社,2011 年。
[33] 徐国庆:《实践导向职业教育课程研究:技术学范式》,上海:上海教育出版社,2005 年。
[34] 徐国庆:《职业教育课程论》,上海:华东师范大学出版社,2008 年。
[35] 徐海峰:《江苏省普高后生源三年制高职人才培养质量的现状、问题与解决途径——兼述对高职人才培养质量标准的思考》,《职业技术教育》,2013 年第 1 期。
[36] 徐海祥:《高职校内生产性实训基地建设与管理——以江苏牧医学院省级实训基地食品加工实训中心为例》,《新课程研究》,2012 年第 11 期。
[37] 姚延芹:《五年制高职与三年制高职教育的比较研究》,《太原城市职业技术学院学报》,2010 年第 1 期。
[38] 张维津:《高职院校"分层教学"培养技能型人才探析》,《教育与职业》,2011 年第 32 期。
[39] 张文才:《技师学院模块化分层次培养模式探索》,《交通职业教育》,2008 年第 2 期。
[40] 张宇:《基于利益主体选择的高等职业教育就业导向研究》,天津大学博士学位论文,2007 年。
[41] 赵东平、郑洪成:《高职英语"双师结构"师资队伍的现状调查及探究——以江苏食品职业技术学院为例》,《湖北科技学院学报》,2012 年第 11 期。
[42] 赵志群:《职业教育工学结合一体化课程开发指南》,北京:清华大学出版社,2009 年。
[43] 周建松:《高等职业教育的逻辑》,杭州:浙江大学出版社,2011 年。
[44] 祝士明:《高职教育专业质量保障体系的研究》,天津大学博士学位论文,2006 年。
[45] 壮国桢:《高职教育"行动导向"教学体系研究》,华东师范大学博士学位论文,2007 年。

附　录

调查问卷 1

用人单位对 20××届高职毕业生评价及人才培养建议调查表

××职业技术学院毕业生姓名:________　专业:________

满意程度 / 项目	非常满意	满意	不满意	备注
思想表现				
敬业精神				
工作态度				
专业知识				
工作能力与水平				
创新能力				
协作精神				
工作实绩				
对××学院毕业生就业工作的评价				
综合评价				
对××学院学生教育培养的建议: 用人单位:(盖章) 联系人:　　　　　联系电话: E-mail: 年　月　日				

调查问卷 2

江苏省××学院（学校）毕业生就业调查问卷（毕业生版）

尊敬的校友：

您好！首先感谢您通过辛勤工作，取得了优异成绩，为江苏省××学院（学校）争得了荣誉。为了了解我校毕业生的工作情况，不断改进和提高学校教育教学水平，特进行此次问卷调查，请您费心填写。希望您能为母校的教育教学改革提供宝贵的参考意见（填写时，请在“________”上写上您认为适合的选项字母即可）。

谢谢您的支持与合作！

××学院（学校）

1. 性别：________

（A）男　（B）女

2. 政治面貌：________

（A）中共党员　（B）民主党派　（C）共青团员　（D）无党派

3. 您的单位行业类别：________

（A）农、林、牧、渔业　（B）制造业　（C）交通运输、仓储及邮电通信业　（D）批发和零售贸易、餐饮业　（E）金融、保险业　（F）房地产业　（G）社会服务业　（H）卫生、体育和社会福利业　（I）教育、文化艺术及广播电影电视业　（J）科学研究和综合技术服务业　（K）国家机关、党政机关和社会团体　（L）其他行业

4. 您目前从事的工作：________

（A）管理　（B）科研　（C）技术工作　（D）销售　（E）其他工作

5. 您目前的行政职务：________

（A）无　（B）部门管理　（C）中层领导

6. 您目前所从事工作是否专业对口：________

（A）完全对口　（B）基本对口　（C）有点关联　（D）不对口

7. 工作后您经过多长时间能够胜任工作：________

（A）六个月左右　（B）三个月左右　（C）一个月左右　（D）上岗即可

8. 您在单位的人际关系：________

（A）深受他人欢迎　（B）人际关系良好　（C）人际关系一般　（D）人际关系紧张

9. 您获得第一份工作的时间是：________

（A）实习时　（B）毕业时　（C）毕业后

10. 您第一份工作的月薪是多少：________

（A）800 元以下　（B）800～1500 元　（C）1500～2000 元　（D）2000～3000 元　（E）3000～4000 元　（F）4000～5000 元

11. 您目前的月薪是多少：________

（A）800～1500 元　（B）1500～2000 元　（C）2000～3000 元　（D）3000～4000 元　（E）4000～5000 元　（F）5000 元以上

12. 您在就业中面临过什么样的问题（可多选）：________

（A）难以确定就业方向　（B）不了解就业市场　（C）性别歧视　（D）对用人单位缺乏了解　（E）就业信息量少　（F）缺乏工作经验　（G）缺乏社会关系　（H）缺乏就业技巧　（I）升学与就业矛盾　（J）实际岗位与期望相差悬殊　（K）所学知识与实际差距太大

13. 您认为就业准备应该在什么时候开始：________

（A）进入大学就开始　（B）毕业前一年　（C）毕业前半年　（D）毕业前两个月　（E）毕业之后

14. 您对个人的职业生涯有无规划：________

（A）有较科学的规划　（B）没想过　（C）边做边看　（D）说不清　（E）无所谓

15. 您认为自己目前最欠缺的素质主要是：________

（A）解决问题的基本能力　（B）沟通协调能力　（C）承受压力、挫折，克服困难的能力　（D）相关工作或实习经验；

16. 您所获取就业信息主要渠道：________

（A）学校校园网　（B）校园招聘会　（C）社会招聘会　（D）新闻媒体　（E）人才、职业介绍机构　（F）社会其他招聘网站

17. 您对学校提供的就业指导满意吗？ ________

（A）很满意　（B）满意　（C）一般　（D）不满意

18. 您希望学校什么时候开始开设就业指导课程？ ________

（A）大一　（B）大二　（C）大三

19. 你认为对大学生的就业指导，以下哪方面最重要？ ________

（A）就业形势与政策　（B）就业流程　（C）面试技巧　（D）就业心理调适　（E）生涯规划　（F）职业测评　（G）提供就业信息

20. 您希望的就业指导形式或方式：________

（A）就业讲座　（B）就业培训　（C）就业个别辅导　（D）就业指导课

21. 您认为下列要素，哪一个对毕业生就业成败的影响最大：________

（A）成绩 （B）学历 （C）英语/计算机水平 （D）工作经历 （E）个人素质 （F）形象包装 （G）职业生涯规划 （H）老师推荐 （I）职业能力证书

22. 以您的经历看，以下哪个因素是毕业生择业时需要考虑的最重要因素：________

（A）工作地点 （B）单位的发展前景 （C）个人在单位的发展空间 （D）薪水和福利 （E）专业对口 （F）是否能提供培训、进修等机会

23. 您认为有过（就业协议）违约经历，是否会影响毕业生以后的就业：________

（A）影响非常大 （B）比较有影响 （C）影响不大 （D）没有影响

24. 您认为大学中所获得的哪些知识和能力对你的实际工作帮助最大：________

（A）专业知识、专业技能能力 （B）外语/计算机技能 （C）组织能力 （D）协调沟通能力 （E）社会活动能力

25. 您认为所学专业的课程设置是否合理：________

（A）很合理 （B）比较合理 （C）基本合理 （D）不合理

建议增加的课程：________________建议删减的课程：________________

26. 从整体看，您认为××学院（学校）的教学水平：________

（A）很好 （B）较好 （C）一般 （D）较差

27. 从整体看，您认为××学院（学校）的师资水平：________

（A）很好 （B）较好 （C）一般 （D）较差

28. 您认为××学院（学校）教学或管理中的薄弱环节是：________

（A）外语教学 （B）计算机教学 （C）专业课教学 （D）实验环节 （E）创新能力培养 （F）综合素质培养 （G）管理水平 （H）后勤服务 （I）社团活动 （J）其他

29. 填表人姓名________您就读时所在的系________原专业________

原班级________现工作单位及部门____________________

联系电话____________________ 邮编____________

我们将根据国家统计法，对您的回答保密！谢谢您的合作！

填表时间： 年 月 日